WALTHER HUBATSCH

Entstehung und Entwicklung des Reichswirtschaftsministeriums 1880–1933

Entstehung und Entwicklung des Reichswirtschaftsministeriums 1880—1933

Ein Beitrag zur Verwaltungsgeschichte der Reichsministerien
Darstellung und Dokumentation

Von

Walther Hubatsch

DUNCKER & HUMBLOT / BERLIN

Den Druck ermöglichte eine Spende
ehem. Angehöriger des Reichswirtschaftsministeriums.

Gedruckt 1978 bei Limburger Vereinsdruckerei GmbH, Limburg
Printed in Germany

ISBN 3 428 04203 4

INHALTSVERZEICHNIS

VORWORT

Die Anregung zu dieser Untersuchung ging von einem Kreis ehemaliger Angehöriger des früheren Reichswirtschaftsministeriums aus. Seit Ende des ersten Weltkrieges hatte sich im Reichswirtschaftsministerium noch der Weimarer Republik ein Beamtenstab von beachtlichem Verantwortungsgefühl und bemerkenswert sachlicher Qualität herausgebildet; darunter waren Männer, die sich zur Elite wirtschaftspolitischen Handelns und Denkens zählen durften. Sie trugen die Last der Probleme, die in den zwanziger Jahren mit den Worten Inflation, Reparationsleistungen, Auslandsverschuldung, Hochkonjunktur und mit der in voller Devisenbewirtschaftung endenden Weltwirtschaftskrise umschrieben sind.

Jene Beamten des Reichswirtschaftsministeriums erlebten auch den Einbruch der NS-Welt im Ministerium. Dabei gingen die damit verbundenen Auseinandersetzungen weniger um wirtschaftspolitische Grundsatzfragen (diese spielten nur eine untergeordnete Rolle) als um die Vertretung und Bewahrung rechtsstaatlicher Grundsätze gegenüber den Wortführern des NS-Regimes und parteiideologischen Forderungen. Die Beamten des Reichswirtschafts-Ministeriums haben in diesen kritischen Jahren besonders unter Führung des Reichswirtschaftsministers Schacht eine rechtsstaatliche Linie verfolgt, diese auch in Fragen der Juden-Politik. Die historische Wissenschaft vermochte bisher dieser Problematik nicht voll gerecht zu werden. Der Kreis der Angehörigen des ehemaligen Reichswirtschafts-Ministeriums hatte daher den Wunsch, auch diese Zeit wahrheitsgemäß zu erfassen und damit das Bild des Ministeriums seit seinem Entstehen bis zum Jahre 1945 abzurunden.

Hiermit wird ein erster Teil mit der Darstellung des Ministeriums bis 1933 vorgelegt. Ein zweiter Teil für die Zeit bis Kriegsende soll von einem anderen Verfasser folgen.

Wir danken besonders Herrn Professor Dr. Dr. h. c. Walther Hubatsch, dem Mitdirektor des Historischen Seminars der Universität Bonn, der den ersten Teil verfaßte, für die außerordentliche Mühe, die er dieser Aufgabe zugewendet hat. Die mit dieser Zeitepoche Vertrauten haben seine Ausführungen mitgeprüft. Zu danken ist für die Überlassung von schriftlichen Aufzeichnungen aller Art, für Ermunterung und sachdienliche Gespräche, vor allem für Mitteilungen von Persönlichkeiten, die in dem hier zu behandelnden Zeitabschnitt dem Reichswirtschaftsministerium noch angehört haben oder ihm nahestanden bzw. die Auswirkungen damaliger Maßnahmen erfahren konnten. Die Quellengrundlage ist infolge der umsichtigen Systematisierung der Aktenbestände im Bundesarchiv Koblenz, vornehmlich durch die Bemühungen von Herrn Staatsarchivdirektor Dr. Facius, für eine historische Analyse vergleichsweise günstig. Bestände des Politischen Archivs im Auswärtigen Amt und der Bundestagsbibliothek in Bonn boten wichtige Ergänzungen. Allen denen, die diese Arbeit fördern halfen, sei hiermit herzlich gedankt.

Dr. Wolfgang Schneider

EINLEITUNG

Die Entwicklung der staatlichen Wirtschaftsverwaltung in Deutschland vom 17. Jahrhundert bis 1945 hat in historisch-genetischem Überblick quellennahe und anschaulich Friedrich Facius in seinem Buch „Wirtschaft und Staat" (Boppard/Rh. 1959) dargestellt, von dem eine umfassende Neuauflage in Arbeit ist. Darin ist das 3. Kapitel der Entstehung einer Reichswirtschaftsverwaltung in der Zeit von 1871 bis 1918 gewidmet, während das Kapitel 4 das Reichswirtschaftsministerium von 1919 bis 1933 auf 30 Druckseiten behandelt. In einem ausführlicheren 5. Kapitel wird das Reichswirtschaftsministerium in den Jahren 1933 bis 1945 geschildert. Facius bemüht sich, die Grundsätze eines ökonomischen Liberalismus über den Ersten Weltkrieg hinweg bis in die Anfänge des Dritten Reiches hinein als bestimmendes Element wirtschaftlicher Selbstverantwortung sichtbar zu machen. Der Staat habe mit gebotener Freizügigkeit Anregungen und Hilfen gegeben, gelegentlich Zusammenführung und Einschränkung angestrebt, jedoch nicht dirigistisch die Wirtschaft zu bestimmen gesucht.

Die Quellenlage zur Bearbeitung von Organisationsgeschichten der Reichsministerien ist nicht ungünstig. Zwar ist durch Bombenangriff in Berlin am 23. 11. 1943 das Dienstgebäude des Reichswirtschaftsministeriums Behrenstraße 43—45 vernichtet worden (Ausweich-Dienststelle: Neue Königstraße 27—37). Doch sind die wichtigsten Aktenbestände erhalten. Der Hauptbestand (85 %) des Reichswirtschaftsministeriums mit Vorakten (bis 1867) befindet sich jetzt im Zentralen Staatsarchiv Potsdam, ebenso die Bestände Reichskanzlei, Reichstag, andere Reichsbehörden und Bundesrat; ferner Kriegswirtschaftliche Organisationen des Ersten Weltkriegs und ein Restbestand der Dienststelle des Reichskommissars für Übergangswirtschaft 1916—1917 (Übersicht über die Bestände des Deutschen Zentralarchivs Postdam 1957). Wegen der engen Verbindung der Reichsbehörden zu Preußen sind für Einzelfragen auch die Bestände des Zentralen Staatsarchivs Abt. Merseburg II. Historisches Archiv, heranzuziehen, insbesondere der Bestand Staatsministerium Rep. 90 a und ein Aktenband Reichswirtschaftsamt 1917—18 im Bestand Geheimes Kabinett für Zivilangelegenheiten Rep. 89 H; vor allem der umfangreiche Bestand des Ministeriums für Handel und Gewerbe (Gedrucktes Spezialinventar u. d. T. „Zur Geschichte der Produktivkräfte . . .in Preußen 1810—1933", hrsg. v. Herbert Buck, hier: Band 3, Weimar 1970). Im Bundesarchiv Koblenz ist durch den übergeordneten Bestand der Reichskanzlei (R 43), durch Wirtschaftsgruppen (z. B. Eisen: R 13 I), Nachlässe (Moellendorff, Wissell, Clemens Delbrück, Wolfgang Mentzel), Parteien- und Verbandsdrucksachen (ZSg 1, 2) ein guter Grundstock für Übersichtsdarstellungen gegeben. (Bestandsübersicht: Das Bundesarchiv und seine Bestände. Übersicht. Bearb. v. Friedrich Facius, Hans Booms u. a. 3. Aufl. Boppard 1977. Schriften des Bundesarchivs. 10.) Auf dessen Ergänzungsmöglichkeiten durch Industrie- und Privatarchive, Akten der Industrie- und Handelskammern sowie sonstige nichtamtliche Sammlungen ist hier nicht einzugehen. Jedoch soll vermerkt sein, daß Originale und verfilmte Bestände zur deutschen Geschichte von Zentralbehörden sich im National Archiv in Washington und in der dortigen Library of Congress befinden. Ein Abriß der hier zu behandelnden Zeit (mit Abbildungen aller Minister und Staatssekretäre) befindet sich in dem nach Friedrich Facius zusammengestellten anonymen Sammelband: 50 Jahre Deutsches Wirtschaftsministerium. Bonn 1967.

Dem Wandel in der Auffassung der staatlichen Zielsetzung, entsprechend auch im Wirtschaftsstil, in der Zeit nach 1933 nachzugehen und damit die innere Entwicklung und Problematik der Wirtschaftsverwaltung aufzuzeigen, die Reform einer zentral verstandenen Wirtschaftspolitik als Grundlage für die Tätigkeit des Reichswirtschaftsministeriums verständlich zu machen, wird die Aufgabe einer größeren, auf breiter Ausnutzung der verfügbaren Quellenbestände angelegten Arbeit sein müssen. Dabei wird der Schwerpunkt in der Zeit von 1933—1945 zu liegen haben. Eine solche Arbeit ist von einem anderen Verfasser vorzubereiten und durchzuführen.

Von den genannten Arbeiten abgesehen, sind keine Ansätze erkennbar, sich grundsätzlich und umfassend mit der Geschichte des Verhältnisses von Wirtschaft und Staat in Deutschland zu beschäftigen. Vor allem fehlt es an einer mehr als nur tabellarischen Aussage über die verfassungsmäßig dafür eingerichteten staatlichen Institutionen, wie denn überhaupt, bei aller häufigen Erwähnung von leitenden Persönlichkeiten und Tendenzen, die Analyse des Behördenaufbaues der Reichsministerien trotz dankenswerter Sammlung des Bundesarchivs noch vollständig unbearbeitet geblieben ist. Unbeschadet der richtungweisenden Ansätze, die Friedrich Facius in seinem Buch dafür gegeben hat, kann im Rahmen seiner Themenstellung jedoch eine genauere verwaltungsgeschichtliche Darstellung nicht erfolgen. So ergibt sich hieraus als selbständige Aufgabe, zunächst einmal die behördengeschichtlichen Grundlagen des Reichswirtschaftsministeriums in dem eingegrenzten Zeitraum der Gültigkeit der Weimarer Reichsverfassung aufzuzeigen. Dabei wird die Entwicklung im Rahmen der Entstehung und Tätigkeit der übrigen zentralen Reichsinstitutionen zu betrachten sein; die Organisationsformen und deren Änderungen sind von den Gegebenheiten der außen- und innenpolitischen Lage her und damit vor dem Hintergrund der allgemeinen Zeitgeschichte zu verstehen. Es ist zu hoffen, daß hiermit die Grundlage zu einer mehr sachgerechten Beurteilung der Wirtschaftsführung mit ihren Möglichkeiten und Grenzen geboten werden kann. Denn nicht Programme, Deklamationen, Presseartikel und Parlamentsdebatten sind die Primärquellen dieser Institutionsgeschichte (so wenig diese für das Kolorit und den Zeitstil, für die Selbstauffassung und das öffentliche Interesse an der Wirksamkeit des Ministeriums entbehrt werden können). Doch zeigt sich die arbeitende Behörde, die hier vorzustellen die Aufgabe ist, zunächst in der Gesetzgebung, den Ministerialerlassen und in ihren Auswirkungen nicht zum wenigsten in den Kabinettsprotokollen, weil dort die Tätigkeiten des Reichswirtschaftsministeriums in seinen wichtigsten, die gesamte Reichspolitik betreffenden Ergebnissen am deutlichsten abzulesen sind (Teilw. veröff. u. d. T.: Akten d. Reichskanzlei. Weimar. Republik. Hg. K. D. Erdmann. Boppard 1968 ff. 20 Bde. geplant).

Ergänzendes Schrifttum: Organisationspläne der Reichsministerien. In: Reichstagsdrucksache Nr. 862 (1. Wahlperiode 1920). — *Lassar:* Reichseigene Verwaltung unter der Weimarer Verfassung. In: Jb. d. öff. Rechts 14.1926. — Empfehlungen des Wirtschaftsausschusses zur Handelspolitik. Gutachten des Wirtschaftspolitischen Ausschusses des Vorläufigen Reichswirtschaftsrats vom 5. Februar 1930. In: Reichstagsdrucksache Nr. 1655 Anlage 3 (4. Wahlperiode 1928). — *Adloff, Paul:* Das Reichswirtschaftsministerium unter besonderer Berücksichtigung seiner Mitwirkung an der Gesetzgebung. Jur. Diss. Jena 1931. — *Burchardt, Lothar:* Friedenswirtschaft und Friedensvorsorge. Deutschlands wirtschaftliche Rüstungsbestrebungen vor 1914. Boppard 1968 (Wehrwiss. Forschungen. Abt. Militärgesch. Studien 6).

Die politischen, nicht weniger die ökonomischen Wandlungen in den fünf Dezennien zwischen Beginn und Ende des Zweiten Deutschen Reiches beeinflußten entsprechend Aufgabe und Gliederung auch den strukturellen Aufbau eines Ministeriums, das als zentrale Behörde bemüht sein mußte, den stürmisch wechselnden Änderungen der äußeren Situation zu folgen. Es ist daher nicht vermeidbar gewesen, besonders in den Jahren der Krisen und des Aufbaus dieser Behörde die Organisationspläne nahezu Jahr für Jahr neu zu bedenken und zu gestalten, was in der jeweiligen Geschäftsverteilung einen deutlichen Niederschlag findet. Von dieser hier quellenmäßig nachgewiesenen, in ihrem Ablauf dynamisch erscheinenden Grundlage ausgehend, tritt umso mehr die Arbeitsanforderung an die personell äußerst sparsam besetzten Abteilungen dieses Ministeriums heraus. Verwaltungsbegabung, Willenskraft und Sachkunde haben allen ungünstigen Zeitverhältnissen entgegengewirkt und in vorbildlichem Zusammenwirken der Ressorts bedeutenden, hier namentlich erwähnten Führungskräften bemerkenswerte, über längere Zeiträume wirksame Leistungen ermöglicht.

I. Vom Reichsamt des Innern zum Reichswirtschaftsamt 1880–1918

Die deutsche Einigungsbewegung des 19. Jahrhunderts hatte in dem Bestreben, großräumige Wirtschaftsmöglichkeiten zu schaffen, die Binnenzölle über die Stufen des Deutschen Zollvereins und den Norddeutschen Bund abgebaut und bereits praktische Erfahrungen mit zufriedenstellenden Ergebnissen gemacht, als der Norddeutsche Bund sich 1871 mit Bayern, Württemberg, Baden und Hessen-Darmstadt zum Deutschen Reich zusammenschloß. Die herrschende Meinung, auch in Wirtschaftskreisen, versprach sich von einer zentralen und starken Wirtschaftspolitik des Reichs eine rasche Prosperität. Wenn demgegenüber der Wortlaut der Reichsverfassung vom 16. April 1871 das wirtschaftliche Gebiet vorsichtig zurückhaltend und nicht in einem einheitlichen Zusammenhang behandelte, so lag das in den deutlich angekündigten Prärogativen, die nicht nur seitens der vier süddeutschen Staaten, sondern auch von Hamburg und Bremen geltend gemacht wurden.

Die Verfassung des Deutschen Reichs von 1871 sagt in Artikel 33: „Deutschland bildet ein Zoll- und Handelsgebiet, umgeben von gemeinschaftlicher Zollgrenze". Artikel 34 schränkt jedoch ein: „Die Hansestädte Bremen und Hamburg ... bleiben als Freihäfen außerhalb der gemeinschaftlichen Zollgrenze, bis sie ihren Einschluß in dieselbe beantragen". Zu den „wegen ihrer Lage zur Einschließung in die Zollgrenze nicht geeigneten Gebietsteile" (Art. 33 Abs. 2) gehörten zwei badische Grenzorte, die schon vor 1871 zum Schweizer Zollgebiet zählten. Demgegenüber wurde die österreichische Gemeinde Jungholz (Tirol) an der bayerischen Grenze in das deutsche Zollgebiet entsprechend dem bayerisch-österreichischen Vertrag von 8. Mai 1868 übernommen*, vor allem aber galt dieses für Luxemburg, das seit 1842 dem Deutschen Zollverein angehörte, was auch nach dessen Ausscheiden aus dem Deutschen Bund andauerte und 1872 (zuletzt 1902) verlängert wurde. Durch denselben Vertrag erhielt das Reich die Verwaltung der Eisenbahnen in Luxemburg. Da die Bahnen einzelstaatlich blieben, mußte dafür (und für die Verwaltung der Eisenbahnen in den Reichslanden Elsaß-Lothrigen) die Behelfskonstruktion geschaffen werden, das Reichskanzleramt mit der Aufsicht über Bau und Betrieb zu betrauen, bis diese am 1. 1. 1879 dem neugebildeten „Reichsamt für die Verwaltung der Reichseisenbahnen" unterstellt wurden; Chef dieser Behörde war in Personalunion der jeweilige preußische Minister für öffentliche Arbeiten, dem auch die Verwaltung der preußischen (seit 1896 preußisch-hessischen) Staatseisenbahnen unterstand.

Reichssache war von Anfang an die Beaufsichtigung und Gesetzgebung über den Gewerbebetrieb einschl. des Versicherungswesens, die Zoll- und Handelsgesetzgebung, Ordnung von Maßen, Münzen und Gewichten, Bestimmungen über das Bankwesen, Aufsicht über das Eisenbahnwesen, die Herstellung von Land- und Wasserstraßen, die Übernahme des Post- und Te-

* Durch deutsch-österreichischen Vertrag vom 2. Dezember 1890 wurde auch die Gemeinde Mittelberg im Kleinen Walsertal dem deutschen Zollgebiet angeschlossen.

legraphenwesens (letzteres außer Bayern und Württemberg). Das waren mehr Andeutungen als Ausführungen. Bismarck war aber der Ansicht, zunächst den Rahmen zu schaffen, an den sich die Bundesländer allmählich gewöhnen würden, um mit der Zeit überholte Institutionen abbauen zu können. Indessen führten die partikularen Eigeninteressen ein zähes Leben; sie verstärkten sich sogar, als die erste Begeisterung verflogen war. Hamburg und Bremen waren erst durch sehr deutliche Vorstellungen dazu zu bewegen, sich am 15. Oktober 1888 dem deutschen Zollgebiet (mit Freihafenzonen) anzuschließen. Als Helgoland 1890 durch Vertrag an Preußen kam, wurde ihm zugestanden, außerhalb der Zollgrenzen des Reichs zu bleiben. Andererseits hatte sich das Reich in Art. 36 Abs. 2 und 3 der Reichsverfassung ein sehr wirksames Kontrollorgan zur Beaufsichtigung der Zoll-Verwaltung der Länder geschaffen. Überwachungskommissare („Reichsbevollmächtigte" und „Stationskontrolleure") übten eine Tätigkeit aus, „die über die allgemeine Reichsaufsicht weit hinausging" (Laband, Staatsrecht. Bd 4. S. 313 ff.). Mit der Heranziehung von Aufgaben auf den Gebieten von Finanzen und Handel an das Reichskanzleramt war jedoch angesichts der großen und steigenden Bedeutung dieser Ressorts eine auf die Dauer befriedigende Lösung nicht zu schaffen.

Mehrere Organisationspläne Bismarcks lassen erkennen, daß er das Problem der Staatswirtschaft und des fiskalischen Übergewichts auf dem Gebiet der Handelspolitik als Gefahr einschätzte und weit von dirigistischem Zentralismus entfernt war. So ist er sorgfältig, behutsam und eher zögernd an die unumgängliche Umgliederung des Reichskanzleramts herangegangen, aus dem nach und nach Reichsämter ausgeklammert wurden: so das als Aufsichtsbehörde der Einzelstaaten dienende Reichseisenbahnamt (1873); es folgte 1879 die Begründung des Reichsschatzamtes. Immer noch blieb die Wirtschaftspolitik beim Reichskanzleramt, bis das Reichsamt des Innern zum 1. 1. 1880 errichtet wurde und dieses Ressort mit übernahm. Bismarck sicherte sich gleichwohl entscheidenden Einfluß dadurch, daß er seit September desselben Jahres neben dem Reichskanzleramt auch das preußische Ministerium für Handel und Gewerbe in Personalunion leitete. Ein „Preußischer Volkswirtschaftsrat" sollte als Sachverständigenausschuß die gesetzgeberische Tätigkeit des Handelsministeriums beraten und vorbereiten helfen. Aber auch dieses waren nur Zwischenstufen. Ziel Bismarcks war ein Reichsamt für Wirtschaft, dem ein „deutscher Volkswirtschaftsrat" zur Seite treten sollte (Julius Curtius: Bismarks Plan eines deutschen Volkswirtschaftsrats. Heidelberg 1919. — Vf. ist der spätere Reichswirtschaftsminister). Denn eine Wiederbelebung der partikularen Staatswirtschaften lief der Entwicklung der Zeit entgegen; Bayern hatte 1871 sein Wirtschaftsministerium eingehen lassen, Baden folgte 1881. Bismarck aber drang mit seinen Reichswirtschaftsplänen nicht durch; sie wurden vom Reichstag zweimal abgelehnt. Inzwischen hatte die Wirtschaftspolitik eine neue Wendung genommen. Trifft es zu, daß bereits am Ausgang des 19. Jahrhunderts in Deutschland die Wirtschaft den Staat zu überwachsen begann, so ist es ebenso unbestritten, daß die Wirtschaft in ebenderselben Zeit von der sozialen Frage überholt wurde. Hatte Bismarck in der II. Abteilung des Reichsamtes des Innern die „Abteilung für wirtschaftliche Angelegenheiten“ errichten wollen, so zeigt die Aufgabenzuweisung seit Herbst 1880, daß darunter „Gewerbe, Aktien- und Genossenschaftswesen, Sparkassen- und Versicherungswesen, Armen-, Berufs- und Unfallstatistik“ verstanden wurde (Facius, S. 71). Wurden nun auch noch die Sachgebiete Armenwesen, Arbeiterverhältnisse, sogar Abwehr der Sozialdemokratie in die Aufgaben dieser Abteilung des Reichsamtes hineingenommen, so war es ganz natürlich, daß dort auch die Grundlagen der Sozialgesetzgebung gelegt wurden (ebd.) Die Wirtschaftsgebiete im eigentlichen Sinne wurden dagegen von der Zentralabteilung des Reichsamtes des Innern bearbeitet: Handel, Maße und Gewichte, Bank- und Schiffahrtssachen, die Reichsstatistik (ebd.) Als Schwerpunkte zeichneten sich bald ab: Außenhandelspolitik und Einflußnahme auf wirtschaftliche Interessenverbände. Der Versuch, der Behörde einen in die regionalen und sachlichen Bereiche hineinwirkenden Unterbau zu schaffen, wurde 1897 mit der Berufung von 30 Sachverständigen aus Gewerbe, Industrie, Handel und Landwirtschaft beim Reichsamt des Innern jetzt durchgeführt: Der „Wirtschaftliche Ausschuß zur Vorbereitung und Begutachtung handelspolitischer Maßnahmen (Wirtschaftlicher Ausschuß)“ hat u. a. Produktionsstatistiken zur Vorbereitung von Zolltarifen und Handelsabkommen erstellt. Das Reichsamt führte ab 1878 als offizielles Organ die 1847 begründete preußische amtliche Zeitschrift „Preußisches Handels-Archiv“ als „Deutsches Handelsarchiv“ fort, das in Band I die ausländische Zoll- und Handelsgesetzgebung und in Band II Statistik und Handelsberichte veröffentlichte.*

Die Behördenorganisation wurde bereits 1894 dahingehend geändert, daß die wirtschaftspolitischen Aufgaben einer neuen III. Abteilung des Reichsamtes des Innern zugewiesen wurden. Diese wurde 1899 in III A und III B unterteilt, wobei die Handelssachen in III B zusammengelegt wurden, die seit 1900 als selbständige Abteilung IV die Wirtschaftspolitik bearbeitete. Hier wurden alle die Wirtschaft unmittelbar betreffenden Gebiete aus Landwirtschaft und Industrie, Steuer- und Zollverwaltung, Statistiken der Produktion und des Warenverkehrs, seit 1902 auch des Bank- und Börsenwesens erfaßt; die Auswertung diente der handelspolitischen Gesetzgebung. Dieser Abteilung unterstand der „Wirtschaftliche Ausschuß“. Lediglich die Gewerbe-Angelegenheiten verblieben wegen ihrer sozialpolitischen Verflechtungen bei der Abteilung II des Reichsamts des Innern. Wegen der steigenden Bedeutung der Abteilung IV erhielt deren Direktor Adolf Wermuth 1904 Titel, Rang und Stellung eines Unterstaatssekretärs (Facius 74 ff. und Organisationsschema Anhang 6, S. 235—239 nach Handbuch für das Deutsche Reich 1890—1914. Adolf Wermuth, geb. Hannover 23. 3. 1851, † Berlin-Lichterfelde 12. 10. 1927, war vom 15. 7. 1909 bis 16. 3. 1912 Staatssekretär des Reichsschatzamtes. Biographie fehlt.) Daneben ist nicht zu übersehen, daß weitere wirtschaftliche Reichsangelegenheiten auch vom Auswärtigen Amt (so für die Außenhandelsverträge

* Von April 1920 bis Ende 1921 von der Abt. X (Außenhandel) des Auswärtigen Amts herausgegeben, ab 1922 vom Reichswirtschaftsministerium.

durch die Handelspolitische Abteilung) und vom Reichsschatzamt (z. B. Energieversorgung) bearbeitet wurden.

Der Umwandlung der IV. Abteilung in ein selbständiges Reichsamt für Wirtschaft stand von der Organisation her nichts im Wege. Wenn die langwierigen Verhandlungen darüber 1907, 1910 und 1912 nicht zum Ziel führten (Nachweise bei Facius S. 76 Anm. 148), so war der Grund hauptsächlich in der starken Stellung des Preußischen Handelsministeriums zu sehen, das erfolgreich tätig war mit fortschrittlichen Gesetzen im Bergbau- und Börsenwesen, bei der Förderung von Gewerbe und Gewerbeschulen und der Errichtung von Handelshochschulen. Preußen bedurfte dieses Ministeriums zudem als zentraler Behörde für die zahlreichen wirtschaftlichen Staatsunternehmen. Vor allem besaß das Preußische Handelsministerium in den Industrie- und Handelskammern eine weit verzweigte, in alle Regionen hineinreichende praktische Exekutiv-Organisation, die sachlich als Unterbau verstanden werden konnte.

Unterdessen hatte die Abteilung IV des Reichsamts des Innern, um den gestiegenen Anforderungen gerecht werden zu können, Binnenhandel und Außenhandel in der Bearbeitung 1910 trennen müssen (IV A und IV B). Die im gleichen Jahre eingeführte Reichsaufsicht über das Kalisyndikat schuf eine weitere Unterabteilung IV K. Im Februar 1914 wurde zwecks Erlangung und Auswertung von Wirtschaftsinformationen die Unterabteilung IV N gegründet. Mit dieser ebenso aufwendigen wie wenig wirksamen Organisationsform mußte das Reich den Erfordernissen des Weltkriegs gerecht zu werden suchen. Nun hat es keineswegs an Einsicht und Bemühungen gefehlt, auch für den Kriegsfall die Bevölkerungsernährung und den Rohstoffbedarf der Industrie rechtzeitig sicherzustellen. Im Frühjahr 1906 hatte der Staatssekretär des Reichsmarineamtes den Kriegsminister auf englische Vorbereitungen für die Versorgung im Kriegsfall aufmerksam gemacht (Royal Commission on supply of food and raw material in time of war) und angesichts einer zu befürchtenden Blockade Deutschlands mit den „ernsten Folgen ... durch eine Unterbindung unserer Einfuhr" dringend ersucht, mit Admiralstab, Generalstab, Reichsamt des Innern, Reichsschatzamt, Reichseisenbahnamt sowie den (preußischen) Ministerien der öffentlichen Arbeiten, der Finanzen und des Handels in gemeinschaftliche Besprechungen einzutreten, um eine gegnerische Blockade „in ihrer Tragweite für unsere militärische und politische Existenzfähigkeit nach Möglichkeit zu beschränken" (Der Weltkrieg 1914—1918. Bearb. im Reichsarchiv. Kriegsrüstung und Kriegswirtschaft [— 1914], Anlagen zum 1. Band. Berlin 1930, S. 206 f.). Diese Anregung fand indessen zunächst keine Beachtung, weil das Kriegsministerium der damals allgemeinen Ansicht zuneigte, eine Bevorratung für 9 Monate sei ausreichend. Aber auch dieses wünschte 1907 die Fortführung der kommissarischen Beratungen. Über den Schätzungen der landwirtschaftlichen Vorräte durch das Reichsamt des Innern vergingen nochmals drei Jahre. Wenigstens die Produktionssteigerung der Landwirtschaft und die Nutzbarmachung von Ödlandflächen wurde jetzt geplant. Aber auch auf die Rohstoff- und Transportlage machte das Reichsmarine-Amt aufmerksam, „das in diesen Jahren führend und fortdauernd als sachkundiger Warner auftrat“ (ebd. S. 314). Bei dieser amtlichen Untätigkeit regte der Berliner Nationalökonom Professor Dr. Gustav Schmoller eine Dissertation an, die 1913 in den von ihm redigierten Jahrbüchern (Jg 36, H. 2. 1912. S. 61 f.) erschien und von Schmoller auch der Reichskanzlei zugestellt wurde. Verfasser dieser Schrift über „Deutsche Volksernährung im Kriege“ war Dr. Hans Fröhlich. Darin wurde zutreffend darauf hingewiesen, daß Kartoffeln und Zucker kein Ersatz für Brot darstellten und daß die bisher gar nicht beachtete Futtermittelknappheit in kurzer Zeit Ausfälle an Fleisch und Fett nach sich ziehen müsse. Bezeichnend ist die scharfe Ablehnung von Fröhlichs Denkschrift durch den Staatssekretär des Innern mit überheblichem Tadel: es sei nicht mehr als eine „Schülerarbeit; ihre Veröffentlichung in einer so angesehenen und viel gelesenen Zeitschrift wie Schmollers Jahrbuch ... dürfte wegen ihrer beunruhigenden Schlußfolgerungen auch politisch nicht ohne Bedenken sein.“ Die als Widerlegung bestellte Denkschrift des Reichsamts des Innern verstieg sich zu folgenden Behauptungen: Angesichts der „großartigen Entwicklung der Roggenerträge ist kein Grund einzusehen, warum es nicht möglich sein sollte, ähnliches auch bei anderen Früchten ... zu erzielen“. Und: „Daß das bei der Fleischversorgung zurzeit bestehende geringe Manko verhältnismäßig leicht und unter Umständen binnen kurzer Frist [!] gedeckt werden könnte, wird vom landwirtschaftlich-technischen Standpunkt aus ernstlich nicht bezweifelt werden können. Der Vermehrung der Viehbestände sind an und für sich keine Schranken gezogen“ [!]. Die Denkschrift schließt mit der Feststellung: „Nach all dem kann es keinem Zweifel unterliegen, daß uns für den Notfall umfangreiche und wirksame Mittel zur Verfügung stehen, um auch unter ungünstigen Verhältnissen im Kriegsfall unsere Volksernährung sicherzustellen.“ Diese „Denkschrift“ erweist die geringe Leistungsfähigkeit der Wirtschaftsabteilung des Reichsamts des Innern umso mehr, als hierin keine zeitbedingten Irrtümer ausgesprochen wurden, weil Kriegsministerium und Reichsmarineamt auf weit sorgfältigerer Ermittlung und Schlußfolgerung sofort auf die sehr schwache Beweisführung des Reichsamts des Innern hingewiesen haben. Weit realistischer hat das Preußische Statistische Landesamt die Maßnahmen auf eine dreijährige Kriegsdauer abgestellt haben wollen. Auch der Regierungspräsident in Düsseldorf machte 1912 auf die Schwierigkeiten der reibungslosen Versorgung der großen Städte bei Kriegsgefahr nachdrücklich aufmerksam.

Erst der Balkankrieg gab den Anlaß, auch in Deutschland Fragen der wirtschaftlichen und finanziellen Kriegsvorsorge in Spitzengesprächen zu behandeln. An der Sitzung im Reichsamt des Innern am 21. 11. 1912 nahmen Vertreter folgender Gremien teil: Reichsamt des Innern, Auswärtiges Amt, Reichsschatzamt, Reichsmarineamt, Generalstab, Kaiserliches Statistisches Amt, Reichsbank, Preußisches Innenministerium, Preußisches Landwirtschaftsministerium, Preußisches Ministerium der Finanzen, Preußisches Ministerium der öffentlichen Arbeiten, Preußisches Handelsministerium, Preußisches Kriegsministerium, Preußisches Statistisches Landesamt. Aus den vorbereitenden Sitzungen erfolgte die Bildung einer „ständigen Kommission“ (nicht eines „wirtschaftlichen Generalstabs“, wie vielfach behauptet wird), die sich aus allen dafür zuständigen militärischen und zivilen Behörden zusammensetzte und nach Bedarf Sachverständige hinzuzog. Auch stand dafür der „Wirtschaftliche Ausschuß“ des Reichsamts des Innern zur Verfügung. Im Reichsamt des Innern wurde ein Referat für wirtschaftliche Mobilmachung eingerichtet (Kriegsrüstung I, a. a. O. S. 343).

Praktische Erfolge waren aus den bis zum Kriegsausbruch August 1914 fortgesetzten Tagungen der „Ständigen Kommission“ nicht zu gewinnen gewesen. Immerhin waren einige Grundsatzfragen theoretisch angesprochen, andere hielt man sogar für geklärt; bemerkenswert ist dabei die naive Ansicht des Preußischen Kriegsministeriums, man könne den Heeresbedarf im Mobilmachungsfall durch den freien Handel decken lassen: ein interessantes Beispiel für die prinzipielle Unterlassung dirigistischer Planungen (ebd. S. 379 Anm. 1. — Textband). Die von Bismarck selbst gewünschte und mehrfach versuchte Umbildung und Fortentwicklung der Reichsverfassung ist von seinen Nachfolgern gar nicht erst weitergeführt worden.

Der Kriegsausbruch im August 1914 traf das Deutsche Reich in einer unzureichenden Wirtschaftsverfassung. Eine Vorratswirtschaft an Getreide und Rohstoffen nach friderizianischem Magazin-Muster war mehrfach gefordert, jedoch immer wieder als zu teuer abgelehnt worden. Die vage Hoffnung auf eine kurze Kriegsdauer schwand mit der britischen Kriegserklärung, womit zugleich die wirtschaftliche Abdrosselung Wirklichkeit wurde. In dieser Notlage sind zwei Lösungsversuche unabhängig voneinander und gleichzeitig praktiziert worden, die in ihren Motiven und Zielsetzungen jedoch auseinanderzuhalten sind: eine zentralistisch-dirigistische staatliche Kriegswirtschaft und die daneben grundsätzlich weiterbestehende liberale Privatwirtschaft, die nunmehr in freiwilliger Einschränkung, im sachbezogenen Zusammenschluß und mit Hilfe ihrer Selbstverwaltungsorganisationen alle Kräfte aufbot, um der Drohung wirtschaftlicher Vernichtung des Reiches zu begegnen. Beide Bestrebungen aber hatten zum Ziel, die Wirtschaft des Reiches zu stärken und diesem auch auf organisatorischem Gebiet die größtmögliche Wirksamkeit zuzugestehen.

Das Gesetz vom 4. August 1914 betr. Bevorratung von kriegswichtigen Rohstoffen führte am 24. Juli 1915, ein Jahr nach Kriegsausbruch, zu der Verordnung über die Sicherstellung von Kriegsbedarf. Damit erst begann die umfassendere Zwangswirtschaft Wirklichkeit zu werden, die durch den organisatorischen Apparat des Kriegsministeriums getragen und in bis dahin ungeahnten Ausmaßen ausgeweitet wurde. Sogenannte Kriegsgesellschaften (Kriegs-Metall AG, Kriegs-Leder AG, Kriegs-Chemikalien AG usw.) hatten die wichtigsten Rohstoffe aufzubringen und zu verteilen (Vgl. Werke der Carnegie-Stiftung: Soziale und politische Geschichte des Weltkrieges. Stuttgart 1927 ff.). Seit 1916 erhielt größte Bedeutung das Waffen- und Munitions-Beschaffungsamt (WUMBA). Aus der Kriegsrohstoffabteilung war durch die energische und rationale Gründlichkeit von Walther Rathenau 1916 das die gesamte Kriegswirtschaft leitende Kriegsamt geworden (W. Dieckmann: Die Behördenorganisation in der deutschen Kriegswirtschaft 1914–1918. Hamburg 1937. – Clemens v. Delbrück: Die wirtschaftliche Mobilmachung in Deutschland. München 1924.)

Die Sicherstellung der Ernährung hat der Hamburger Reeder Albert Ballin durch freien Einkauf im neutralen Ausland über die „Reichseinkauf GmbH" in Hamburg nach kaufmännischen Grundsätzen zunächst erreicht. Hier zeigte sich die andere Verfahrensweise auf wirtschaftsliberaler Grundlage. Doch konnte dies nur ergänzend zu der Tätigkeit der Abteilung V des Reichsamtes des Innern treten, die im Mai 1916 mit großen Vollmachten für die Zwangsbewirtschaftung als „Kriegsernährungsamt" umgebildet wurde, geleitet von dem Oberpräsident von Ostpreußen, v. Batocki-Friebe. Aber erst im August 1917 hat der umsichtige und energische Oberpräsident von Pommern, Wilhelm von Waldow, dieses Amt zur Reichsbehörde erheben können, in Personalunion mit dem preußischen Staatskommissar für Volksernährung. Eine Selbstverwaltungsorganisation war dagegen der „Kriegsausschuß der deutschen Industrie", in den das Reich und Preußen je einen Regierungskommissar entsandten. Die Bereitstellung von Rohstoffen und Arbeitskräften ohne staatlichen Auftrag war seine Aufgabe.

Einem solchen Angebot und einer Bereitschaft zur freiwilligen Mitträgerschaft der Probleme entsprach nicht eine klare und zielbewußte Führung durch das Reich. Stattdessen zersplitterten sich dort die Energien in Teilmaßnahmen, für die gesonderte Reichskommissare abgestellt wurden, so für die Übergangswirtschaft, für Ein- und Ausfuhrbewilligung, für den Wiederaufbau der Handelsflotte. Anfang 1916 verdichteten sich die Forderungen der deutschen Öffentlichkeit nach stärkerer Wirtschaftsinitiative des Reiches. Der deutsche Handelstag wollte ein „Reichswirtschaftsamt" getrennt von dem Kriegswirtschaftsamt, Stresemann wies im Reichstag auf die Notwendigkeit eines eigenen Amtes für Handelsinteressen hin; der Syndikus des Verbandes der Sächsischen Industriellen, Johannes März, forderte in einer umfangreichen Denkschrift ein Reichshandelsamt, und der Syndikus der Korporation der Berliner Kaufmannschaft, Max Apt, vertrat die Idee einer gemeinsam von Reich und Wirtschaft getragenen Außenhandelsbehörde. Während die Handelskammer Karlsruhe sich im Frühjahr 1917 für ein Reichswirtschaftsamt entschied, forderte der bayerische Handelskammertag mehrfach ein Bayerisches Handelsministerium und brachte einen entsprechenden Antrag vor den bayerischen Landtag (Der von Facius herausgearbeiteten Bedeutung der Industrie für die Entstehung des Reichsamtes für Wirtschaft stimme ich voll zu.).

Da schuf der Kanzlerwechsel im Juli 1917 und die Neubesetzung der Reichsämter die Gelegenheit zur Errichtung eines selbständigen Reichswirtschaftsamtes noch im gleichen Monat. Nach längerem Suchen und Überlegen erklärte sich der Bürgermeister von Straßburg i. E., *Rudolf Schwander*, bereit, vom 5. August 1917 an als Staatssekretär die Leitung des Reichswirtschaftsamtes zu übernehmen (Max Rehm: Rudolf Schwander und Kurt Blaum. Wegbahner neuzeitlicher Kommunalpolitik aus dem Elsaß. Stuttgart 1974.).

Am 1. September 1917 begann die Tätigkeit des Reichswirtschaftsamtes in den Diensträumen Berlin NW 7, Bunsenstraße 2, und in Berlin NW 6, Luisenstraße 32—34 (Handbuch für das Deutsche Reich. 40. 1918. S. 160). Es war ein verheißungsvoller Anfang, daß als Unterstaatssekretär der bisher im Preußischen Handelsministerium tätige Unterstaatssekretär Heinrich Göppert berufen wurde (Kurzbiographie in: Facius S. 231). Die formale Verkündigung der Errichtung dieser neuen Behörde erfolgte im Reichs-Gesetzblatt Jahrgang 1917 Nr. 188 am 21. Oktober 1917 durch Allerhöchsten Erlaß des Kaisers mit der Kontrasignatur des Reichskanzlers Michaelis. Die in dem Erlaß angesprochene Aufgabenstellung: die sozial- und wirtschaftspolitischen Angelegenheiten des Reichs zu bearbeiten — und zwar in dieser Reihenfolge — war durch die Abtrennung der Abteilungen II, III und IV von dem Reichsamt des Innern und ihre Zusammenziehung unter dem nicht ganz zutreffenden Namen „Reichswirtschaftsamt" bedingt.

War somit der deutschen Privat-Industrie, die durch ihre Vorstellungen nicht geringen Einfluß auf die Errichtung des neuen Reichswirtschaftsamtes gehabt hat, eine vorausschauend für Friedenszeiten wirksame Unterstützung auf der höchsten Verwaltungsebene gesichert, so konnte zu dem Zeitpunkt des Zusammentritts der Behörde von einer zentralen Wirksamkeit noch nicht die Rede sein. Einerseits hatte das praktische Ausscheiden Rußlands und die unverkennbare Unlust Japans, noch länger im Entente-Bündnis zu bleiben, manche Hoffnung auf ein Wiederaufleben des Außenhandels in absehbarer Zeit erweckt; andererseits hatte der Kriegseintritt Nordamerikas und die unmißverständlich propagierte Entschlossenheit der Westmächte, Deutschland von den Weltmeeren und Kolonien auszuschließen, den Ernst der Lage noch deutlicher gemacht. Für das Reichswirtschaftsamt ergaben sich ohnehin eingeschränkte Kompetenzen. Bereits am 21. März 1917 hatte der Staatssekretär des Reichsamtes des Innern, Karl Helfferich, betont, daß der Abschluß von auswärtigen Handelsverträgen und damit die Außenhandelspolitik weiterhin der Außenhandelsabteilung des Auswärtigen Amtes überlassen bleiben müsse. Da die Befugnisse der Kriegswirtschaft damit auch die Kriegsernährung und das Eisenbahnwesen dem Reichswirtschaftsamt vorenthalten waren, hatte dieses auf wichtigen Gebieten teils gar keine, teils nur provisorische oder eingeschränkte Befugnis. Das war der eigentliche Grund, weshalb der am 31. Oktober 1917 zum Staatssekretär ernannte Dr. Schwander bereits am 20. November 1917 seinen Rücktritt erklärte (Dies ist festzuhalten gegenüber der spekulativen Formulierung bei Max Rehm, a. a. O. S. 32: „Kompetenzkampf der neuen Behörde gegen die vorhandene Verwaltungshierarchie [Reich und Preußen]").

Neuer Staatssekretär wurde am 20. November 1917 *Hans Karl Freiherr von Stein zu Nord- und Ostheim*, der von 1904 bis 1914 im Reichsamt des Innern tätig und mit dessen Organisation auf das beste vertraut war. Durch den Geschäftsverteilungsplan vom 22. Dezember 1917 gewann das Reichswirtschaftsamt endlich feste Umrisse. Die ursprünglich vorrangige Sozialpolitik trat zurück, bildete jetzt die Hauptabteilung II in zwei Unterabteilungen A und B, von Unterstaatssekretär Dr. Caspar und ORR Dr. Würmeling geleitet; sie führte die Aufgaben der II. Abteilung des Reichsamtes des Innern fort. In der Wirtschaftspolitischen Hauptabteilung I, der Unterstaatssekretär Wirkl. Geh. R. Dr. Göppert vorstand, gab es zuerst drei Unterabteilungen: I A, B und C. Die Abteilung I A (Dr. Göppert) bearbeitete Handelspolitik, sonstige Handelssachen, Ein- und Ausfuhr, Handelsverträge, wirtschaftliche Fragen der Landwirtschaft, land- und forstwirtschaftliche Biologie, wirtschaftliche Fragen der Industrie, wirtschaftliche Kriegsmaßnahmen (ohne Zusammenlegungs- und Vergeltungsmaßnahmen), wirtschaftliche Seite des Zoll- und Steuerwesens, Verteilungsstelle für die Kaliindustrie, Berufungskommission für die Kaliindustrie, Biologische Anstalt für Land- und Forstwirtschaft, wirtschaftliche Kriegsstellen und Kriegsgesellschaften. — In dieser Abteilung für Handels- und Wirtschaftspolitik wurden auch die Wirtschaftsbeziehungen mit dem Ausland in Länderreferaten, an die nach Wirtschaftszweigen gegliederten Sachreferate angehängt, bearbeitet — ein interessantes spätes Beispiel für die Vermischung von Territorial- und Sachprinzip aus der Zeit des Generaldirektoriums Friedrich Wilhelm I. von Preußen! Seit dem 1. Februar 1918 wurden noch diejenigen Aufgaben in diese Abteilung hineingenommen, die dem Staatssekretär aus dem ihm damals übertragenen Reichskommissariat für die Übergangswirtschaft zusätzlich erwachsen waren (BA R 7 XI/5. — Ferner: 6. Teilbericht des Ausschusses für Handel und Gewerbe betr. Überführung der Kriegs- in die Friedenswirtschaft [Rohstoffversorgung und Organisation der Ein- und Ausfuhr]. Reichstagsdrucksache Nr. 1269. Auch in: Verhandlungen des Reichstags Bd. 323 S. 1986—2018.). Die Abteilung I B (Verkehrsfragen im weitesten Sinn) bearbeitete unter Wirkl. GehR. v. Jonquières im einzelnen: Seeschiffahrt, Postdampferverbindungen, Verwaltung des Kaiser-Wilhelm-Kanals, Kriegsschäden der Seeschiffahrt, Binnenschiffahrt einschl. Bayerischer Lloyd und Donauschiffahrt, übriges Verkehrswesen (Eisenbahn, Post, Telegraphie, Fernsprechwesen), Wasserkräfte, Elektrizitätsanlagen, Transportversicherung, See- und Binnenfischerei, Maß- und Gewichtswesen, wirtschaftliche Vergeltungsmaßnahmen, Technische Kommission für Seeschiffahrt, Reichsinspektoren für die Seeschiffer- und Seemaschinistenprüfungen, Schiffsvermessungsamt, Behörden für die Untersuchung von Seeunfällen, Kanalamt, Reichsausschuß für den Wiederaufbau der Handelsflotte, Normal-Eichungskommission, Reichskommissar für die Liquidation ausländischer Unternehmungen, Treuhänder für das feindliche Vermögen. — Die Abteilung I C (Wirtschaftliches Informationswesen) bearbeitete unter Min.-Direktor Dr. v. Schoenebeck: Außenhandelsförderung durch wirtschaftlichen Nachrichten- und Propagandadienst, wirtschaftliche Veröffentlichungen des Reichswirtschaftsamtes, vertrauliche Mitteilungen und übriges Auskunftswesen, Erforschung der Produktionsverhältnisse des In- und Auslandes, allgemeine Statistik des Warenverkehrs mit dem Ausland, Statistisches Amt, allgemeine volkswirtschaftliche und finanzielle Fragen, landwirtschaftliche und Handels-Sachverständige, deutsche Handelskammern im Ausland, Ausstellungswesen, Pressedienst. — Im April 1918 wurde noch eine Abteilung I D hinzugefügt für die Bearbeitung folgender Sachfragen: Bank- und Börsenwesen, Scheck- und Münzwesen, Aktiengesellschaften, Gesellschaften mit beschränkter Haftung, Handels- und Wechselrecht, Steuerflucht-Gesetz, Übergangswirtschaft, Demobilisierung, Zusammenlegungen, Syndizierungen, Monopolisierungen, Höchstpreisgesetz, Auskunftspflicht, Börsenausschuß, Berufungskammer in Börsen-Ehrengerichtssachen, Berufungskommission für das Ordnungsstrafverfahren wegen verbotenen Terminhandels (nach Facius S. 241 f. — Vgl. ebd. S. 240 den vorzüglichen genetischen Organisationsplan). — Der Personalstand betrug Anfang 1918: 154 Personen, davon 1 Staatssekretär, 2 Unterstaatssekretäre, 4 Direktoren, 25 Vortragende Räte, 8 ständige Hilfsarbeiter (= Reg. Räte), 1 Bürovorsteher, 56 expedierende Sekretäre, Kalkulatoren und Registratoren, 2 Bürobeamte, 29 Kanzleisekretäre und 25 Unterbeamte (1 Botenmeister, 1 Hausinspektor, 19 Kanzleidiener, 2 Pförtner, 1 Hausdiener, 1 Drucker). (BA R 7/1 fol. 210 = Polit. Archiv Ausw. Amt Abt. A Deutschland No. 122. No. 9).

Obwohl nunmehr gegenüber früheren Ressortverhältnissen eine eindeutige und übersichtliche Geschäftsverteilung erreicht war, befriedigte sie letztlich noch nicht. Staatssekretär von Stein nahm daher die Strukturveränderung der Reichsregierung unter dem Kanzler Prinz Max von Baden zum Anlaß, um auf eine Abtrennung der unorganisch mit dem Reichswirtschaftsamt verbundenen sozialpolitischen Hauptabteilung II zu drängen. Die Anregung zur Schaffung eines dafür eigens zuständigen Reichsamtes fiel angesichts einer solchen, damals als fortschrittlich empfundenen Maßnahme auf günstigen Boden, so daß am 4. Oktober 1918 die Hauptabteilung II als Reichsarbeitsamt selbständig wurde. Allerdings hatte v. Stein die darin ursprünglich enthaltenen Referate, die das Gewerbewesen, Bergwesen, Energieversorgung, das Hypothekenbank- und Privatversicherungswesen betrafen, in das Reichswirtschaftsamt herübergenommen und den vier Abteilungen zugewiesen. Diese nunmehr am Ende des Kaiserreichs bestehende Organisationseinteilung des Reichswirtschaftsamtes blieb im großen und ganzen auch später bestehen und wurde als Grundlage bei allen nachfolgenden Veränderungen weiter berücksichtigt.

Das war um so nötiger, als schon die Waffenstillstandsverhandlungen 1918 erkennen ließen, daß die Entente enorme Sachlieferungen verlangen würde. Privateigentum sollte respektiert, Staatseigentum dagegen als Pfand für Reparationsforderungen betrachtet werden. Der Staatssekretär im Reichsschatzamt August Müller hielt deshalb am 28. Dezember 1918 Verstaatlichungsexperimente für gänzlich unangebracht. Doch schlug die Regierung Bauer am 23. Juli 1919 diese Warnung in den Wind: „Mit der Reichssteuerverwaltung, den Reichseisenbahnen und der Sozialisierung von Elektrizität, von Braunkohle, der bald der übrige Bergbau folgen soll, wird das Reich zum wichtigsten Faktor des Wirtschaftslebens. Mit diesen drei Machtmitteln ist im demokratischen Staat die Mehrheit des Volkes jederzeit in der Lage, dem deutschen Wirtschaftsleben die Form und den Inhalt zu geben, den sie für richtig und möglich hält . . .“ So träumten verantwortliche Behördenleiter unmittelbar nach Unterzeichnung des Versailler Vertrages.

II. Das Reichswirtschaftsministerium im Aufbau 1919–1924

Gegenüber den Umsturztheorien von 1918, die eine Gesellschaftsveränderung dadurch erreichen wollten, daß das Gegenteil der bisherigen Verfahrensweise als richtig propagiert wurde, gegenüber den Sozialisierungstendenzen bis zur Nachahmung sowjetrussischer Modelle, aber auch gegenüber der Fortwirkung dirigistischer Kriegswirtschaftsmaßnahmen war es das erste Erfordernis der Wirtschaftsführung, den Weg in eine ungewisse Zukunft nicht mit theoretischen Experimenten sondern auf der Grundlage der Erfahrung und einer möglichst breiten Zusammenfassung der in Auflösung befindlichen Kräfte des Staates und der schwer geschädigten Privatwirtschaft zu gehen.

Noch am Tage der Ausrufung der Republik am 9. November 1918 hatten Staatssekretär von Stein und Unterstaatssekretär Dr. Göppert ihre Ämter niedergelegt. Die Leitung des Reichswirtschaftsamtes übernahm am Tage darauf als Staatssekretär im Auftrag des „Rates der Volksbeauftragten" *Dr. August Müller,* seit dem 5. Oktober 1918 Unterstaatsserkretär in derselben Behörde. Als Unterstaatssekretär trat am 20. November 1918 Professor Wichard von Moellendorff in das Reichswirtschaftsamt ein. Dr. Müller war Gewerkschaftssekretär und SPD-Redakteur gewesen und hatte vor seinem Übertritt in das Reichswirtschaftsamt von 1916 bis 1918 im Kriegsernährungsamt gearbeitet, brachte demnach organisatorische und Fachkenntnisse mit und war dem Rat der Volksbeauftragten genehm. v. Moellendorff dagegen kam aus der Industrie, war 1914–1916 Referent in der Kriegsrohstoffabteilung des Preußischen Kriegsministeriums gewesen, danach technischer Berater und Mitglied zahlreicher Kriegsgesellschaften und war im Januar 1918 als Ordinarius für Nationalökonomie an die Technische Hochschule Hannover berufen worden. Er vertrat einen idealistischen Sozialismus, für den er den Begriff „Gemeinwirtschaft" prägte. Im Reichswirtschaftsamt, das durch Erlaß des Vorläufigen Reichspräsidenten vom 21. 2. 1919 Rang und Bezeichnung „Reichswirtschaftsministerium" erhielt (RGBl. 1919. S. 169 und 327), konnte sich v. Moellendorff recht entfalten, als der erste Reichwirtschaftsminister, der ehemalige Maschinenbauer, Gewerkschaftssekretär und SPD-Redakteur *Rudolf Wissell* in den Bann seiner Ideen geriet. Seitdem war dort „kriegswirtschaftliches, gemeinwirtschaftliches und sozialdemokratisches Gedankengut fast unlösbar miteinander verschmolzen" (Facius S. 98). In der Kohle- und Kali-Industrie wurde die Gemeinwirtschaft Wirklichkeit durch Zusammenschluß in Wirtschaftsverbänden, durch Erlasse und Vorschriften über Förderung, Absatz, Preise, Lohn- und Arbeitsverhältnisse (Denkschrift des Reichswirtschaftsamts über seine Tätigkeit seit Mitte November 1918 vom 30. 12. 1918. BA Nachlaß Moellendorff [alt] 82.). Wissell wollte jedoch weitergehen und nicht nur dem staatlichen Dirigismus durch Planwirtschaft Vorschub leisten, sondern über die Institution von Wirtschaftsräten in allen Betrieben das Mitbestimmungs- und Kontrollrecht ausüben lassen. Das hatte heftige Proteste aus Kreisen der privaten Wirtschaft zur Folge, stieß aber auch auf Ablehnung bei den sozialdemokratischen Ministerkollegen, die aus persönlichen und Ressort-Standpunkten die Pläne von Wissell und Moellendorff bekämpften. Bereits mit dem Sozialisierungsgesetz vom 23. 3. 1919 hatte die Vorläufige Reichsregierung zum rechtsstaatlichen Verfahren zurückgelenkt; in der Folge sind die meisten der Sozialisierungsgesetze nicht mehr durchgeführt worden. Gegenüber dem entschiedenen Widerstand des Kabinetts Bauer am 8. Juli 1919 zogen Minister und Staatssekretär am 12. Juli 1919 die Folgerungen und stellten ihre Ämter zur Verfügung. (Rudolf Wissell: Praktische Wirtschaftspolitik. Unterlagen zur Beurteilung einer fünfmonatlichen Wirtschaftsführung. Berlin 1919. — Rudolf Wissell und Wichard v. Moellendorff: Wirtschafliche Selbstverwaltung. Zwei Kundgebungen des Reichswirtschaftsministeriums. Jena 1919 (Deutsche Gemeinwirtschaft. Schriftenreihe H. 10.) — Hermann Curth (Hrsg.): Wichard v. Moellendorff, Konservativer Sozialismus. Hamburg 1932. — Kabinett Scheidemann S. 268—303).

Durch Fortfall der Hauptabteilung II hatte die Geschäftsverteilung bereits Anfang des Jahres 1919 nur äußerlich eine Änderung durch die Umbenennung der Abteilungen I A — D in I — IV mit 15 Sektionen erfahren. Innerhalb der Abteilung II waren jetzt aber die Industriebelange nach Arbeitsgruppen zusammengefaßt und ihr eine Nebensektion II 2 Kali angegliedert.

Kennzeichnend dafür, in welchem Maße Reichsbehörden für ideologische Experimente eingeschaltet wurden, ist die Einrichtung des Reichskohlenrates. Die u. a. auch von dem Reichsminister ohne Portefeuille Matthias Erzberger geforderte beschleunigte Sozialisierung der Gas- und Wasserwerke, Elektrizität und Straßenbahnen (Reichskabinettssitzung 19. 3. 1919) hatte zu dem entsprechenden § 4 (Energiewirtschaft) des Sozialisierungsgesetzes vom 23. 3. 1919 und zu dem Gesetz über die Regelung der Kohlenwirtschaft geführt. Der Reichskohlenrat sollte in Drittelparität von Arbeitgebern, Arbeitnehmern und von der Reichsregierung ernannten Personen besetzt werden. Am 24. 4. 1919 waren auch der Reichskalirat, die Kalistellen und das Kalisyndikat geschaffen. Bereits am 5. 12. 1918 war auf Veranlassung des „Rates der Volksbeauftragten“ eine „Kommission zur Vorberatung der Sozialisierung von Wirtschaftsbetrieben“ unter Vorsitz von Karl Kautsky und Professor Ernst Francke im Reichswirtschaftsamt gebildet worden. Als diese Kommission selbständig einen Gesetzentwurf zur Kommunalisierung von Wirtschaftsbetrieben in der Tagespresse veröffentlichen ließ, mußte der Reichswirtschaftsminister Wissell in der Kabinettssitzung vom 20. 3. 1919 feststellen, „daß die Kommission keine selbständige Reichsbehörde sei“ (!). Diesen Zuständen wurde durch Rücktritt der Kommission am 9. 4. 1919 ein Ende gemacht (Kabinett Scheidemann S. 68—71).

Um die staatssozialistischen und planwirtschaftlichen Ideen von Wissell, die die Wirtschaft sehr beunruhigten, einzudämmen, beschloß das Kabinett Scheidemann am 6. Mai 1919 auf Antrag des Reichsfinanzministers Dernburg die Einsetzung eines „diktatorischen Wirtschaftsausschusses“ unter Vorsitz des Unterstaatssekretärs im Auswärtigen Amt Dr. Toepffer, dem der Reichsschatzminister Gothein, der Reichswirtschaftsminister Wissell und der Reichsernährungsminister Schmidt angehörten. Die Aufgabe war: Förderung der deutschen Ausfuhr zur Devisenbeschaffung sowie die Einfuhr von Lebensmitteln und Rohstoffen, Beschaffung von Staats- und Privatkrediten (Kabinett Scheidemann 6. 5. 1919 S. 61 f.). Dagegen legte Wissell heftig Verwahrung ein: er könne sein Amt nur fortführen, wenn „grundsätzlich" an den Ein- und Ausfuhrverboten festgehalten würde (ebd. S. 433). Der Reichsschatzminister Gothein zog daraufhin die Folgerung und trat aus dem „Diktatorischen Wirtschaftsausschuß" aus, der dann am 1. 8. 1919 seine Tätigkeit beendete. Gothein und Reichsernährungsminister Schmidt hatten bereits vorher in sehr deutlicher Form gegen das Wirtschaftsprogramm des Reichswirtschaftsministers vom 7. Mai 1919 Stellung bezogen (ebd. S. 284—303): „Im Interesse der Wiedergewinnung der Sittlichkeit ist daher der möglichst rasche Abbau der Zwangswirtschaft geboten. Die geregelte Planwirtschaft heißt aber deren Verewigung nur in kapitalistischer zünftlerischer Form." Aus völlig entgegengesetzten Gründen lehnte der Vorsitzende der Sozialdemokratischen Partei Deutschlands, Otto Wels, auf dem Parteitag im Juni 1919 Wissels Ideen ab: eine Gemeinschaft zwischen Unternehmer und Arbeitern würde der angestrebten Vollsozialisierung nur hinderlich sein.

Die praktische Wirtschaftsführung, und das bedeutete angesichts der Hungerblockade die Versorgung der Bevölkerung mit Lebensmitteln, hatte das Reichsamt (seit dem 21. 2. 1919 Reichsministerium) für die wirtschaftliche Demobilmachung an sich gezogen. Ursprünglich eine Abwicklungsstelle des Kriegsamtes, hat es dessen Vollmachten für die Zwangswirtschaft übernommen und beibehalten. Der Reichsminister für die wirtschaftliche Demobilmachung, Oberstleutnant Dr. Joseph Koeth, früher Leiter der Kriegsrohstoffabteilung im Kriegsministerium, hatte bereits am 3. 3. 1919 dem Reichsministerpräsidenten (= Vorläufigen Reichskanzler) gemeldet, daß die Tätigkeit seines Ministeriums beendet sei: Die Aufräumungsarbeiten waren abgeschlossen, die Wiederherstellung der Verkehrsmittel erfolgt; die weiteren Aufgaben seien vom Reichsarbeits- und Reichwirtschaftsministerium zu übernehmen. Doch verzögerte sich die Auflösung der Behörde, weil nur ein Teil der 171 Angestellten von anderen Dienststellen übernommen werden konnten (Kabinett Scheidemann S. 232 f.). Dem Reichswirtschaftsministerium wurden im Mai 1919 neben den grundsätzlichen wirtschaftspolitischen Befugnissen von dem aufgelösten Ministerium unterstellt die frühere Gruppe VI (Versorgung der Industrie mit Friedensaufträgen und Eisenbewirtschaftung), nunmehr weitergeführt in den Ämtern „Reichskommissar für Eisen- und Stahlerzeugung" und „Reichskommissar für Eisen- und Metallverarbeitung." Die früheren Gruppen VIII (Chemie) und IX (Metalle) wurden als Sektionen II/5 bzw. II/1 dem Reichswirtschaftsministerium eingegliedert. Damit hatten auch die „Kriegsgesellschaften" organisatorisch ihr Ende gefunden. (Verzeichnis der Kriegsorganisationen. NfD. Berlin. 5. Aufl. 1920. 1. Teil. BA R 38/12 fol. 12—52. — Ernst Zipfel: Die Bedeutung der Akten der Kriegsgesellschaften für die Erkenntnis des wirtschaftlichen Lebens während des Krieges. In: Schmollers Jb. f. Gesetzgebg. usw. 53. 1929. S. 81—100). Am 1. Mai 1919 wurden weitere

Teile der Kriegs-Rohstoffabteilung des Kriegsministeriums in das Reichswirtschaftsministerium übergeleitet: Teile der Sektion M (Metalle) und die Sektion Q (Kork) mit der angegliederten Korkwirtschaftsstelle. Die noch beim Reichsschatzministerium verbliebene Abteilung Elektrowirtschaftliche Gesetzgebung fiel erst mit der Eingliederung des Reichsschatzministeriums in das Reichsfinanzministerium am 1. April 1923 an das Reichswirtschaftsministerium.

Trotz dieser Zuweisung trümmerhafter Restbestände aufgelöster fremder Dienststellen blieben weiterhin wesentliche wirtschaftspolitische oder wirtschaftstechnische Aufgaben anderen Reichsministerien vorbehalten oder wurden diesen sogar neu zugewiesen. Wenn das Auswärtige Amt seine Handelspolitische Abteilung nach 1920 nicht mehr aufrecht erhalten konnte, so blieb doch praktisch eine Teilung der Handelsgebiete in binnenländische (die vom Reichswirtschaftsministerium bearbeitet wurden) und ausländische (für die sich das Auswärtige Amt nach wie vor federführend ansah) bestehen. Schon das Reichswirtschaftsamt hatte sich hiergegen seine Kompetenz sichern wollen durch den am 11. 2. 1916 eingesetzten Reichskommissar für Aus- und Einfuhrbewilligung, der zunächst dem Staatssekretär des Innern direkt, seit Oktober 1917 dem Reichswirtschaftsamt unterstellt war (RGBl. 1917. S. 41 f., Reichsministerialblatt 1917. S. 398). Dessen Tätigkeit im Rahmen des Reichswirtschaftsministeriums wurde am 22. 3. 1920 neu bestätigt (RGBl. 1920. S. 334, 337). Diese Dienststelle bestand nach dem Wegfall der einseitigen alliierten Meistbegünstigungsklausel am 10. Januar 1925 noch bis zum 30. September desselben Jahres. Die Abwicklung nahm noch fast 15 weitere Jahre in Anspruch. Dem Reichskommissar standen die von Fachverbänden 1916 gebildeten Zentralstellen für den Außenhandel und Hilfsausschüsse für den Einfuhrhandel zur Seite. Diese Selbstverwaltungseinrichtungen setzten ihre Tätigkeit als „Außenhandelsstellen" (VO 20. 12. 1919 RGBl. S. 2128 und 8. 4. 1920 RGBl. S. 500. — Facius S. 110) fort. Dagegen trat das Reichswirtschaftsministerium im März 1919 seine Wirtschaftsnachrichtenabteilung an das Auswärtige Amt ab, dessen Abteilung X (Außenhandel) in Berlin, Bunsenstraße 2, sogar Zweigstellen für Außenhandel innerhalb des Reichsgebietes unterhielt. Von einer anderen Reichsbehörde, einer Neugründung, hätte dem Reichswirtschaftsministerium nach der Aufgabenverteilung eine beträchtliche Einbuße erwachsen können, wenn nicht durch gute persönliche Verbindungen die notwendige enge fachliche Zusammenarbeit gewährleistet gewesen wäre: am 7. November 1919 war zur Sicherstellung der Reparationslieferungen (Sachwerte) das Reichsministerium für Wiederaufbau errichtet worden (RGBl. S. 1875), dessen Staatssekretär Gustav Müller seit 1895 in der Handelspolitischen Abteilung des Reichsamtes des Innern, von 1917—1919 als Direktor, tätig gewesen war. Vom Reichswirtschaftsministerium sind die Referate Reichsentschädigungskommission, Treuhänder für das feindliche Vermögen und Reichsausschuß für den Wiederaufbau der Handelsflotte dorthin abgegeben worden. Als das Wiederaufbauministerium am 11. 5. 1924 aufgelöst wurde, fielen allerdings dem Reichswirtschaftsministerum keins der dortigen Ressorts zu.

Angesichts dieser wenig organischen und eindeutigen Kompetenzen auf dem Gesamtgebiet der Wirtschaft waren von berufener und unberufener Seite zahlreiche Vorschläge zur Neugliederung der obersten Reichsbehörden vorgebracht worden. Gewiß war es, angesichts der engen Verflechtung der Wirtschaft mit allen Sachgebieten der modernen Verwaltung, nicht gut möglich, die Wirtschaft über sämtliche andere Reichsaufgaben zu stellen und ein gigantisches Super-Ministerium zu schaffen, das nach einem Vorschlag des Staatssekretärs im Wirtschaftsministerium, Julius Hirsch, die Reichministerien für Wirtschaft, Arbeit, Ernährung und Landwirtschaft, Post, Verkehr und Wiederaufbau umfassen sollte (1922. Facius S. 112). Doch wird v. Moellendorffs Feststellung nicht als unzutreffend anzusehen sein, wenn er in der Denkschrift des Reichswirtschaftsministeriums vom 7. Mai 1919 sich darüber beklagt, daß die Wirtschaftspolitik „systemlos auf Reichswirtschaftsministerium, Ministerium des Auswärtigen, Schatzministerium, Arbeitsministerium, Reichsernährungsministerium geteilt blieb ... Wer bei dieser verworrenen Geschäftsverteilung die Verantwortlichkeit für das Gesamtgebiet der Wirtschaftspolitik eigentlich trägt, ist völlig unklar". Dabei war hier die kaum lösbare Kompetenzabgrenzung gegenüber dem Preußischen Handelsministerium noch gar nicht angesprochen. Allerdings hat damals das Reichswirtschaftsministerium keine koordinierende Kraft entwickelt, vielmehr die Kabinettsmitglieder durch utopische und ideologische Grundsatz-Doktrinen abgestoßen, so durch die Propagierung von „Deutschland als sozialistischem Bahnbrecher" mit „planmäßig betriebener und gesellschaftlich kontrollierter Volkswirtschaft". Zahlreiche weiterführende und zukunftweisende Gedanken, die in damaligen Überlegungen des Reichswirtschaftsministeriums aufkamen, konnten deswegen nicht ausreifen, weil die Behörde als Träger und Motor experimenteller Bewußtseinsänderungen und Zukunftserwartungen zweifellos überschätzt worden ist.

Wenige Wochen danach war an die Stelle kühner Entwicklungsideen der harte Kampf um die Existenz getreten. Nach langem und heftigem Sträuben war am 28. 6. 1919 in Versailles das Friedensdiktat unterzeichnet worden im Bewußtsein völliger Ohnmacht und in tiefer Resignation, so daß der Rücktritt der Regierung Scheidemann nichts mehr von der beabsichtigten demonstrativen Wirkung behielt. Die zahlreichen, die deutsche Wirtschaft in ihren Grundlagen zerstörenden Artikel des Versailler Vertragswerks erstickten jede Aufstiegsmöglichkeit. Ungeheure sofortige Sachlieferungen, Verpfändungen von Rohstoffquellen und wirtschaftlichen Einrichtungen, große Gebietsabtrennungen landwirtschaftlicher (Posen, Westpreußen) und industrieller (Oberschlesien, Danzig, Saar) Produktionsstätten und der Verlust sämtlicher Kolonien: Das war erst der Anfang. Der deutsche Wirtschaftsmarkt wurde durch die einseitige Meistbegünstigung der alliierten und assoziierten Staaten für die Dauer von fünf Jahren (Art. 264—267 VV) zum Tummelplatz für ausländische Spekulationen und Gewinne. Was dann noch an Einnahmen verblieb, wurde von der Interalliierten Reparationskommission erfaßt, die innerhalb des Reichsgebietes unbeschränkte Kontrollbefugnisse ausübte. Von der Souveränität des Reiches konnte unter diesen Umständen nur sehr eingeschränkt die Rede sein.

Die kurz danach (11. 8. 1919) durch die Nationalversammlung in Weimar verabschiedete Verfassung des Deutschen Reiches hatte entsprechend der Reichsverfassung von 1871 das Zoll- und Handelsgebiet umschrieben (Art. 82). Die Reichsgesetzgebung, insbesondere auch die auf den Gebieten von Gewerbe und Wirtschaft, wurde in den Artikeln 7 und 11 festgesetzt. Post, Bahn und Wasserstraßen behandelten in ihrer Reichszuständigkeit die Artikel 88—101. Abweichend von der Bismarckschen Reichsverfassung war im Zweiten Hauptteil: Grundrechte und Grundpflichten der Deutschen im Fünften Abschnitt das Wirtschaftsleben zusammengefaßt. Doch auch hier handelte es sich mehr um einen Katalog einzelner Grundsätze als um einen einheitlichen Organisationsrahmen. In der Reihe der zeitbedingten Vorbehalte, Einfügungen und Ergänzungen sind hier lediglich die Absätze 2 und 3 des Artikels 167 (Bildung eines „Landes Oberschlesien") und Absatz 2 Satz 2 des Artikels 178 (Erklärung der Nichtanwendbarkeit der Verfassung auf die Bestimmungen des Versailler Vertrags) von Bedeutung. Stärker noch als die Reichsverfassung erwies sich demnach der Versailler Vertrag als das eigentlich bestimmende Grundgesetz der nächsten anderthalb Jahrzehnte.

Auf den ausgeschiedenen Rudolf Wissell war im Kabinett *Bauer* am 15. Juli 1919 *Robert Schmidt* als Reichswirtschaftsminister gefolgt. Der gelernte Klavierbauer war bald als Redakteur, danach als Reichstagsabgeordneter der sozialdemokratischen Fraktion tätig gewesen, wie sein Vorgänger August Müller Unterstaatssekretär im Kriegsernährungs-, seit 14. 11. 1918 im Reichswirtschaftsamt, seit Februar 1919 Reichsernährungsminister. Der bereits am 19. 7. 1919 angekündigte umfassende Geschäftsverteilungsplan trat am 15. 8. 1919 in Kraft. Am 15. September 1919 bezog das erheblich erweiterte Ministerium die neuen Diensträume in Berlin W 15, Kurfürstendamm 193/194. Unterstaatssekretär war Professor Dr. Julius Hirsch, der 1916—1919 Referent und Abteilungsleiter im Kriegsernährungsamt und Reichsernährungsministerium gewesen war. Ihm war im Reichswirtschaftsministerium unmittelbar die Sektion E (Einfuhr, Ausfuhr, Durchfuhr) mit 2 Gruppen und einem Pressereferat unterstellt. Dem Reichswirtschaftsminister waren unmittelbar unterstellt die persönlichen Referenten, die Personalsektion mit 7 Referenten und der neue in das Reichswirtschaftsministerium eingegliederte Diktatorische Ausschuß für die Einfuhr, Ausfuhr und Durchfuhr. Diese Sonderabteilungen mit großen, durch Kommissare kontrollierten Exekutivmöglichkeiten setzten einen starken Akzent der Plan- und Zwangswirtschaft, wie sie sich aus der Kriegssituation gebildet hatte. Die übrigen vier Abteilungen knüpften an die frühere Einteilung an, mit einigen Verschiebungen in den Aufgaben, um in der Abteilung I (8 Referate) den „Räte-Fragen" gebührend Platz zu schaffen. Die Industrie-Abteilung II (7 Referate) mit den einzelnen Wirtschaftszweigen war wie bisher nach gewerkschaftlichem Muster gegliedert. In der Abteilung III (4 Referate) war die Seeschiffahrt (aus IB) geblieben, ergänzt durch Rechts- und Versicherungswesen; in den beiden Referaten der Abteilung IV wurden Handelspolitik und Wiederaufbau bearbeitet (BA R 43 I/925, fol. 15—32; auch R 7/2. Vgl. Anhang. — Das vorangegangene Gliederungsschema vom

16. Mai 1919 ist nicht nachweisbar, kann sich aber von dem letzten Geschäftsplan des Reichswirtschaftsamtes 1917/18 — s. o. — nicht wesentlich unterschieden haben.)

Da Schmidt und Hirsch von den Organisationsvorstellungen des Reichsernährungsministeriums an ihre neue Aufgabe herangingen, überrascht es nicht, im Geschäftsverteilungsplan bereits alle Ansätze zu einer Übernahme des Reichsernährungsministeriums enthalten zu sehen. Entsprechend dem Plan von Hirsch, der noch sehr viel weiterreichende administrative Fusionsabsichten verfolgte (s. o.), wurde tatsächlich durch Erlaß vom 5. 9. 1919 (RGBl. S. 1519 und Reichsanzeiger 1919 Nr. 210) die Eingliederung des Reichsernährungsministeriums in das Reichswirtschaftsministerium verfügt. Im Geschäftsverteilungsplan, der zum 15. Dezember 1919 in Kraft trat, ist eine Abteilung VII: Kohle und Energieversorgung in 5 Sektionen neu aufgetreten, die dem bisherigen Aufbau, jetzt als Hauptabteilung A: Allgemeine wirtschaftliche Fragen, Industrie, Handel, Handwerk bezeichnet, angehängt ist. Das bisherige Reichsernährungsministerium erscheint nunmehr im Reichswirtschaftsministerium als „Hauptabteilung B: Ernährungswirtschaft und Landwirtschaft“ mit den Abteilungen V und Va (zusammen 20 Referate) Ernährungswirtschaft und Abteilung VI Landwirtschaft (9 Referate). Doch nur ein Vierteljahr genügte, um die Unvereinbarkeit dieser Verbindung festzustellen. Der Leiter der inkorporierten Abteilung VI (Land- und Forstwirtschaft), Andreas Hermes, trat entschieden für die Privatinitiative der landwirtschaftlichen Erzeuger von der Bodenproduktion her ein. Am 1. April 1920 wurde unter der Leitung von Hermes das Reichsministerium für Ernährung und Landwirtschaft errichtet, das seine früheren Abteilungen wieder an sich zog, dazu vom Reichswirtschaftsministerium noch sämtliche Referate erhielt, die sich mit land-, forst- und fischereiwirtschaftlichen Fragen beschäftigten. Seit der Trennung des Reichsministeriums für Ernährung und Landwirtschaft vom Reichswirtschaftsministerium bestand in Deutschland eine doppelgleisige Zoll- und Außen-Handelspolitik, die im Reichswirtschaftsministerium liberal, im Reichsministerium für Ernährung und Landwirtschaft betont protektonistisch gehandhabt wurde. Trotz der Verhandlungsführung des Auswärtigen Amtes ist es nicht gelungen, eine einheitliche Richtung zu erreichen.

An der Organisationsform des Reichswirtschaftsministeriums änderte sich äußerlich nichts Wesentliches, obwohl ihm nicht viel mehr als die gewerbliche Wirtschaft verblieben war; die Geschäftsgliederung entsprach etwa der vom August 1919. Durch die großzügige Anlage und langsam wieder erweiterte Aufgabenstellung hatte jedoch das Ministerium an Ansehen gewonnen und konnte damals bereits eine Reihe vorzüglicher Mitarbeiter aufweisen, von denen nicht wenige auch später zu besonderer Bedeutung gelangten; hier sind nur beispielhaft zu nennen der Universitätsprofessor Dr. August Skalweit (Ref. N/4.5), der Geheime Regierungsrat Dr. Ernst Trendelenburg (Gen.-Ref. N, N 1.2.3.), RA Dr. Hans Schaeffer (Sektion I/1, 1b, 3), Professor Dr. Wagemann (Sektion I/3, 1.5), Ministerialdirektor Wilhelm von Jonquières (Ltr. Abt. III) u. a. Die meisten von ihnen waren schon vor 1918 in dieser oder anderen Reichsbehörden tätig gewesen. (Zu Hans Schäffer: Neue Perspektiven aus Wirtschaft und Recht. Festschr. f. Hans Schäffer. Hrsg. Carsten Peter Claussen. Berlin 1966.)

Sehr beruhigend hatte auf die Öffentlichkeit eine Rede des Reichswirtschaftsministers auf der Tagung des Zentralverbandes des deutschen Großhandels in Hamburg gewirkt, wo Schmidt am 2. Oktober 1919 den ideologischen Experimenten eine klare Absage erteilt und wörtlich ausführte: „Jetzt die Entwicklung in ein neues System hineinzuzwingen, wäre verkehrt. Wir müssen zum natürlichen Aufbau zurück. Schon die außenpolitische Lage verbietet die Aufstellung eines Plans auf lange Sicht . . . Das allmähliche Erwachen des Produktionswillens darf auf keinen Fall durch übereilte Experimente wieder gestürzt werden. Dies zwingt mich zu manchen Abstrichen an den radikalen Forderungen, die mir von allen Seiten entgegengebracht werden." (Gedruckt Berlin 1919: Zum Programm des Reichswirtschaftsministeriums. Dabei Äußerungen von Unterstaatssekretär Prof. Dr. Hirsch vor Pressevertretern. Siehe unten: Dokument 1). Selbst in der Aufgabenstellung des „*Reichswirtschaftsrates*", in dem Schmidt noch in seiner Eigenschaft als Ernährungsminister im Mai desselben Jahres entsprechend den Forderungen des Rätekongresses eine gesetzgeberische politische Instanz sehen wollte und sich davon „einen beruhigenden Einfluß auf die Bevölkerung" versprach (Kabinett Scheidemann S. 297), wurde von dem Reichswirtschaftsminister nicht mehr eine aktive Hilfe gesehen. Die Institution war zwar durch die Verfassung vorgeschrieben (Art. 165) doch war ihre „Mitwirkung bei der Ausführung der Sozialisierungsgesetze" noch von deren Verabschiedung abhängig. Durch Verordnung vom 4. Mai 1920 war die Einberufung des Reichswirtschaftsrates bekanntgegeben, seine Zusammensetzung mit 12 seitens der Reichsregierung benannten Personen wurde am 19. 6. 1920 beschlossen (Kabinett Müller I S. 340 f.). Ihnen waren regionale und fachliche Ausschüsse beigegeben, insgesamt 326 Personen, die auf die Gesetzgebung keinen praktischen Einfluß erlangten (A. Hauschild: Der vorläufige Reichswirtschaftsrat 1920—1926. 2. Aufl. 1926. — Hierzu die Akten im Geh. Staats-Archiv-Preuß. Kulturbesitz — Berlin-Dahlem, Rep. 84a Nr. 5880—5883. 1919 — 1930/31. 4 Bände.). Die Geschäftsräume wurden im ehemaligen Herrenhaus eingerichtet. Das Reichskabinett mußte sich aber bereits 1921 dagegen verwahren, daß der Reichswirtschaftsrat seine Gutachten selbst im Reichstag vertrat, also zum verlängerten Arm des Wirtschaftsministeriums oder zum Beirat des Reichstages wurde (Kabinett Wirth I, S. 492. Reichswirtschaftsrat 1919—1934. 6 Bde. BA R 43 I/1192, 1193, 1194, 1195, 1196, 1197). Als der Reichswirtschaftsrat in der Frage der Sozialisierung der Kohlewirtschaft eine eigenmächtige Stellungnahme ankündigte, mußte ihm das Reichskabinett mit einer Erklärung zuvorkommen, die bei den Bergarbeitern zu weitgespannten Erwartungen Anlaß gab. Selbst Rathenau hatte in der Sozialisierungskommission „eine allmähliche Sozialisierung unter vorläufiger [!] Beibehaltung des privaten Betriebskapitals, aber unter Ausschaltung kapitalistischer Gewinne" vorgeschlagen (Kabinett Fehrenbach S. 104 f., 192). Diese unverbindlich gemeinten Äußerungen sind nur zu verstehen aus der völligen Zerrüttung der Reichskompetenzen, für die Kapp-Putsch, roter Ruhr-Aufstand, französische Besetzung von Saar, Pfalz, Teilen des Rheinlandes und Oberschlesiens kennzeichnend sind. Die unter dem Eindruck der zunehmenden Arbeitslosigkeit, nachlassenden Arbeitsmoral und dringenden Notstandarbeiten geplante Einführung eines „nationalen Wirtschafts- und Arbeitsdienstes" beschäftigte im Herbst 1920 das Reichskabinett. Die zuständigen Minister für Wirtschaft, Verkehr, Reichsschatz, Finanzen und Arbeit stellten angesichts der scharfen parteipolitischen Gegensätze in der Bevölkerung diese Frage noch zurück; die Einführung eines „wirtschaftlichen Dienstjahres" sollte später erfolgen. Angesichts des mit den Krisenjahren ansteigenden Mißbrauchs wirtschaftlicher Positionen gewann das am 20. 5. 1919 aus dem Reichsschiedsgericht hervorgegangene Reichswirtschaftsgericht (in Berlin-Charlottenburg, Witzlebenstraße 4—10 im Gebäude des früheren Reichsmilitärgerichts) als Behörde des Reichswirtschaftsministeriums zunehmende Bedeutung; Verfassung und Verfahren wurden am 21. 5. 1920 neu geregelt (RGBl. S. 1167. — Paul Adloff: Das Reichswirtschaftsministerium unter Berücksichtigung seiner Mitwirkung an der Gesetzgebung. Diss. Jur. Jena 1931).

Reichswirtschaftsminister *Robert Schmidt* hatte sein Amt auch unter dem ersten Kabinett seines Parteigenossen *Hermann Müller* beibehalten, wurde jedoch im Kabinett *Fehrenbach* durch den Kommunalpolitiker *Ernst Scholz* ersetzt. Dieser war jedoch weder auf wirtschaftlichem noch auf politischem Gebiet erfahren und spielte in den Kabinettssitzungen eine schwache Rolle. Die inneren und äußeren Schwierigkeiten des Reichs in den Jahren 1920 und 1921, insbesondere die schwere Wirtschaftsschädigung durch das „alliierte Kohlediktat von Spa" sind dabei nicht zu unterschätzen. Die beherrschende Figur war der im Amt gebliebene, nunmehrige Staatssekretär Prof. Dr. Julius Hirsch. Militärische Pressionen der Alliierten, wirtschaftliche Sanktionen und die ganz ungelöste Reparationsfrage lähmten die Maßnahmen der Reichsregierung, die angesichts der Unmöglichkeit, die Verantwortung für die fortgesetzte drastische Ausplünderung Deutschlands weiter zu tragen, am 4. Mai demissionierte. Angesichts dieser Lage blieben der weitere Abbau der Kriegszwangswirtschaft und die versuchte Förderung des Mittelstandes durch wirtschaftliche Maßnahmen ganz unzureichend. An der Organisationsform des Ministeriums wurde wenig geändert. Der Abteilung II wurden am 15. Juni 1920 die ergänzenden Sektionen II/7 bis II/10 angefügt, die Eisenwirtschaft, Eisen- und Metallverarbeitung, gewerbliche Wirtschaftsführung, Reichsstellen und Selbstverwaltungskörperschaften (dabei aber auch Wohnungsfragen) bearbeiteten. Damit in Zusammenhang stand die Verordnung über die Regelung der Eisenwirtschaft vom 1. 4. 1920, die jedoch durch die bald einsetzenden starken Importe gegenstandslos wurde. Eine gewisse Erweiterung kam mit der Geschäftsverteilung vom 15. 11. 1920 zustande: Die I. Abteilung war jetzt (programmatisch) Mittelstandsfragen gewidmet, die Sonderabteilung E des Staatssekretärs war darin eingegangen. Neu waren die Abteilungen V (Kohle) und VI (Kali). Unterdessen war Staatssekretär Hirsch mit seinem Plan einer Zusammenlegung von Reichsministerien weiter tätig gewesen und hatte die Einrichtung eines „Reichskommissars für die Vereinfachung und Vereinheitlichung der Reichsverwaltung“ über den Reichspräsidenten erreicht. Die dem Reichskabinett am 20. 12. 1920 zugeleitete Vorlage des Sparkommissars forderte ein neuzubildendes Ministerium für Arbeit und Wirtschaft, zu dessen Gunsten die Ministerien der Wirtschaft, Arbeit, Ernährung, des Reichsschatzes und des Wiederaufbaues aufgelöst werden sollten. Der Reichsminister des Innern, Koch-Weser, befürwortete am 29. 1. 1921 die Zusammenlegung von Wirtschafts-, Finanz- und Wiederaufbau-Ministerium, doch führten seine zunehmenden Spannungen mit dem Reichskommissar zu dessen Rücktritt am 28. 2. 1921, womit diese Pläne hinfällig wurden (Kabinett Fehrenbach S. 362, 431, 478). Lediglich die Abgabe der Binnenschiffahrtsabteilung an das Reichswirtschaftsministerium wurde am 21. 4. 1921 erreicht.

In das Kabinett von Joseph *Wirth* kehrte *Robert Schmidt* als Reichswirtschaftsminister am 10. 5. 1921 zurück und arbeitete auf vertrautem Felde mit seinem Staatssekretär Julius Hirsch. Einfallsreich und agil, führte dieser in den Kabinettssitzungen fast immer das Wort für seinen Minister, brachte u. a. für die Verhandlungen mit der interalliierten Reparationskommission den Gedanken eines Index der Ausfuhrabgabe von 26 % zur Sprache und mußte sich zunehmend mit der Devisenbewirtschaftung beschäftigen, die jedoch unwirksam blieb, weil die deutsche Finanzpolitik von alliierten Vorschriften abhängig war. Inzwischen hatte Sowjetrußland die Handelsbeziehungen mit Deutschland wieder aufgenommen und kam 1921 mit dem seltsamen Angebot, steuerbegünstigte Industriekäufe in Deutschland gegen Lieferung großer Mengen von Kunstgegenständen und Antiquitäten abschließen zu wollen. Während das Reichswirtschaftsministerium keine Vorbehalte hatte, das Geschäft wohlwollend behandelt wissen wollte unter Sicherstellung eines Profits beim Weiterverkauf an das Ausland, machten das Auswärtige Amt und das Reichsfinanzministerium schwere Bedenken aus rechtlichen und ethischen Gründen geltend, wenn die deutsche Regierung den Ankauf enteigneten Privatbesitzes durch Verwaltungsmaßnahmen unterstützen würde (Kabinett Wirth, S. 295). Die wirtschaftliche Gesamtlage Deutschlands im Herbst 1922 umriß treffend Reichsbankpräsident Havenstein, der den Ruin der deutschen Wirtschaft einerseits in den ungeheuren Reparationslasten, andererseits in der fortwährend gestörten und viel zu geringen Arbeitsleistung in Deutschland sah.

Organisatorisch blieb die Grundstruktur des Ministeriums erhalten. Der Geschäftsverteilungsplan vom 1. 1. 1922 ließ die Kohle- und Kali-Abteilungen (V und VI) als selbständige wegfallen und legte den Abteilungen II und IV je eine Abteilung B zu, die Wirtschaftsfragen des Friedensvertrages bzw. Wirtschaftspolitik in den Nicht-Ententestaaten und in Übersee bearbeiteten. Die Abteilung I (am 27. 11. 1922 um die Sektion I/5 erweitert) zählte 7 Sektionen, die Abteilungen II A und B 6 bzw. 4 (später zusammen 13), die Abteilung III 4 Sektionen, die Abteilungen IV A und IV B 6 bzw. 8 Sektionen. Der Personalbedarf war trotz der angekündigten Sparmaßnahmen noch angestiegen.

Nachdem auch das zweite Kabinett Wirth am 14. 11. 1922 zurückgetreten war, bildete der parteilose *Dr. Wilhelm Cuno* am 22. 1. 1922 eine Regierung, in die als Reichswirtschaftsminister *Dr. Johann Becker* berufen wurde (Biographien in: NDB). Hatte Cuno im Reichsschatzamt und als Leiter der Reichsgetreidestelle während des Krieges sich administrative Erfahrungen erworben, so hatte er nach dem Kriege als Generaldirektor der Hamburg-Amerikanische-Paketfahrt-Aktien-Gesellschaft (HAPAG) sich hervorragende Verdienste um den Wiederaufbau der deutschen Handelsflotte erworben. Dr. Becker kam aus dem hessischen Finanzministerium (1916—1918 Finanzminister), war danach Mitglied der Nationalversammlung und des Deutschen Reichstages gewesen und gehörte der Deutschen Volkspartei (DVP) an. Das Kabinett Cuno hat einen entschiedenen und ehrenvollen Kampf gegen die völkerrechtswidrige Gewaltpolitik Poincarés geführt. An der Tatsache und dem Datum der Ruhrbesetzung durch Frankreich war durch kein Verhandlungsgeschick nach innen und außen etwas zu ändern. Nach Erschöpfung der Mittel durch den passiven Widerstand trat Cuno am 12. 8. 1923 zurück, bestärkt in dem Bewußtsein, sich die Achtung im In- und Ausland, dort bei allen nichtfranzösischen alliierten Regierungen, erworben zu haben. Der Ruhrkampf hat sämtliche Maßnahmen der Wirtschaftsführung im Reich beansprucht und überschattet, so daß dem Reichswirtschaftsministerium nicht die geringste Initiative blieb. (Vgl. Akten der Reichskanzlei: Kabinett Cuno, wo im Sachregister das in allen übrigen Bänden vorhandene Stichwort „Reichswirtschaftsministerium" fehlt; es ist dort auf das Personenregister unter Becker, Johannes, zu verweisen). Wenigstens durch das Gesetz zur Einrichtung des Deutschen Handwerks- und Gewerbekammertages als Körperschaft öffentlichen Rechts mit dem Sitz in Hannover vom 16. Dezember 1922 hat Becker eine bleibende Institution geschaffen. Zum Staatssekretär in das Reichswirtschaftsministerium wurde, nachdem Julius Hirsch zum 1. 3. 1923 zur Disposition gestellt worden war, Ernst Trendelenburg berufen, der seit 1917 im Reichswirtschaftsamt tätig war, seit 1922 als Ministerialdirektor im Reichswirtschaftsministerium. Durch ihn war nunmehr die Kontinuität der fachlichen Reichwirtschaftsführung bis zum Jahre 1932 sichergestellt.

Das auf Cuno folgende 1. Kabinett von *Gustav Stresemann* hatte die doppelt schwere Aufgabe, den passiven Widerstand an der Ruhr aufzugeben und der Inflation ein Ende zu machen. Die Wirtschaftskraft des Reiches war vollständig erschöpft. Wirtschaftsminister in dieser hoffnungslosen Situation wurde der bisherige Reichsschatzminister im Kabinett Fehrenbach, der als Vertreter der Großindustrie geltende, jedoch auch in der Verwaltung ausgewiesene *Hans v. Raumer.* Im September 1923 bezog das Reichswirtschaftsministerium seine neuen Diensträume in Berlin W 10, Viktoriastraße 33—34. Der von v. Raumer aufgestellte Geschäftsverteilungsplan vom 5. September 1923 trug den erforderlichen Sparmaßnahmen Rechnung. Dem Staatssekretär unterstanden der Nachrichtendienst und die Personalabteilung. Die Abteilung I bearbeitete in 9 Referaten (nicht mehr in Sektionen) die wirtschaftlichen Angelegenheiten von Industrie, Bergbau und Handel sowie die Mittelstandspolitik. Abteilung II A hatte allgemeine Wirtschaftsfragen, wirtschaftliche Unternehmungsfragen, Preispolitik, Kredithilfe für die besetzten Gebiete zum Gegenstand, Abteilung II B die Wirtschaftsfragen des Versailler Vertrags, Finanz- und Steuerfragen, Außenhandelskontrolle und Statistik, zusammen 8 Referate. Abteilung III bearbeitete in 4 Referaten Verwaltung und Verkehr, Abteilung IV in 8 Referaten die Außenhandels- und Zollpolitik.

Minister v. Raumer schied beim Rücktritt des 1. Kabinetts Stresemann aus der Reichsregierung aus. Sein Nachfolger in dem anschließenden 2. Kabinett Stresemann wurde am 6. 10. 1923 der parteilose Oberst im Kriegsministerium Joseph *Koeth,* der ehemalige Leiter der Kriegsrohstoffabteilung, Staatssekretär und Reichsminister für wirtschaftliche Demobilmachung (bis 1919), der als hervorragender Organisator galt. Die ihm vergönnte allzu kurze Zeit ließ ihm keine Entfaltung; zusammen mit Stresemann demissionierte er am 23. 11. 1923.

Eine etwas längere Amtsdauer war im 1. und 2. Kabinett von *Wilhelm Marx* dem Reichswirtschaftsminister Eduard *Hamm* beschieden. 1916 Referent im Kriegsernährungsamt, war er 1919—1922 im Bayerischen Staatsministerium für Handel, Industrie und Gewerbe tätig gewesen, zuletzt als Minister, danach im Kabinett Cuno Staatssekretär in der Reichskanzlei. Er war ein hervorragender Verwaltungs- und Wirtschaftsfachmann; parteipolitisch gehörte er der Deutschen Demokratischen Partei an. Die Reichswirtschaftsminister-Tätigkeit von Hamm begann am 1. 12. 1923 und endete am 15. 12. 1924. Während dieser Zeit gelang unter Schwierigkeiten die Umstellung auf die Rentenmark, wobei für die vorsichtigen wirtschaftspolitischen Maßnahmen in Reichstag und Öffenlichkeit das Verständnis dafür fehlte, daß bei bedenkenloser Verausgabung der nötigsten Reserven das Reich in Kürze ohne Zahlungsmittel dastehen würde. Daher setzte auch Trendelenburg durch, daß bei der ersten Ausprägung von Reichssilbermünzen nicht mehr ausgegeben wurde als im Wert von 5 Goldmark pro Kopf der Bevölkerung. Die Revision der im wesentlichen noch auf dem Stand von 1902 verbliebenen Zolltarife hing eng zusammen mit der Ausfuhrförderung und den zahlreichen Bemühungen um Preissenkung in staatlichen und privaten Betrieben. Die Verordnung gegen Mißbrauch wirtschaftlicher Machtstellung (Kartellverordnung) vom 2. 11. 1923 (RGBl. I S. 1067) gab den Anlaß zur Errichtung des Kartellgerichts im Dienstgebäude des Reichswirtschaftsgerichts. Grundlegend für die Ansicht des Kabinetts über Wirtschaftsfragen war die Denkschrift des Reichswirtschaftsministers an den Reichskanzler vom 3. Januar 1925, mit einer nüchternen Bilanz der mit großen Hoffnungen im Sommer 1924 durch den Kanzler eingeleiteten Londoner Konferenz. Deren praktische Ergebnislosigkeit vor allem in der erwarteten Räumung des Ruhrgebiets durch die Franzosen und parteidoktrinäre Vorbehalte bei dem Versuch der Bildung einer großen Koalition als tragfähige Basis für eine stärkere Regierungspolitik haben das 2. Kabinett Marx Mitte Dezember 1924 scheitern lassen (Biographie Hamm in: NDB. — Kabinette Marx 1 und 2. S. 530 f., 1262—1269).

III. Das Reichswirtschaftsministerium 1925–1933

Die seit dem 1. Mai 1924 gültige Organisationsform des Reichswirtschaftsministeriums trug der Finanznot des Reiches insofern äußerlich Rechung, als aus den bisherigen 4 Abteilungen nur noch 2 übrig geblieben waren; jedoch hatten sich die einzelnen Referate kaum verringern, nur in einigen Fällen zusammenlegen lassen. Reichswirtschaftsminister Hamm verfügte lediglich über sein Ministerbüro. Dem Staatssekretär Dr. Trendelenburg waren unmittelbar unterstellt: Haushaltssachen, Personalsachen, allgemeine Beamten-, Angestellten- und Arbeiterfragen, Mittelstandsfragen, besonders des Handwerks und des Handels; ein Handwerkerbeirat aus 6 Vertretern der Arbeitgeber und Arbeitnehmer und ein Vertreter der gewerblichen Genossenschaften. Eine besondere Bedeutung erhielt jetzt die Personalabteilung unter dem Geh. Reg. Rat Dr. Frhr. v. Massenbach. Als die nach dem Versailler Vertrag für 5 Jahre Deutschland auferlegte Verpflichtung, den früheren Kriegsgegnern einseitig die Meistbegünstigung zu gewähren, durch Zeitablauf erlosch (am 10. Januar 1925), ergab sich für das Reichswirtschaftsministerium ein beträchtlicher Nachwuchspersonalbedarf im Zusammenhang mit der damals beginnenden Phase von Handelsvertragsverhandlungen mit einer großen Anzahl von Ländern Europas und von Übersee. Diese Situation wurde vom Personalreferenten des Reichswirtschaftsministeriums, der sich in voller Übereinstimmung mit dem damaligen Minister Dr. Neuhaus befand, planmäßig dazu benutzt, eine größere Anzahl besonders qualifizierter junger Mitarbeiter in das Reichswirtschaftsministerium einzuberufen, die einen repräsentativen Querschnitt durch die verschiedenen Landesteile des damaligen Deutschen Reiches darstellten und auch nach ihrer familienmäßigen Herkunft vielseitig gemischt waren. Die Abteilung I unter Ministerialdirektor Dr. Hans Schäffer hatte folgenden Aufgabenkreis: Wirtschaftliche Berufsvertretung, wirtschaftliche Unternehmensformen, Kartellwesen, Kartellgericht, Justitiariat, Kohlenwirtschaft, Energiewirtschaft, Preispolitik, Preisprüfungswesen, Fragen der kaufmännischen Organisation, Wucherbekämpfung, Konjunkturfragen, wirtschaftliche Seite der Sozialpolitik, Hilfskasse für gewerbliche Unternehmungen, Genossenschaftswesen, Verbraucherangelegenheiten, Privatversicherungswesen, Maß- und Gewichtswesen, Devisengesetzgebung, Währung, Geld-, Bank- und Börsenwesen, finanzielle Beziehungen zum Ausland, wirtschaftliche Seite des Handelsrechtes, des Finanz- und Steuerwesens, der Arbeiter- und Wanderungsfragen, Statistik, Wirtschaftsfragen des Versailler Vertrags, Schweizer Goldhypotheken, Wirtschaftsfragen der besetzten rheinischen Gebiete und des Saargebiets, Nachrichtenwesen, Presse. Diese Abteilung hat bedeutende Vorarbeiten für die von ihrem Leiter, Ministerialdirektor Dr. Schäffer maßgeblich geführten Verhandlungen um den Young-Plan geleistet. – Die Abteilung II unter Ministerialdirektor Dr. v. Schoenebeck (von 1925 bis 1934: Ministerialdirektor Dr. Hans Ernst Posse) hatte den Aufgabenkreis: Handels- und Zollpolitik, Seeschiffahrt; sie bearbeitete aber auch in Industriefachreferaten die Gebiete der Textilwirtschaft, Eisen und Stahl, Kohle und Kali,

Maschinenbau usw. Wie im Generaldirektorium des 18. Jahrhunderts, so hatte jeder Fachreferent zugleich ein Länderreferat wahrzunehmen. Ein weiteres Arbeitsgebiet der Abteilung II erstreckte sich auf Zolltariffragen mit dem Zolltarifausschuß aus Vertretern der beteiligten Reichsministerien, der Länderregierungen und des Wirtschaftslebens. Diese Abteilung hat den ersten deutsch-französischen Handelsvertrag nach dem Kriege von 1925 vorbereitet.

Zum Geschäftsbereich des Reichswirtschaftsministeriums gehörten folgende Behörden und Reichsstellen behördlichen Charakters: Statistisches Reichsamt, Reichsschiffsvermessungsamt, Reichsaufsichtsamt für Privatversicherung, Reichswirtschaftsgericht, Kartellgericht, Reichsoberseeamt, Reichskommissare bei den Seeämtern (in Königsberg, Stettin, Lübeck, Glücksburg, Hamburg, Bremen, Oldenburg i. O.), Reichsprüfungsinspektoren in Berlin und Bremen, Technische Kommission für Seeschiffahrt, Börsenausschuß, Berufungskammer in Börsenehrengerichtssachen, Berufungskommission für das Ordnungsstrafverfahren wegen verbotenen Börsenterminhandels, Reichskommissar für Aus- und Einfuhrbewilligung, Reichskommissar für Kohlenverteilung, Kommissar für Devisenerfassung. — Als Selbstverwaltungskörperschaften standen dem Reichswirtschaftsministerium zur Seite: Reichskohlenrat, Reichskohleverband, Reichskalirat, Kaliprüfungsstelle und Kaliberufungsstelle, Landwirtschaftliche technische Kalistelle (Handbuch für das Deutsche Reich 1924. 42. Jg. Berlin 1924. Auszug in: Facius S. 247. — Hans Ernst Posse: Aus der Werkstatt der Handelspolitik. 1950).

Hatte Stresemann in seiner Elberfelder Rede von 17. 2. 1924 vom „Silberstreifen am Horizont" der deutschen Wirtschaft gesprochen, so drohte dieser in den folgenden Monaten wieder zu verblassen. Auf Marx war das Kabinett des parteilosen Finanzministers *Dr. Hans Luther* gefolgt, das sich aus Fachministern der rechten Mitte zusammensetzte. Reichswirtschaftsminister war darin *Dr. Albert Neuhaus,* der von 1903 bis 1920 im Preußischen Ministerium für Handel und Gewerbe, zuletzt als Ministerialdirektor tätig gewesen war. Der unbestreitbar fachlich sehr geeignete Minister war jedoch von Anfang an einem starken Fraktionsdruck seiner Partei ausgesetzt (DNVP), so daß er noch vor dem Ende des 1. Kabinetts Luther zusammen mit seinen Parteigenossen Schiele und v. Schlieben aus der Regierung ausschied (25. 10. 1925). Die Geschäfte führte bis zum Ende des Kabinetts am 5. 12. 1925 der Reichsverkehrsminister Dr. Rudolf Krohne, der von 1921—1923 als Nachfolger von Neuhaus Ministerialdirektor im Preußischen Ministerium für Handel und Gewerbe gewesen war. Zu einer praktischen Betätigung auf dem Gebiet der Reichswirtschaftsführung kam es in dieser kurzen Zeit nicht mehr.

Der dem Ministerium schädliche häufige Wechsel in der Besetzung des Amtschefs hörte auf, als in das 2. Kabinett Luther am 20. 1. 1926 *Dr. Julius Curtius* als Reichswirtschaftsminister berufen wurde und über das 3. und 4. Kabinett *Marx* und das 2. Kabinett *Müller* bis zum 11. 11. 1929 im Amte blieb, das er nur schweren Herzens aufgab, um als Reichsaußenminister die Nachfolge Stresemanns anzutreten (Biographie Curtius in: NDB. — Schriften: Sechs Jahre Minister der Deutschen Republik. Heidelberg 1948. — Der

Young-Plan. Entstellung und Wahrheit. Stuttgart 1950). Curtius war im preußischen Justizdienst ausgebildet, war nach Teilnahme am Weltkrieg als Batteriechef Rechtsanwalt in Berlin und Mitglied des Reichstags (Deutsche Volkspartei) gewesen. Curtius verstand seine Stellung im Reichskabinett als „Generalreferent für die gesamte Wirtschaft" (Sechs Jahre S. 75); dementsprechend bearbeitete er auch sozial-, verkehrs- und landwirtschaftspolitische Fragen. Nicht von besonderer Rednergabe, aber fleißig, energisch und vielseitig, zog er bald, auch ohne formale Organisationsänderungen, kraft seiner Persönlichkeit die an der Wirtschaft beteiligten Reichsressorts hinter sich her, wurde bald unentbehrlich und vertrat längere Zeit auch Stresemann, so daß Wirtschafts- und Außenpolitik damals eng zusammengingen. Hierin lag in der Tat die Hauptaufgabe der deutschen Regierung. Die Rheinlandräumung und die Revision des Dawesplans konnten erst der deutschen Wirtschaft die notwendigen Souveränitätsrechte und damit die Entfaltung wiedergeben. Beides ist in der Amtszeit von Curtius nahezu erreicht oder doch entscheidend vorbereitet worden. Die Befreiung der Rheinlande 1930 und der Youngplan, schließlich das Ende der Reparationen waren in Sicht, als die Weltwirtschaftskrise das Reich nochmals für vier Jahre an den Rand des Ruins brachte. Der Grund dafür war in erster Linie eine seit 1914 fortgesetzt überanstrengte Wirtschaft, die ohne Reserven und unter ständigen, unverantwortlichen Abschöpfungen zu existieren hatte, zum andern aber auch einer leichtfertigen Kreditaufnahmepolitik öffentlicher und privater Hand zuzuschreiben, die noch Curtius am Ende seiner Amtszeit vergeblich einzudämmen suchte.

Bei seinem Amtsantritt fand Curtius das Reichswirtschaftsministerium in einer Organisationsform vor, die der von 1924 ähnlich war, jedoch die allzu rigorosen personellen Einschränkungen teilweise aufgehoben hatte. Die beiden Abteilungen I (19 Referate) und II (21 Referate) blieben bestehen; vorgeschaltet war die Abteilung A 1 für Mittelstandsfragen, Handwerk, Einzelhandel, Gewerbe (2 Referate) und dann die übliche Haushalts- und Personalabteilung, früher zum Staatssekretariat gehörig, nunmehr als A 2 bezeichnet mit 10 Referaten. Eine wichtige Aufgabe löste die Abteilung A 1 mit der Modernisierung der aus dem Jahre 1869 stammenden Gewerbeordnung im Sinne der Gewerbefreiheit. Das Reichswirtschaftsministerium war für die Titel 1—6, das Reichsarbeitsministerium dagegen für die Titel 7 ff. (Sozialrecht) der Gewerbeordnung zuständig.*

Im Jahre 1926 ging es darum, durch Arbeitsbeschaffungsprogramme die Wirtschaft „anzukurbeln". Curtius wollte das im Sinne von Bismarck als „Hilfe zur Selbsthilfe" verstanden wissen (Sechs Jahre, S. 73 f). Denn schon im Jahre 1927 mußte die stürmische Konjunktur vom Staat gebremst werden, was Curtius damals gelang. Im folgenden Jahre übernahm er noch zusätzlich

* Das bedeutendste gewerberechtliche Spezialgesetz war das im April 1930 verabschiedete Gaststättengesetz, das bis 1970 gültig blieb. Ferner gelang 1931 eine Ländervereinbarung zwecks Schaffung des Berufsstandes der Wirtschaftsprüfer (Mitt. Min. Dir. Dr. Elmar Michel 1976).

das preußische Handelsministerium, das sich immer noch eines sehr hohen Ansehens erfreute; dies wurde bereits als ein Schritt auf dem Wege zur Reichsreform aufgefaßt. Wie im Westen der Deutsch-französische Handelsvertrag von 1927 und der Youngplan zu einer Erleichterung geführt hatten, so bemühte sich Curtius auch um einen Ausgleich mit Polen (Deutsch-polnisches Liquiditätsabkommen 1929), so weit dieser zu erreichen war und bei der labilen Situation jenes Staates Sicherheiten der Durchführung von Verträgen versprach; in beiden Aktionen hatte er die Billigung, Unterstützung und aktive Mitarbeit des Reichspräsidenten (Hubatsch: Hindenburg und der Staat. Göttingen 1966, S. 299—301. — Kabinett Müller II. — Übersicht über die Tätigkeit des Reichswirtschaftsministeriums im Rechnungsjahr 1929: BA R 43 I/925 fol. 172—243r). Die Mittelstandspolitik zeigte sich in der Handwerksnovelle vom 11. 2. 1929, wodurch die Handwerksrolle eingeführt wurde.

Der Organisationsplan des Reichswirtschaftsministeriums, wie er beim Ausscheiden des Ministers Curtius 1929 vorlag, wich in einigen Untergliederungen von der Geschäftsordnung des Jahres 1924 ab. Die Berufsvertretungen waren aus der Abteilung I (Min. Dir. Dr. Schäffer) herausgenommen und in Abteilung III (bisher A 1, Min. Dir. Dr. Reichardt) mit Mittelstandsfragen, Handwerk und Einzelhandel vereinigt. Die Abteilung II hatte das Reichsschiffsvermessungsamt, das Oberseeamt, den Reichskommissar bei den Seeämtern, die Reichsprüfungsinspektoren und die Technische Kommission für Seeschiffahrt an das Reichsverkehrsministerium abgegeben (Erlaß vom 26. 5. 1926, Reichsanzeiger Nr. 124). Stattdessen waren zur Abteilung II (Min. Dir. Dr. Posse) jetzt Außenhandel und Normung, auch der außenwirtschaftliche Nachrichten- und Auskunftsdienst neu hinzugetreten und ausgebaut. Aus dem Geschäftsbereich war der Kommissar für Devisenerfassung an das Reichsfinanzministerium abgegeben; der Reichskommissar für Aus- und Einfuhrbewilligung (die einst unter Hirsch so allmächtige Abteilung E) besaß nur noch eine Abwicklungsstelle. Neu ernannt (mit einer dem Mittelstand entgegenkommenden Nominal-Titulatur) waren im Reichswirtschaftsministerium der Reichskommissar für Handwerk und Kleingewerbe und der Reichskommissar für Ausstellungs- und Messewesen. Die Selbstverwaltungskörperschaften blieben unvermindert. Die Bestrebungen von Curtius, den Vorläufigen Reichswirtschaftsrat mit neuen Aufgaben zu versehen und dem Reichswirtschaftsministerium als endgültiges beratendes Gremium zu unterstellen, kam nicht mehr zur Ausführung. (Der Vorläufige Reichswirtschaftsrat 1927—1932. Berlin 1933. S. 276—294). Der Wirtschaftsbeirat der Reichsregierung amtierte nur 4 Wochen vom 29. Oktober bis 23. November 1931.

Nach dem Übertritt von Curtius in den Auswärtigen Dienst ersetzte ihn am 11. 11. 1929 als Reichswirtschaftsminister *Dr. Paul Moldenhauer,* der nach seiner Teilnahme am Weltkrieg 1914—1918 Ordinarius für Versicherungswissenschaft an der Universität Köln gewesen war. Parlamentarische Erfahrungen hatte er durch seine Mitgliedschaft der preußischen verfassunggebenden Landesversammlung. Doch mußte er bereits 6 Wochen danach das Reichsfinanzministerium übernehmen. Das ermöglichte *Robert Schmidt* eine Rückkehr in sein ehemaliges Ministerium für ein Vierteljahr (23. 12. 1929 – 27. 3. 1930). Mit der 1. Kabinettsbildung von *Heinrich Brüning* (am 30. 3. 1930) wurde jedoch *Hermann Dietrich* für ebenfalls nur ein Vierteljahr Reichswirtschaftsminister. Bereits am 26. 6. 1930 nahm der Staatssekretär Trendelenburg für ihn die Geschäfte wahr (Kabinett Müller II. – Hubatsch: Hindenburg und der Staat S. 291 ff. – Ungedruckte Aufzeichnungen Min. Dirigent Dr. Alfred Hoppe, Reichskommissar für das Handwerk, für 1930 [1969]).

Im 2. Kabinett Brüning sowie in den Kabinetten Papen und Schleicher nahm *Dr. Hermann Warmbold* die Aufgabe des Reichswirtschaftsministers wahr. Seine Amtszeit vom 10. 10. 1931 bis zum 28. 1. 1933 (mit kurzer Vertretung durch Staatssekretär Trendelenburg vom 6.—30. 5. 1932) ist seit Curtius die längste Ministertätigkeit in dieser Behörde gewesen. Warmbold war niedersächsischer Landwirt, wurde Generalsekretär der Landwirtschaftskammer Hannover, 1911—1917 Sachverständiger und Berater der Estländischen Ritterschaft in Reval und Berlin, Professor und Direktor der Landwirtschaftlichen Hochschule Hohenheim, 1919—21 im Preußischen Ministerium für Landwirtschaft, Domänen und Forsten, zuletzt als Minister, 1922—31 Vorstandsmitlied der BASF und der IG Farben; er verfügte danach über seltene Erfahrungen aus Wirtschaftszweigen des agrarischen und industriellen Sektors. Die Schwierigkeiten des Sommers 1931 konnten wirtschaftlich nicht aufgefangen, wohl aber gemildert werden durch strenge Devisenbewirtschaftung und die Verhinderung der Abwertung der Reichsmark. Ein steigender und konkurrenzfähiger Export ging nach Rußland, den die Russen mit Dollarwechseln bezahlten; sie waren im Gegensatz zu den westeuropäischen Ländern durch die Weltwirtschaftskrise nicht behindert. Mit Reichsbankpräsident Luther hat Warmbold heftige Auseinandersetzungen über Währungsfragen gehabt und hat auch den sonst von ihm geschätzten Staatssekretär Dr. Trendelenburg am 24. 8. 1932 in den einstweiligen Ruhestand versetzen lassen, weil er selbst nach der Konferenz von Lausanne immer noch die Deflation der Währung durchführen wollte. Wichtiger und vordringlicher erschien Warmbold die Wiederherstellung der internationalen Kreditfähigkeit Deutschlands. Aber auch dieses Ziel war in den 15 Monaten seiner Amtsführung nicht zu schaffen. (Aufzeichnungen und Zuschriften Reichsminister a. D. Dr. H. Warmbold von 1969—1971. – Dieter Petzina: Hauptprobleme der deutschen Wirtschaftspolitik 1932/33. In: Vjh. f. Zeitgesch. 1967. S. 18 ff. – Wolfgang Helbich: Die Reparationen in der Ära Brüning. 1962. – H. Sanmann: Daten und Alternativen der deutschen Wirtschafts- und Finanzpolitik in der Ära Brüning. In: Hamburger Jahrbuch für Wirtschafts- und Gesellschaftspolitik. 10. 1965). – Mit der Demission des Kabinetts Schleicher ging auch Warmbold; er wurde im folgenden Kabinett Hitler durch *Alfred Hugenberg* ersetzt.

In der Organisation war 1931 insofern eine Änderung eingetreten, als gegegenüber 1929 die damalige Abteilung A 1 in die Abteilung III umgewandelt wurde, die dem Staatssekretär Dr. Trendelenburg unmittelbar unterstellt blieb (wie A 1 seit 1925), zugleich mit dem Referat für Nachrichtenwesen und Presse (darin der früheren Einteilung von 1924 ähnlich). Leiter der Abteilung

I in bisheriger Aufgabenverteilung war Ministerialdirektor Dr. Heintze. Abteilung II blieb in sachlicher und personeller Hinsicht unverändert. Die neue Abteilung III bearbeitete jetzt Währungsfragen, Geld-, Bank- und Börsenwesen, Konjunktur- und Großhandelsfragen, Konsumgenossenschaften, Hauswirtschaftliche und Verbraucherfragen, Wirtschaftsfragen des Versailler Vertrags und der ergänzenden internationalen Vereinbarungen, allgemeine Reparationsfragen, Reichswirtschaftsgericht, Justitiariat und Statistik. Bei den Geschäftsbereichen wurde die Berufungskommission für das Ordnungsstrafverfahren wegen verbotenen Börsenterminhandels mit der Berufungskammer in Börsenehrengerichtssachen zusammengelegt. Neu errichtet wurde im Dienstgebäude des Reichswirtschaftsministeriums die Dienststelle des Reichskommissars für das Zündwarenmonopol.

Die Organisationsänderungen im Reichswirtschaftsministerium in den 15 Jahren von 1918 bis 1933 sind häufiger und einschneidender erfolgt als in den anderen Reichsministerien. Das zeigt die Bedeutung der Wirtschaft für das Reich in diesen Jahren an; der rasch wechselnden Lage hat sich eine bewegliche Geschäftsordnung anpassen müssen. Die Organisation dieses Ministeriums war nicht nur für die Interessen von Reichsregierung und Ländern geschaffen, sondern hat sich durch Weiterentwicklung und Aufgabenteilung auf die verschiedenen Bedürfnisse der freien Wirtschaft, der Selbstverwaltungskörperschaften und der Berufsgruppen eingestellt, um zusammenfassend und koordinierend „Hilfe zur Selbsthilfe“ zu geben. Von Planung, Lenkung und Staatsdirigismus war alles dieses weit entfernt. So zeigt sich am deutlichsten in der Arbeit im Reichskabinett, in Verbindung und Abstimmung mit den benachbarten Ressorts, die wachsende Bedeutung des Reichswirtschaftsministeriums nicht allein nach Steigerung der Aufgaben und sichtbaren Ergebnisse, sondern mehr noch in der Größe der Dienstleistungen zugunsten der Gesamtheit des Reiches.*

* Eine Organisationsanalyse der Reichsministerien der Weimarer Republik fehlt. Einer anderen Zweckbestimmung hatte die Reihe „Schriften der Hochschule für Politik, Teil II“ zu dienen, die unter dem Titel „Schriften zum Staatsaufbau“ als deren neue Folge, hrsg. v. Paul Meier-Benneckenstein, erschienen. Die einzelnen Hefte dienen der Beschreibung des Zustandes um 1940, geben aber eine zwar knappe, doch im allgemeinen sachliche Einleitung, die für die erste Information nützlich ist. Für die hier genannte Fragestellung kommen in Betracht: Nr. 36/37 Franz Sauer: Das Reichsjustizministerium; Nr. 38 Otto Graf zu Rantzau: Das Reichsministerium für Wissenschaft, Erziehung und Volksbildung; Nr. 40 Kurt Emig: Das Reichsministerium für Ernährung und Landwirtschaft; Nr. 41/42 Franz Albrecht Medicus: Das Reichsministerium des Innern; Nr. 45 Hermann v. Stutterheim: Die Reichskanzlei; Nr. 46 Martin Zschucke: Das Reichsarbeitsministerium; Nr. 50/51 Theodor Kittel und Wolfgang Wehrmann: Das Reichsverkehrsministerium; Nr. 57/58 Hans Quecke: Das Reichs-Wirtschaftsministerium. — Ergänzend für die Organisation der Länderministerien ist heranzuziehen: Heidegret Klöter: Der Anteil der Länder an der Wirtschaftspolitik der Weimarer Republik 1919—1933. Phil. Diss. Bonn 1967.

ANHANG

Der „Papen-Plan" 1932*

Von Prof. Dr. Hanns-Joachim Rüstow

Um Vollbeschäftigung zu erzielen und Überbeschäftigung ebenso wie Arbeitslosigkeit zu vermeiden, muß der Saldo der Arbeitsplätze** jeweils dem Saldo der Arbeitskräfte angepaßt werden. Es ist ein verhängnisvoller Irrtum der ökonomischen Theorie gewesen, daß sämtliche Prozesse in unserem Wirtschaftssystem durch den Preismechanismus gesteuert werden. Es gibt makroökonomische Prozesse, die einer Steuerung durch eine außerhalb des Marktes stehenden Instanz bedürfen. Nur die Zentralbank kann mit ihrer Kreditpolitik dafür sorgen, daß jeweils eine Investitionsquote und eine Kosten/Erlös-Relation, d. h. eine makroökonomische Gewinnbildung in der Höhe zustandekommt, bei der der Saldo der Arbeitsplätze mit dem Saldo der Arbeitskräfte übereinstimmt. Wenn diese Steuerung nicht richtig funktioniert, entsteht entweder Arbeitslosigkeit, weil der Saldo der Arbeitsplätze kleiner ist als der Saldo der Arbeitskräfte, oder es entsteht Überbeschäftigung. Bei starken Konjunkturschwankungen bedarf die Steuerung durch die Kreditpolitik der Zentralbank einer Unterstützung und Ergänzung durch die Fiskalpolitik des Staates. Erst auf Grund dieser theoretischen Erkenntnisse ist ein Verständnis der Entstehung und Überwindung der schweren Wirtschaftskrise der 30er Jahre möglich.

In den 30er Jahren erlebten wir folgende Entwicklung: Ende 1923 die große Währungsreform mit der Ausgabe neuen Geldes, von dem ein Markschein so viel wert war wie zuletzt eine Billion — 1 000 Milliarden! — Reichsmark des alten Geldes. Nach der Stabilisierung der Währung entstand 1925 eine Krise mit erheblicher Arbeitslosigkeit, die durch einen viel zu hohen Zinssatz der Zentralbank ausgelöst wurde. Bei diesem Zinssatz wurde zu wenig investiert, war die Investitionsquote zu gering, um den Saldo der Arbeitsplätze dem Saldo der Arbeitskräfte anzupassen. Nach sukzessiver Herabsetzung des Zinssatzes der Zentralbank von zehn auf sechs Prozent folgte schon Mitte 1926 ein neuer Konjunkturaufschwung. Die Konjunkturbelebung war so stark, daß in einem Jahr — von September 1926 bis September 1927 — die Arbeitslosigkeit um mehr als eine Million abnahm. Sie sehen, daß durch eine Verstärkung der Investitionstätigkeit es ohne weiteres möglich ist, in

* Auszüge aus dem Vortrag: Entstehung und Überwindung der Wirtschaftskrise am Ende der Weimarer Republik und die gegenwärtige Rezession. Gehalten in der Theodor-Heuss-Akademie am 18. September 1977.

** Wie aus dem ersten — nicht übernommenen — Teil des Vortrags hervorgeht, handelt es sich um den Saldo der neugeschaffenen und gleichzeitig stillgelegten Arbeitsplätze einerseits und um den Saldo der neu hinzukommenden und gleichzeitig aus dem Produktionsprozeß (infolge Alter, Krankheit und Tod) ausscheidenden Arbeitskräfte anderseits.

einer kurzen Frist von nur 12 Monaten mehr als eine Million Arbeitslose wieder zu beschäftigen. Und diese Million bedeutete damals mehr als heute, da die Gesamtzahl der Beschäftigten ja geringer war als zur Zeit.

In dem starken Aufschwung jener Jahre wurden sehr viele neue Produktionsanlagen und Betriebe geschaffen und mit der neuesten amerikanischen Technik ausgerüstet. In der vorangegangenen Zeit des Krieges und der Inflation hatte die deutsche Wirtschaft völlig den Kontakt mit der übrigen Welt verloren, hatten wir die äußerst starke technische Entwicklung in den anderen Ländern — vor allem in Amerika — nicht mitgemacht. Nun aber wurde während des Konjunkturaufschwunges die neueste Technik von Amerika übernommen, so daß wir einen Zuwachs an Produktionsanlagen und Arbeitsplätzen mit einer den alten Anlagen weit überlegenen Leistungsfähigkeit bekamen, die mit erheblich geringeren Stückkosten als die alten Anlagen produzieren konnten. Die Produktivität der neuen Arbeitsplätze war damals vier bis fünfmal so groß, wie die der ältesten rückständigsten Arbeitsplätze. Dies mußte einen außergewöhnlich starken Konkurrenzdruck und die Stillegung sehr vieler alter Arbeitsplätze mit höheren Stückkosten zur Folge haben, wenn nicht ein großer Teil der Mehrleistung der neuen Produktionsanlagen wieder in die Investition abgeleitet und dem Markt der Endprodukte, dem Konsumgütermarkt vorenthalten wurde. Dazu hätte es einer erheblichen weiteren Steigerung der Investition und Vergrößerung der Investitionsquote nach 1927 bedurft. In Wirklichkeit aber erfuhr die Investition 1928 keine Verstärkung und ab 1929 eine schnell zunehmende Abschwächung. Schon Mitte 1927 war der Diskontsatz von 5 % auf 6 % und gegen Ende des Jahres auf 7 % heraufgesetzt und das Zinsniveau entsprechend angehoben worden. Außerdem nahm der Kapitalzufluß vom Ausland, der in den Aufschwungsjahren (1926 — Mitte 1928) ein erhebliches Ausmaß erreicht und die Finanzierung eines großzügigen Ausbaues neuer Kapazitäten und Arbeitsplätze erleichtert hatte, stark ab, da der Konjunkturaufschwung auch in der übrigen Welt viel Kapital absorbierte. Dazu kam aber noch, daß Herr Schacht als Reichsbankpräsident in jener Zeit alles tat, um den Kapitalzufluß in der Furcht vor „Überfremdung“ zu drosseln. Ich war damals als Regierungsvertreter zusammen mit dem Vertreter der Reichsbank in der Kommission, die darüber zu befinden hatte, ob ausländische Anleihen bewilligt oder abgelehnt wurden. Sehr oft lehnte der Vertreter von Herrn Schacht Anleihen ab, die ich mit folgender Begründung befürwortete: Erstens kann uns nur erwünscht sein, wenn potente ausländische — vor allem amerikanische — Firmen und Banken sich finanziell stark bei uns engagieren. Denn hierdurch gewinnt das Ausland ein eigenes Interesse am Wohlergehen unserer Wirtschaft und an der Entlastung Deutschlands von Reparationen. Zweitens wird ein großer Teil des Kapitals, das wir in Form langfristiger Anleihen nicht zu uns hereinlassen, als „heißes“ kurzfristiges Geld hereinfließen; und das ist dann mit einer großen Gefahr verbunden. Denn wir müssen darauf gefaßt sein, daß kurzfristige Gelder in einer kritischen Situation abgerufen werden und daß dann möglicherweise der Zusammenbruch von Banken eine Katastrophe auslöst. Mit diesen Argumenten habe ich dafür plädiert, daß die uns angebotenen Auslandsanleihen von einer Doppelbesteuerung befreit und hereingenommen wurden.

Schon ab Mitte 1928 kam es zu einer Stillegung von immer mehr leistungsschwachen Arbeitsplätzen und Entlassung leistungsschwacher Arbeitskräfte. Ende 1928 waren schon weit mehr als 2 Millionen Männer und Frauen arbeitslos, und im Winter 1929 gab es bereits 3 Millionen Arbeitslose. Die Krise der 30er Jahre ist also nicht erst durch den Bankenzusammenbruch 1931 entstanden; sie wurde vielmehr 1928 durch eine falsche Kredit- und Zinspolitik und durch die Drosselung ausländischer Anleihen ausgelöst. Als dann 1931 von den inzwischen auf 6 Milliarden Mark aufgelaufenen kurzfristigen Auslandskrediten 4 Milliarden abgezogen wurden, trat durch den Zusammenbruch und die Zahlungsunfähigkeit von Banken die wirtschaftliche Katastrophe ein, vor der ich immer wieder gewarnt hatte.

Ich war in jener Zeit einer der beiden Grundsatzeferenten im Reichswirtschaftsministerium. Das Reichswirtschaftsministerium bestand damals aus Juristen, neben denen nur ein bis zwei Nationalökonomen als Grundsatzreferenten tätig waren, denen die Aufgabe der Bearbeitung aller grundsätzlichen Fragen der Wirtschaftspolitik und der laufenden Beratung des Ministers oblag. Als ich 1926 mein Studium kaum abgeschlossen hatte, trat das Reichswirtschaftsministerium (unter dem Minister Curtius) mit der Frage an mich heran, ob ich bereit sei, als Grundsatzreferent in das Ministerium einzutreten, weil der amtierende Grundsatzreferent Wilhelm Lautenbach, der vielleicht dem Namen nach noch manchen von Ihnen bekannt sein wird, die Absicht habe, in die Wissenschaft überzuwechseln. Mir war dieser Antrag höchst willkommen, da ich nicht um der Wissenschaft, sondern um der wirtschaftspolitischen Wirkungsmöglichkeit Willen studiert hatte und mir hierfür besonders günstige Voraussetzungen von dem mir angebotenen Posten aus gegeben zu sein schienen. Ich faßte also meine wirtschaftswissenschaftlichen Forschungen in einer Dissertation zusammen und promovierte an der Heidelberger Universität mit dem Thema „Akkumulation und Krisen — ein Beitrag zur Konjunkturtheorie“. Als Grundsatzreferent im Wirtschaftsministerium trat ich nicht an die Stelle von Wilhelm Lautenbach, sondern war mit ihm zusammen in dieser Funktion tätig, da sich seine akademischen Berufsabsichten nicht verwirklichen ließen.

In der schweren Wirtschaftskrise vertraten wir gemeinsamen — in enger Zusammenarbeit und Übereinstimmung in allen grundsätzlichen Fragen — den Standpunkt, daß man nicht allein durch Arbeitsbeschaffung die Wiederbelebung der Wirtschaft erreichen könne. Denn bei dem Ausmaß der Arbeitslosigkeit, von der inzwischen mehr als 6 Millionen Arbeitnehmer betroffen waren, und in Anbetracht ständig sinkender Preise — infolge der Brüningschen Lohnsenkungspolitik — und eines verhältnismäßig hohen Zinssatzes war es nicht verwunderlich, daß die Unternehmer kaum noch investierten. Allmählich war die Investition auf ein Drittel der früheren Größe zusammengeschrumpft. Sie reichte nicht einmal mehr aus, den laufenden Verschleiß an Produktionsanlagen durch neue Apparatur zu ersetzen, und die Investitionsquote blieb weit zurück hinter dem für die Bildung des notwendigen Gewinnes erforderlichen Überschuß der Investition über die Ersparnis aus dem Kosteneinkommen.* Hieraus ergaben sich zwangsläufig übermäßige und kumulativ zunehmende Stillegungen leistungsschwacher Betriebe und Produktionsanlagen und Entlassungen von Arbeitskräften, so daß 1932 ganze 40 Prozent der vorher Beschäftigten arbeitslos waren. Man schätzte sogar, daß die Zahl der Arbeitslosen in Wirklichkeit noch um eine Million größer war als die beim Arbeitsamt gemeldete und registrierte Zahl von 6 Millionen.

Damals teilte ich zwar nicht die Meinung der akademischen Wissenschaft, daß die Eigenkräfte der Marktwirtschaft die Krise überwinden würden. Denn selbst bei einem Zinssatz von minimaler Höhe – der Diskontsatz lag Anfang 1932 immer noch bei 7 % – würden die Unternehmer meiner Meinung nach freiwillig nicht so viel investieren, wie zur Überwindung der Arbeitslosigkeit notwendig gewesen wäre. Aber auch großzügige Arbeitsbeschaffungsmaßnahmen des Staates wären hierzu nicht geeignet gewesen. Sie hätten hierfür ein Ausmaß haben müssen, das die praktisch möglichen Arbeitsbeschaffungsprojekte der öffentlichen Hand weit überschritten hätte. Außerdem konnten die gewaltigen Milliardenbeträge, die zur Finanzierung erforderlich gewesen wären, nur durch Geld- und Kreditschöpfung beschafft werden, ohne die Wirtschaft steuerlich noch mehr zu belasten. Dies aber hätte eine Inflation zur Folge gehabt oder wenigstens in der Bevölkerung, die damals wie ein gebranntes Kind das Feuer scheute, die Angst vor einer neuen Inflation hervorgerufen.

Zusammen mit Wilhelm Lautenbach arbeitete ich auf der Grundlage meiner hier vorgetragenen Theorie, wonach nur ein erheblicher gesamtwirtschaftlicher Überschuß des Produktionserlöses über die Produktionskosten Vollbeschäftigung gewährleisten kann, einen Plan aus, durch den die Unternehmer zu einer verstärkten Investitionstätigkeit und zu einer Vergrößerung der Investitionsquote mit ihrer – bereits beschriebenen – doppelten beschäftigungspolitischen Wirkung gezwungen wurden. In dem Plan waren auch Arbeitsbeschaffungsmaßnahmen vorgesehen, aber nur in der begrenzten Höhe von 800 Mill. Mark. Im übrigen sah der Plan, der – wie wir noch sehen werden – erst unter der Regierung Papen durchgeführt wurde, in erster Linie folgendes vor: Die Unternehmer sollten zunächst unentgeltlich Schatzwechsel und Schatzanweisungen im Gesamtwert von 1,5 Milliarden Mark erhalten, um ihre Liquidität zu erhöhen und ihnen die Finanzierung von Ersatzinvestitionen für Produktionsanlagen, die schon jahrelang nicht mehr voll reproduziert worden waren, zu ermöglichen. Bei der späteren Realisierung des Planes im Jahre 1932 wurden

* Das „Kosteneinkommen“ wurde im ersten – hier nicht abgedruckten – Teil des Vortrages definiert als das Einkommen, das aus den Kostenaufwendungen der Unternehmen (Löhne, Zinsen, gewisse Steuern) entsteht. Dort wurde auch dargelegt, daß für unser marktwirtschaftliches System die Entstehung eines (gesamtwirtschaftlichen) „Differentialgewinnes“, der bei den einzelnen Unternehmen umso größer ist, je geringer seine Stückkosten sind, lebenswichtig ist, und daß Vollbeschäftigung eine ganz bestimmte Größe der Investitionsquote und des gesamtwirtschaftlichen Gewinnes voraussetzt.

statt der Schatzanweisungen und Schatzwechsel verzinsliche Steuergutscheine ausgegeben, die in den Jahren 1934–38 zur Zahlung von Steuern verwendet werden konnten. Diese Gutscheine waren für die Unternehmer so gut wie bares Geld, denn sie konnten bei der Reichsbank lombardiert oder als liquide Geldanlage an die Banken gegen Einräumung entsprechender Guthaben abgegeben werden. Vor allem aber war vorgesehen, daß die Unternehmer – in einer Gesamthöhe von 700 Mill. Mark – Steuergutscheine beanspruchen konnten, wenn sie neue Arbeitskräfte einstellten. Außerdem sollten sie berechtigt sein, im Maße der Einstellung zusätzlicher Arbeitskräfte den Lohn für die 31. bis 40. Wochenstunde ihrer Belegschaft zu kürzen. Hieraus ergab sich, daß je neu eingestellter Arbeitskraft nur ein zusätzlicher Lohnanteil von etwa 25 % des bisher gezahlten Lohnes erforderlich war. Denn (im Durchschnitt) wurden 25 Prozent des Lohnes durch Steuergutscheine ersetzt und 50 Prozent durch Lohnkürzungen eingespart.

Ich war fest davon überzeugt, daß die Unternehmer von der Möglichkeit, mit sehr geringem Lohnaufwand zusätzliche Arbeitskräfte zu beschäftigen, Gebrauch machen würden, obwohl sie schon einen Teil ihrer bisherigen Produktion nicht zu kostendeckenden Preisen absetzen konnten. Denn Unternehmer, die nicht mitmachten, mußten damit rechnen, durch Konkurrenten mit geringeren Lohnkosten unterboten und ganz aus dem Markt geworfen zu werden. Die Produktion neu eingestellter Arbeitskräfte aber wird – so argumentierte ich – überwiegend den Charakter von Investitionen haben. Denn zunächst muß die ganze Produktion vom Rohstoff bis zum Endfabrikat neu auf- und ausgebaut werden. Für einen großen Teil der neuen Produktion werden Wochen und Monate und teilweise noch mehr Zeit vergehen, bevor aus ihr fertige Konsumgüter hervorgehen, während der zusätzliche Lohn aller neu eingestellten Arbeitskräfte von vornherein für Konsumgüter ausgegeben wird. Infolgedessen wird es im Konsumgüterbereich zu einer Verbesserung der Kosten/Erlös-Relation kommen, die einen Teil der brachliegenden Produktionsanlagen wieder rentabel machen und der Unternehmerschaft insgesamt einen Gewinn zuführen wird. Ist dieser erreicht, dann werden die Unternehmer ihre Investitionen zum Aufbau neuer Kapazitäten verstärken, wodurch die Kosten/Erlös-Relation nochmals verbessert und der Beschäftigungsgrad weiter erhöht wird. Im übrigen werden auch die 800 Millionen Staatsaufträge zur Arbeitsbeschaffung die Kosten/Erlös-Relation verbessern und zur Beschleunigung des Konjunkturaufschwungs beitragen.

Tragischerweise kam der Plan zur Überwindung der Wirtschaftskrise nicht mehr unter Brüning zur Durchführung. Immer wieder kam mein damaliger (stellvertretender) Wirtschaftsminister Trendelenburg enttäuscht vom Vortrag beim Reichskanzler zurück, den er nicht zu wirtschaftspolitischer Aktivität zu bewegen vermochte. Ein Grund für das Zögern Brünings ist interessant genug, um erwähnt zu werden. Brüning wollte nämlich keinesfalls „hundert Meter vorm Ziel" die Wirtschaft ankurbeln. Mit diesem Ziel meinte er die endliche Erreichung der Unterschrift unter Verträge, mit denen die Reparationen beseitigt werden sollten. Er argumentierte folgendermaßen:

Deutschlands Wirtschaft sei durch die Last der Reparationen zusammengebrochen und habe die ganze Welt in den Strudel der Krise mit hineingerissen. Die deutsche Wirtschaft könne erst gesunden, wenn ihr die Last der Reparationen abgenommen werde. Hieran hätten die Alliierten ein dringendes Eigeninteresse, weil auch die Welt erst dann die Krise werde überwinden können. Wenn wir die Wirtschaft ankurbelten, bevor er die Unterschrift unter jene Verträge bekommen habe – so meinte Brüning – dann werden die Alliierten dies als einen Beweis dafür ansehen, daß eine Entlastung der deutschen Wirtschaft von den Reparationen gar nicht nötig sei. Ich vertrat dagegen den Standpunkt, daß Brünings Verhalten ein zu großes Risiko enthalte, weil die mit der verheerenden Arbeitslosigkeit ständig zunehmende politische Radikalisierung den Sturz des Kanzlers noch vor Erreichen seines Zieles zur Folge haben könne. Unter diesen Umständen schien mir jede Stunde meiner Tätigkeit im Wirtschaftsministerium verlorene Zeit zu sein. Außerdem wollte ich den möglichen Umsturz nicht gerade an prominenter Stelle erleben. Im Frühjahr 1932 kündigte ich meinen Vertrag mit dem Ministerium (in der Absicht, in eine akademische Laufbahn überzuwechseln, nachdem ich schon während meiner Tätigkeit im Wirtschaftsministerium Vorlesungen an der Hochschule für Politik – zusammen mit Theodor Heuss – gehalten hatte); und fast am gleichen Tage, an dem mein Vertrag ablief – nämlich am 30. Mai 1932 – wurde Brüning tatsächlich gestürzt. Danach kam nicht gleich Hitler an die Macht, sondern zunächst Papen. Dieser mußte sich unter allen Umständen durch wirtschaftliche Aktivität von seinem Vorgänger unterscheiden, und hatte kein Bedenken, das Programm, das eigentlich für Brüning bestimmt gewesen war, und dessen Auswirkungen mit allen seinen Konsequenzen er kaum beurteilen konnte, zu realisieren. Obwohl ich dem Ministerium nicht mehr angehörte, habe ich mich ein halbes Jahr lang bemüht, bei der Durchführung des Regierungsprogramms, das unter dem Namen „Papenplan" bekannt wurde, behilflich zu sein. Gleich nach seinem Inkrafttreten habe ich den Plan in dem Organ Papens, der Zeitschrift „Reich und Staat", veröffentlicht und ihn an verschiedenen anderen Stellen, in der Industrie- und Handelskammer und bei Arbeitgeberverbänden immer wieder vorgetragen und für ihn geworben. In einzelnen Punkten habe ich dem Wirtschaftsministerium eine Modifikation des Planes vorgeschlagen und hierüber in Zeitungen geschrieben. Auch vor der Wissenschaft, auf der Tagung des Vereins für Sozialpolitik 1932, habe ich über das Programm referiert. Wie wenig man sich über die Wirkung einer Vergrößerung der Investitionsquote klar war, zeigt folgende Erfahrung: Als ich Gustav Stolper einen Aufsatz für den „Deutschen Volkswirt" anbot, lehnte er es entschieden ab, die „utopischen" Berechnungen am Schluß des Aufsatzes zu übernehmen, die zeigen sollten, wie schnell die Beschäftigung und Produktion in den einzelnen Wirtschaftsbereichen bei Durchführung des Planes steigen würde, und in wie verhältnismäßig kurzer Zeit es möglich sei, die Arbeitslosigkeit zu beseitigen.

Tatsächlich verlief die wirtschaftliche Entwicklung dann völlig „programmmäßig". Anfang September 1932 trat die Notverordnung zur Durchführung des Planes in Kraft, und in den beiden ersten Monaten September und Oktober wurde bereits eine Zunahme der Beschäftigung um 270 000 Personen erreicht, während in den gleichen Monaten des Vorjahres – September und Oktober 1931 – die Beschäftigung um 650 000 Personen abgenommen hatte. Die Unternehmer waren voller Optimismus, und die Aktienkurse stiegen. Die Investitionsgütererzeugung nahm in den ersten 12 Monaten 3mal und in 24 Monaten 6mal so stark zu wie die Verbrauchsgüterproduktion. Die Investitionsquote vergrößerte sich also erheblich, die Kosten/Erlös-Relation verbesserte sich entsprechend, und die Unternehmer erzielten den für einen höheren Beschäftigungsgrad erforderlichen Gewinn. Die Aufsaugung von Arbeitslosen vollzog sich während jener Jahre in einem solchen Tempo, daß bis zum Oktober 1934 3 Millionen Arbeitslose wieder beschäftigt waren. Allerdings wurden schon unter der Regierung Schleichers, der nach kurzer Zeit v. Papen ablöste, die Ausgaben der öffentlichen Hand für Arbeitsbeschaffung von 800 Millionen schrittweise auf mehrere Milliarden Mark erhöht und – als der Konjunkturaufschwung bereits gesichert war – die Berechtigung zu weiteren Lohnkürzungen aufgehoben. Im übrigen aber wurde unter Schleicher und auch in der ersten Zeit nach der Machtübernahme durch Hitler der Papenplan weiter durchgeführt. Die allmähliche Verstärkung der öffentlichen Arbeitsbeschaffung war unter rein wirtschaftlichem Gesichtspunkt nur zu begrüßen; durch sie wurde das Tempo des wirtschaftlichen Aufschwungs noch beschleunigt. Die Legende aber, daß erst Hitler durch den Bau von Autobahnen und durch die gewaltigen Milliardenbeträge, die er für eine forcierte Aufrüstung ausgab, die Arbeitslosigkeit überwunden hätte, ist völlig unzutreffend. Als Hitler zur Macht kam, war der Konjunkturaufschwung schon so stark, daß die ungeheuren Aufwendungen für Rüstungszwecke nur inflatorisch wirkten und keineswegs erst die Arbeitslosigkeit zum Verschwinden brachten.

Die wirtschaftliche und politische Entwicklung am Ende der Weimarer Republik zeigt, welche Bedeutung der wissenschaftlichen Erkenntnis im wirtschaftstheoretischen Bereich zukommt. Denn, wenn von den Vertretern der ökonomischen Wissenschaft damals einhellig eine wirtschaftstheoretische Konzeption vorgelegt worden wäre, hätte Brüning sich wohl kaum der Durchführung ihrer wirtschaftspolitischen Konsequenzen entziehen können.

ZEITTAFEL

Zur Entstehungsgeschichte des Reichswirtschaftsministeriums

Anregungen und Vorschläge zur Einrichtung Oberster Reichsbehörden für die Wirtschaft 1876–1917

1876 *Der Deutsche Handelstag* (DHT) fordert ein „Reichsschiffahrtsamt" (für Binnenschiffahrt).

um 1900 *Der Deutsche Handelstag* verlangt ein „Reichszolltarifamt".

1901 *Helfferich* befürwortet in seinem Buch „Handelspolitik" die Regelung des deutschen Außenhandels durch das Reich, weil eine solche Regelung „die ganze Tätigkeit des Staates zur Förderung seiner volkswirtschaftlichen Interessen im Verkehr mit dem Ausland umfaßt".

1907 *Reichstag:* Vorschlag für Errichtung eines „Reichsarbeitsamtes" und eines „Reichsamtes für Sozialpolitik".

1908 *Reichstag:* Vorschlag für Errichtung einer „Zentralstelle für Außenhandel" (unter Kostenbeteiligung von Handel und Industrie).

1912 *Bayern:* In beiden Landtagskammern wird mehrmals die Errichtung eines „bayerischen Handelsministeriums" angeregt, veranlaßt vom Bayerischen Industriellenverband; von der Regierung aus Sparsamkeitsgründen jedoch abgelehnt. Trotzdem weitere Behandlung der Frage bis 1914.

1913 *Jacob Rießer* tritt in seinem Buch „Finanzielle Kriegsbereitschaft und Kriegsführung" (2. Aufl.) für einen „Wirtschaftlichen Generalstab" ein.

1913 *E. Possehl* (Senator in Lübeck) betont die Notwendigkeit einer „wirtschaftlichen Kriegsbereitschaft".

1913 *Gottlieb Paul Leonhardt* (Kommerzienrat in Dresden) propagiert ein „Reichsamt für Kriegswirtschaft" (weder rein militärisch noch rein zivilistisch), erneut 1915 und 1916; veröffentlicht 1916 die Broschüre „Ein Reichsamt für Kriegswirtschaft".

1914 ff. *Walther Rathenau* (vor und nach seiner Tätigkeit im Preußischen Kriegsministerium) setzt sich für eine „Kriegs-Wirtschafts-Abteilung" (beim Preuß. Kriegsministerium) ein, öffentlich zuerst in einem Vortrag Dezember 1915.

1915 Oktober: *Johannes Marz* (Syndikus des Verbandes der Sächsischen Industriellen, Dresden) propagiert in einem Artikel der „Deutschen Export-Revue" ein „Reichshandelsamt".

1915 Oktober: Im Bayerischen Landtag (2. Kammer) Einrichtung einer *„Reichszentrale für die deutschen Industrie- und Handelsinteressen* (beim Auswärtigen Amt)" gefordert.

1915 Dezember: Der *Bund der Industriellen* fordert ein „Reichsamt für Industrie, Handel und Gewerbe".

1916 Januar: Im *Sächsischen Landtag* (2. Kammer) nationalliberaler Antrag auf Errichtung einer „Zentralstelle für den Außenhandel" im Reich.

1916 Frühjahr: Die *Handelskammern* (HK) Elberfeld und Barmen legen je eine Denkschrift über die wirtschaftliche Vorbereitung von Kriegen (Einrichtung eines „Wirtschaftlichen Generalstabs beim Preuß. Kriegsministerium") vor. Industrieverbände schlagen stattdessen vor, daß die Fachverbände die Basis des „Wirtschaftlichen Generalstabs" bilden sollen.

1916 Mai: Die *Handelskammer Düsseldorf* lehnt die Unterstellung des „Wirtschaftlichen Generalstabs" unter das Preußische Kriegsministerium ab. Demgegenüber wird vom *Deutschen Handelstag* vorgeschlagen, einen „Beirat für Fragen des Handels und der Industrie beim Reichsamt des Innern" einzurichten; die Mitglieder sollen auf Vorschlag des DHT berufen werden. Statt „Beirat" käme auch ein „Ständiger Ausschuß ..." in Betracht (Präsident) und

Generalsekretär aus dem DHT, 5–6 Mitglieder aus den HK Berlin und Potsdam sowie den Ältesten der Berliner Kaufmannschaft).

1916 August: Der *Deutsche Handelstag* befürwortet die Errichtung 1.) eines neuen „Reichswirtschaftsamtes“ (zuständig auch für den Außenhandel), 2.) eines „Kriegswirtschaftamtes“ (für wirtschaftliche Kriegsvorbereitung).

1916 Reichstag: *Stresemann* betont, daß ein „eigenes Amt“ für Handelsinteressen dringend nötig sei.

1916–1917 Die in den Broschüren von *Max Apt* und *Johannes März* propagierte Idee für ein „Reichshandelsamt“ wird aufgegriffen u. a. von den HK Köln und Düsseldorf, und weiter erörtert in den Zeitungen und Zeitschriften:
Deutsche Export-Revue, Frankfurter Zeitung, Weltwirtschaftliches Archiv, Welthandel, Berliner Tageblatt/Handelszeitung, Deutsche Wirtschaftszeitung; außerdem aus bayerischer Einstellung in:
Bayerische Staatszeitung, München-Augsburger Abendzeitung, Münchner Neueste Nachrichten, Bayerische Handelszeitung.

1917 Januar: Beschluß des *Bayerischen Handelskammertages* und Erteilung des Auftrags an die HK München, eine Denkschrift über die Errichtung eines „Bayerischen Handelsministeriums“ auszuarbeiten; das Manuskript von *Julius Luebeck* wird im Mai 1918 fertiggestellt und als Buch veröffentlicht 1919.

1917 Januar: Antrag im *Bayerischen Landtag* (2. Kammer), ein „Bayerisches Handelsministerium“ zu errichten; darüber wird verhandelt bis November 1917.

1917 März: Im Reichstag betont der Staatssekretär im Reichsamt des Innern, *Karl Helfferich*, daß der Außenhandel (Abschluß von Handelsverträgen) beim Auswärtigen Amt verbleiben soll.

1917 März: Entschließung der HK Karlsruhe für Errichtung eines *„Reichswirtschaftsamtes“*.

1917 Frühjahr: *W. Krienen* (HK Karlsruhe) befürwortet eine besondere „Abteilung für Wirtschaftliche Kriegsvorbereitung“ beim künftigen „Reichs-Wirtschafts-Amt“.

1917 Juli: Der *Bayerische Handelskammertag* erklärt die Förderung des bayerischen Außenhandels für vordringlich.

DOKUMENTE

Zum Programm des Reichswirtschaftsministeriums

Berlin 1919

Verlag der Norddeutschen Buchdruckerei und Verlagsanstalt

Rede des Reichswirtschaftsministers Schmidt auf der Tagung des Zentralverbandes des Deutschen Großhandels in Hamburg (2. Oktober 1919)*

Ich bin Ihnen aufrichtig dankbar dafür, daß mir Gelegenheit gegeben ist in diesem Kreise und an diesem Ort, meine Gedanken über den gegenwärtigen Zustand und die nächste Zukunft des deutschen Wirtschaftslebens auszusprechen und besonders die Aussichten und Aufgaben des Handels dabei zu erörtern. Ich begrüße jede Gelegenheit, bei der ich unmittelbar zu den Männern der Praxis reden kann, jede Gelegenheit, welche die Wirtschaftsleitung mit den ausführenden Faktoren des Wirtschaftslebens in unmittelbare Beziehungen bringt. An welchem Orte des deutschen Vaterlandes stiegen die Erinnerungen an die Größe unserer politischen und wirtschaftlichen Vergangenheit lebendiger empor als hier in Hamburg. Ich teile Ihre schmerzlichen Gefühle beim Anblick der leeren Stapelhäuser des verwaisten Hamburger Hafens. Aber ich teile nicht den Pessimismus mancher Wirtschaftskreise, die an einem Wiederaufstieg verzweifeln wollen. Gerade diese Versammlung hier ist mir einer der zahlreichen Beweise dafür, daß der deutsche Kaufmann bereit ist, alle furchtbaren Opfer der vergangenen Jahre zu überwinden und mit denselben Mitteln, mit denen er schon einmal die große deutsche Vergangenheit aufgebaut hat, eine neue Zukunft zu gestalten.

Wenn ich heute meine Auffassung von der gegenwärtigen Lage und den Aufgaben, die sie stellt, darlegen soll, so muß ich kurz auf die zurückliegende Zeit zurückschauen. Mit Riesenschritten ist die deutsche Industrie in den letzten vierzig Jahren vor dem Kriege aufwärts gestiegen. Die hochentwickelte deutsche Industrie hat mit Naturnotwendigkeit dem Handel einen starken Impuls gegeben. Die Industrie, die die Arbeitermassen in die großen Industriezentren zog, hob die Ansprüche an die Lebenshaltung des Volkes. Die Ernährungsbasis war für dieses Volk im eigenen Lande zu klein, zudem ging die Arbeitsleistung in der Industrie weit über den eigenen Bedarf des Landes hinaus. Wir trieben hinaus in den Weltverkehr, eine Entwicklung, von der alle neueren Kulturstaaten erfaßt wurden. Hier erwuchsen die großen Aufgaben des Handels.

Der Binnenmarkt erweiterte sich unter dem rasch steigenden Bedarf einer in der Lebenshaltung gehobenen Bevölkerung und einer fortgesetzt anwachsenden Verschiebung der Bevölkerung vom Lande zur Stadt. Der Außenhandel konnte dem reichen Begehren an Kolonialwaren, den Ansprüchen eines verfeinerten Geschmacks Rechnung tragen. Sein Machtanspruch wuchs auch, je mehr er das Manko an Lebensmitteln ausfüllte, das die heimische Produktion nicht decken konnte. Dazu kam die vermehrte Einfuhr von Rohstoffen für unsere Industrie, die in den letzten 40 Jahren vor dem Kriege einen stürmischen Aufstieg vollzog.

An allen bedeutsamen Plätzen der Welt befanden sich deutsche Niederlassungen, deutsches Kapital arbeitete in zahlreichen industriellen Unternehmungen des Auslandes. Wir hatten eine stolze Handelsflotte, die in dem Zeitraum von 1871 bis 1913 von 332 000 To. netto auf 2 835 392 To. gestiegen war. Sie war der Stolz der Seestädte. Wieder erstarkte das alte hanseatische Gefühlt einer ruhigen sicheren Machtposition.

Was haben wir demgegenüber an Waren materieller und ideeller Art verloren?

Töricht waren diejenigen, die im August 1914 glaubten, die große Auseinandersetzung in diesem Weltkrieg werde in einigen Monaten zu Ende sein, und neu gestärkt

---

* R 43 I / 925, fol. 44–55 (BA)

werde dann das deutsche Wirtschaftsleben aus diesem gewaltigen Konflikte hervorgehen. Von den großen Erwerbsgruppen hatte keine mehr als der deutsche Außenhandel zu riskieren. Auch ein anderer Ausgang des Krieges hätte diesen Schaden nicht wieder gutmachen können.

Der Außenhandel mit den 21 Milliarden Umsatz wurde nun im Kriege durch die Blockade nahezu vollständig lahmgelegt. Was war die Folge? Unsere überseeischen Verbindungen mit den feindlichen Ländern und auch den neutralen gingen verloren oder konnten mit den neutralen nur in mäßigen Umfange aufrecht erhalten werden. Damit wurde die Basis für die Ernährung und Rohstoffversorgung beengt, und je schärfer die Blockade anzog, um so unerträglicher wurde die Lage. Volkswirtschaftlich stand das Problem so, daß bei einer behinderten Warenbeschaffung der Bedarf des einzelnen gekürzt werden mußte.

Meine Herren, ich stehe nicht an, trotz der maßlosen Angriffe, die während des Krieges gegen die Zwangswirtschaft erhoben worden sind, es klar auszusprechen, daß ich bei Anerkennung aller Mängel diese Wirtschaftsmethode auch heute noch als die einzig denkbare Methode der Kriegswirtschaft ansehe. Die Kriegswirtschaft war Mangelwirtschaft. Die Preistendenz war schroff steigend, während das politische und soziale Interesse zur zwangsweisen Tiefhaltung der Preise trieb. Damit war die freie Konkurrenz ihres Kompasses in der Gestalt der freien Preisbewegung beraubt. Der staatliche Wille mußte diese innerlich führungslos gewordene Wirtschaft schlecht und recht in seine Leitung übernehmen. Nun sind zwei Beispiele anzuführen. Nach statistischen Ermittlungen betrug in der Großstadt in einer Arbeiterfamilie der Verbrauch an Brot pro Kopf und Monat vor dem Kriege rund 12 000 Gr. Er war im April 1917 auf 8 646 Gramm herabgedrückt. Für Butter und Fett war er von 1 166 auf 535 Gramm gesenkt. Eine Organisation, die eine solche schmale Ernährungsbasis herbeiführte, mußte mit Angriffen von allen Seiten rechnen. Niemand schränkt sich freiwillig ein, der Zwang wird als Plage empfunden.

Aus dieser Wirtschaftsepoche kommen wir. Wir kommen aus einem verlorenen Krieg. Unser Volkskörper leidet schwer an der maßlosen Überanstrengung der letzten Jahre, an körperlicher Entkräftung und an einem schweren geistigen Fieber.

Mit diesen Wirtschaftskörpern lassen sich keine Eisenbartkuren machen. Jetzt die Entwicklung in ein neues System hineinzuzwingen, wäre verkehrt. Wir müssen zum natürlichen Aufbau zurück. Schon die außenpolitische Lage verbietet die Aufstellung eines Planes auf lange Sicht. Wir kennen noch immer nicht die Entschädigungsansprüche unserer früheren Gegner an uns. Immer noch ist der Osten Europas ein Kampfgebiet und seine wirtschaftliche Zukunft völlig unübersehbar. Da bleibt nichts anderes übrig, als die jeweilige äußere und innere Situation klar zu erfassen und danach den Wirtschaftsplan einzurichten, bereit ihn zu modifizieren, wenn neue Faktoren auftreten. Das Kennzeichen der gegenwärtigen Wirtschaftsepoche ist eben diese Flüssigkeit und Unsicherheit.

Um nur einige Momente aufzuzählen, nenne ich voran die Valuta. So verheerend der Tiefstand der Mark auf unsere Einfuhrgeschäfte wirkt, das allerschlimmste sind die unaufhörlichen Schwankungen des Geldwertes. Sie machen jede Kalkulation unmöglich und verwandeln die ganze Zirkulation von Geld und Ware in ein reines Spekulationsgeschäft. Die Aufnahme großer ausländischer Kredite gilt allgemein für ein wirksames Heilmittel unserer Währungsnot. Ich habe mich auch zusammen mit dem Reichsfinanzminister mit aller Kraft für die Anbahnung solcher Kreditgeschäfte eingesetzt. So notwendig diese Operation zur Stützung unserer unmittelbar notwendigen Kaufgeschäfte ist, ein Allheilmittel gegen die Valutakalamität ist sie nicht. Ich kann nur immer wieder wiederholen, was ich allen ausländischen Vertretern unermüdlich sage: Das Währungsproblem ist ein internationales Problem, unter dem fast alle kriegführenden Staaten, auch der größere Teil der Sieger zu leiden haben. Nur eine internationale Regelung, eine neue Ausbalancierung der Kurse, gestützt durch eine internationale Anleihe, bringt endgültige Heilung. Und ich bin fest überzeugt, daß dieser einzig gangbare Weg in nicht allzuferner Zeit beschritten wird. Es leiden ja die Staaten deren Geld gut steht, nicht weniger als wir unter den Währungsmißständen.

Sie fürchten mit Recht die Gefahr des Dumping von seiten der Staaten mit schlechtem Gelde. Zu einem Preise, der das Vielfache unseres Inlandpreises beträgt, können wir heute unsere Waren auf dem Auslandsmarkte anbieten und sie werden immer billiger sein, als die ausländischen Fabrikate. Darin liegt gewiß keine unlautere Absicht. Gegen dieses uns aufgezwungene Dumping werden sich aber die fremden Staaten auf die Dauer auch durch Einfuhrverbote, Wertzölle usw. nicht schützen können. Die billige deutsche Ware wird von ausländischen Händlern selbst aufgekauft und auf tausend Schmuggelwegen in die Länder getragen werden, wie wir es heute schon bemerken können. Nur die internationale Valutaregelung kann Siegern und Besiegten wieder ein reguläres Einfuhrgeschäft sichern.

Ebenso dringend ist aber für uns, daß endlich das Loch im Westen verstopft wird, und wir wieder eine normale Grenze erhalten. Leider haben die langwierigen Verhandlungen mit Frankreich immer noch nicht zum erwünschtem Ergebnis geführt. Wir haben das in den Verhandlungen immer wieder zum Ausdruck gebracht, daß die wilden Einfuhren über das besetzte Gebiet wohl den französischen Schiebern zugute kommen, nie aber das französische Volk glücklich machen werden. Denn sie stürzen den deutschen Geldkurs immer tiefer hinab, füllen unser Land mit einer Menge volkswirtschaftlich wertloser Produkte, die wir beim Neuaufbau doch nicht verwerten können und verschlimmern die Kaufkraft des Volkes, das dadurch unfähig wird zu produktiven Ausgaben. Entweder Schiebergewinn oder Zahlungen und Wiedergutmachungen. Aber Frankreich wird sich bald entscheiden müssen.

Weniger Bedeutung lege ich den manchmal geäußerten Befürchtungen bei, die deutschen Ausfuhrwaren würden keinen Absatz mehr finden. Fragen Sie bei unseren großen Exportindustrien an. Sie sind überhäuft mit Aufträgen. Der Besuch der Leipziger Messe hat es mir deutlich vor Augen geführt, daß die deutsche Qualitätsware nach wie vor begehrt ist. Die Mengen, die wir für die nächste Zeit stellen können, werden auch sicher unterkommen.

In der klaren Erkenntnis, daß nur eine schnelle Anbahnung der Auslandsgeschäfte das Schwungrad unserer innern Wirtschaft wieder in Bewegung setzen wird, habe ich vom ersten Tage meiner Amtszeit an mich bemüht, alle Hemmungen zu beseitigen, die im Interesse des Schutzes der heimischen Arbeit und des heimischen Verbrauchs entbehrlich waren, um gerade dem Handel möglichst große Bewegungsfreiheit zu geben. Ich erinnere an die Aufhebung der Devisenordnung, an die Freigabe der Einfuhr der Textilstoffe und Kautschuk. In aller nächster Zeit ist die Freigabe der Einfuhr von weiteren Rohstoffen beabsichtigt. Zur Ausfuhr sind freigegeben: Textilfertigfabrikate, soweit sie nicht Gegenstände des täglichen Bedarfs sind, ferner Kautschukfabrikate, sowie gewisse Eisen- und Stahlerzeugnisse. Auf dem Gebiete der Ernährung ist Ihnen bekannt, daß von ihnen Reis, Hülsenfrüchte und Rohkakao freigegeben und deren innere Bewirtschaftung aufgehoben ist. Die Stammprodukte der Ernährung: Getreide, Kartoffel, Fleisch und Fett können gleichfalls frei eingeführt werden, sie müssen aber, solange ihre Bewirtschaftung aufrecht erhalten werden muß, den zuständigen Zentralstellen zugeführt werden.

Es wird Sie nun interessieren, einige Zahlen zu hören, in welchen Grenzen sich unsere Rohstoffeinfuhr seit Abschluß des Waffenstillstandes bewegt. Verglichen mit der Einfuhr des letzten Friedensjahres, ist unsere gegenwärtige Einfuhr immer noch sehr gering. Sie hatte im vergangenen Juli noch nicht 20 % der Menge des Juli 1913 erreicht. Prozentual am höchsten standen neben den Lebensmitteln Öle und Fette sowie Kautschuk. Ein anderes Bild ergibt aber die Einfuhr auf den Wert gerechnet. Während im April der Einfuhrwert noch nicht 25 % gegenüber dem April 1913 betrug, hatte er sich im Juli gegenüber dem Juli 1913 mehr als verdoppelt.

Dieser Einfuhrhöhe stehen leider nicht die entsprechenden Ausfuhren gegenüber. Seit April haben wir eine passive Zahlungsbilanz schon nach den Zahlen der amtlichen Statistiken, geschweige denn, wenn wir die unkontrollierten Einfuhren in Rechnung stellen. Im Juli hat der Einfuhrwert fast das Vierfache des Ausfuhrwertes betragen, wovon ja unsere Valutabewegung ein deutliches Zeichen gibt. Die Ausfuhrmenge betrug im Juli noch nicht den sechsten Teil der Menge des Jahres 1913. Voran stehen

Fertigerzeugnisse der chemischen, keramischen und graphischen Gewerbe, der Maschinenindustrie, sowie mineralische Rohstoffe. Solche Zahlen mahnen zu allergrößter Vorsicht. Sie zeigen, daß der Wirtschaftskörper noch unter so schweren Funktionstörungen leidet, daß er nicht unkontrolliert sich selbst überlassen bleiben kann.

Die technische Durchführung der Ein- und Ausfuhrregelung für die nächste Zeit ist so gedacht, daß die Einfuhr grundsätzlich verboten bleibt. Für die freigelassenen Artikel wird eine detaillierte Freiliste ausgearbeitet werden. Umgekehrt soll die Ausfuhr grundsätzlich erlaubt sein. Für die verbotenen Waren wird eine Verbotliste aufgestellt. Ich hoffe in absehbarer Zeit eine kleine gedruckte Zusammenstellung nach den Warenbezeichnungen des Zolltarifs herausgeben zu können, an deren Hand sich der einzelne Kaufmann genau orientieren kann. In meinem Ministerium habe ich zur Beschleunigung der Geschäftserledigung die Außenhandelsfrage einem diktatorischen Ausschuß zur Entscheidung übertragen, der nach kaufmännischen Gesichtspunkten arbeitet. Um in allen wichtigen Fragen in engster Fühlung mit den beteiligten Kreisen selbst vorgehen zu können, habe ich für die Zwischenzeit, solange der verfassungsmäßige Reichswirtschaftsrat noch nicht besteht, einen Wirtschaftsrat aus den maßgebenden Organisationen von Industrie, Handel, Landwirtschaft und Verbrauchern berufen. Mit größtem Interesse verfolge ich auch daher die neuerlichen Versuche, eine einheitliche Arbeitsgemeinschaft des gesamten Handels zu bilden. Ich messe diesen Bestrebungen größten Wert bei, denn sie schaffen die benötigten Vertretungsorgane, deren ich mich zur Beratung und Unterstützung bedienen möchte.

Meine Stellungnahme zu den vielumstrittenen Außenhandelsstellen ist aus meiner Dienstanweisung für die Delegierten des Reichskommissars für Aus- und Einfuhr bekannt. Sie wissen, daß wir dem Drängen der Grenzländer unseres Vaterlandes nachgegeben und nach Süddeutschland, nach Köln und nach Königsberg besondere Delegierte für die Erledigung der Aus- und Einfuhranträge entsandt haben.

Im Binnenhandel bietet sich mit fortschreitendem Abbau der Bewirtschaftung dem freien Handel von selbst ein immer größeres Betätigungsfeld.

Meine Herren! Das Drängen nach völliger Freigabe der privaten Wirtschaftsbetätigung ist heute stärker als je. Es tobt ein bedenklicher Kampf der Geister, der, wie leider so oft bei uns, wieder in ein Schlagwortgefecht auszuarten droht. Lassen Sie mich hierüber noch ein offenes Wort sagen:

Ich weiß, daß der Handel eine produktive Tätigkeit ist, denn produktiv sein heißt Werte schaffen, und Werte schafft nicht nur der, der in der industriellen und landwirtschaftlichen Produktion Kraft und Stoff verbindet und verändert, sondern auch der, der das fertige Produkt nach dem Ort der größten Nachfrage bringt, wo es den größten Wert besitzt. Ich weiß auch, welch beflügelnde Kraft ungehemmte Bewegungsfreiheit des persönlichen Strebens und der ungebundenen Betätigung entwickelt. Aber meine Herren, ich muß noch einmal auf den Ausgangspunkt zurückkommen: Denken Sie daran, daß wir aus einer verarmten Wirtschaft kommen, von der jede weitere Erschütterung ferngehalten werden muß. So würde die Anlehnung des Innenmarktes an die Preislage des Weltmarktes volkswirtschaftlich und politisch von katastrophaler Wirkung sein. Wir haben mit vieler Mühe in der Kohlenproduktion eine gewisse Stetigkeit erzielt. Auch aus anderen Zweigen der Industrie ist mir bekannt, daß Arbeitswilligkeit und Arbeitslust allmählich wiederkehren. Dieses allmähliche Erwachen des Produktionswillens darf auf keinen Fall durch übereilte Experimente wieder gestürzt werden. Ich fühle mich weder als der Spezialminister für den Handel, noch als Spezialminister für die Industrie. Ich habe nichts im Auge, als die Gesamtwirtschaft unseres Volkes. Dies zwingt mich zu manchem Abstrich an den radikalen Forderungen, die mir von allen Seiten entgegengebracht werden. Aber wenn sich dieser Handel als Glied der gesamten deutschen Volkswirtschaft fühlt und bereit ist, in den schweren Übergangsjahren, die uns noch bevorstehen, mitzutragen auch an den Opfern und sich diejenige Selbstbeschränkung aufzuerlegen, die notwendig ist, damit wir den sozialen Frieden im Lande wiederherstellen und bewahren, dann werden wir auf sicherem Boden den Aufbau vollziehen. Dann gehen wir zwar einer an harter Arbeit überreichen Zeit entgegen, aber einer Zeit des Neuaufbaues, in der der deutsche

Handel eine seiner Bedeutung und seiner früheren Stellung entsprechende Position einnehmen wird.

Unterstaatssekretär Prof. Dr. Hirsch
machte vor Pressevertretern folgende Ausführungen:

Lage und Politik Deutschlands werden sowohl im Ausland wie im Inland unter unrichtigen Gesichtspunkten beurteilt und behandelt. Die Ausführungen des Herrn Reichswirtschaftsministers in Hamburg mögen unter folgenden Gesichtspunkten ergänzt werden:

Die Beurteilung der deutschen Wirtschaftslage im Auslande und insbesondere in Amerika hat einen genau umgekehrten Verlauf genommen wie die tatsächliche Wirtschaftsentwicklung. Während die Kurve der wirtschaftlichen Entwicklung in Deutschland im Frühjahr jäh in die Tiefe ging und nun ein langsames aber deutliches, ständiges Steigen zeigt, hat die Beurteilung unserer Lage draußen den genau umgekehrten Verlauf genommen. Die Besprechungen mit beachtlichen Persönlichkeiten des amerikanischen Wirtschaftslebens ergaben, daß sich während des Krieges dort die Vorstellung gebildet hatte, als ob Deutschlands in sich konzentrierte wirtschaftliche Kraft wie in einem Akkumulator aufgespeichert sei und ausstrahlen werde, sobald erst die Fesseln der Blockade gefallen seien. Es schwebte dabei das Bild Englands nach der Kontinentalsperre vor, das damals die ganze Welt mit seinen in der Abschließung hergestellten Warenmassen überschwemmte. Diese Meinung wurde zunächst auch durch die Besatzungstruppen verstärkt, die aus verwüsteten Gebieten in verhältnismäßig wohl erhaltene rheinische Städte kamen. Während damals bei uns infolge der sinkenden Arbeitslust und der enormen Demobilisationsschwierigkeiten, der Spartakusputsche und anderen blutigen Unruhen selbst ruhige Beobachter des Wirtschaftslebens an Deutschlands Wiederaufkommen verzweifeln zu müssen glaubten, entstand zunächst im Auslande eine ganz unbegründete Überschätzung unserer wirtschaftlichen Kraft. Und während bei uns die Begleiterscheinungen des Umsturzes, insbesondere die wirtschaftliche und seelische Depression langsam aber sicher zu schwinden begannen und jetzt die Zeichen des Wiederaufstiegs Deutschlands vor aller Augen liegen, kamen von Übersee die Geschäftsleute und Finanzpraktiker herüber, sahen, daß dieses Land erschöpft und in jedem Sinne ausgehungert war, verglichen unbewußt diesen Tatbestand mit den ersten Schilderungen und kamen so zu der Meinung, daß es jetzt bei uns reißend bergab gehe. Das stets wohl ernährte Ausland versteht es ja kaum, wenn wir sagen, daß wir es als eine Errungenschaft betrachten, unsere Ernährungslage wieder auf einen im ganzen doch erträglichen Stand gebracht zu haben. Das Ausland, das nicht mit einer unerwartet plötzlichen Demobilisation der größten Armee der Welt in all seinen Wirtschaftsorganen gestört wurde, das nicht den Zustand erlebte, daß mitten durch einen so gestörten Wirtschaftskörper noch eine fremde Armee quer durchgeführt werden mußte, sieht nicht mit solcher Klarheit wie wir die Zeichen der Besserung der wirtschaftlichen Lage. So muß man ihm erst sagen, daß unsere Kohlenproduktion sich trotz aller Hemmnisse von Monat zu Monat ein wenig steigert; daß unsere Ausfuhr, die zu Beginn des Jahres nahezu auf den Nullpunkt gesunken war, jetzt von Monat zu Monat emporgeht, soweit wir sie amtlich beurteilen können, und daß dieser Prozeß der wirtschaftlichen Gesundung noch sehr viel weiter fortgeschritten wäre, wenn nicht, wahrscheinlich in Unkenntnis der Folgen, Deutschland aus zwei Richtungen her einem erneuten Niedergange zugetrieben würde. Die eine Richtung ist das Loch im Westen, das der jetzige Reichswirtschaftsminister vorfand und demgegenüber trotz aller energischen Vorstellungen noch kein Erfolg möglich war. Zum größten Schaden der eigenen Wirtschaftsinteressen läßt die Entente hier für wertlose Luxusgegenstände Deutschlands Zahlungswerte hinausströmen und macht es so für die von ihr verlangten Entschädigungen selber zahlungsunfähig. Und in moralischer Hinsicht bringt eben dieses Loch im Westen nicht nur der deutschen Wirtschaftsmoral die schwersten Schäden bei, sondern auch Frankreich, England und Belgien lernen den neuen Typ des Schiebers in einer Ausbildung kennen, die für die ganze Geschäfts- und Volksmoral dieser Länder nur von der bedenklichsten Zukunftswirkung sein kann. – Die andere nicht minder bedenkliche Seite, von der wir hier bedroht sind, sind die bisher noch fast überall verweigerten Rohstoffkredite. Einem Land, das ein Veredelungsland von jeher gewesen ist, und das um seiner wirtschaftlichen und sozialen Erhaltung willen es in Zukunft in weit höherem Maße als bisher sein muß, weil es die Quellen seiner Ernährung und Wirtschaftserzeugung verliert, wird systematisch die Zufuhr von Rohstoffen abgeschnitten, weil man ihm bisher den für seinen Aufbau notwendigen Kredit noch viel zu sehr vorenthält. Die ganze Welt hat ein Interesse daran, daß Deutschland, jetzt das sicherste Bollwerk gegen die bolschewistische Springflut, seinen Weg zum wirtschaftlichen Wiederaufstieg und seinen entschiedenen Willen zur Arbeit betätigen kann. Die fast vollständige Verweigerung der Rohstoffkredite und damit der Rohstoffe selbst wird, wenn sie fortgesetzt wird, zu einer Katastrophe führen müssen, die nicht nur Deutschland allein, sondern bei den ganz gleichlaufenden Tendenzen in weiten Gebieten unserer Nachbarstaaten mindestens ganz Europa russifizieren müssen. Deshalb gilt es, zu betonen und zu beweisen, daß Deutschland wirtschaftlich den Weg der Wiederkräftigung beschritten hat, daß es aber, wenn es wieder gesunden und seinen Arbeitswillen wirklich betätigen soll, auch der Mittel dazu, nämlich der ihm fehlenden Rohstoffe, bedarf.

Nicht minder irrig wie die Auffassung der deutschen Wirtschaftspolitik im Auslande sind vielfach diejenigen bezüglich der von der Regierung verfolgten Wirtschaftspolitik im Binnenlande.

Nachdem die Ideen einer Planwirtschaft genau nach einem im Detail entworfenen und gelegentlich graphisch dargestellten System von der übergroßen Masse der Volksmeinung und Volksvertretung verlassen waren, hat sich die Meinung herausgebildet, daß man nun in vollkommen planloser Freiheit sämtliche wirtschaftliche Kräfte walten lassen wollte. Das ist weder beabsichtigt noch möglich. Nicht Planwirtschaft, auch nicht planlose, sondern planmäßige Wirtschaft nach den Erfordernissen der neuesten Wirtschaftsentwicklung. Gerade diese Wirtschaftsentwicklung macht aber zurzeit das Arbeiten nach irgendwelchen starren Richtlinien ebenso unmöglich, wie sie aus sich heraus die Augenblicksarbeit fast zwingend vorschreibt, aber auch Ansätze zu organisatorischer Weiterbildung deutlich hervorbringt. In die Entwicklungsrichtungen unserer inneren Wirtschaft bringen die Neuerscheinungen auf dem Arbeitsmarkte, wie sie insbesondere durch die Verschiebung des Machtverhältnisses zwischen Unternehmer und Arbeitnehmer, durch die Herabsetzung der Arbeitszeit und das bis in den Sommer hinein beobachtete Nachlassen der Arbeitsleistung hervorgerufen worden sind, ganz neue Tendenzen, die man früher geradezu als Rückschritt zu bezeichnen pflegte. Sozialismus will Stärkung des wirtschaftlichsten Betriebes, in der Industrie in der Regel, also des Großbetriebes. Die neueren Bewegungen auf dem Arbeitsmarkte bewirken aber eine unverkennbare Stärkung der Klein- und Mittelbetriebe und Hemmung der Großbetriebsentwicklung. Ganz ähnliche Erscheinungen ergeben sich im eigentümlichen Triebleben unserer volkswirtschaftlichen Entwicklung aus den Verkehrsstörungen, dezentralisierende Erscheinungen, die manche noch nicht übersehbare Entwicklungskeime in sich bergen.

Eben wegen dieser neuen Entwicklungsrichtungen erscheint es nicht zweckmäßig, die industrielle und gewerbliche Tätigkeit durch behördliche Einwirkung in feste oder gar schematische Formen zu drängen. Damit es zu Verbandsbildungen in Industrie, Gewerbe und Handel komme, dazu bedarf es nicht des Mediceers Güte, auch nicht des republikanischen Mediceers; die Verbände kommen von selber, und wo sie durch behördliche Anordnungen zusammengehalten werden, klagen neuerdings gerade Kleinbetriebe, daß sie durch die großen an der Entfaltung ihrer Kräfte gehindert werden, klagen neuerdings auch geradezu über Hemmungen ihrer Exportmöglichkeiten. Der behördlichen Einwirkung bedarf es auch nicht, um Arbeitgeber und Arbeitnehmer in irgendwelchem abgewogenen Verhältnis an einem Tische zu vereinigen. Auch diese „Selbstverwaltungskörper“ hat die Entwicklung von selber geschaffen. Die Verschiebung des Machtverhältnisses zwischen Arbeitgeber und Arbeitnehmer hat die Bildung freier Arbeitsgemeinschaften auf immer weiteren Gebieten des Wirtschaftslebens schließlich auch widerstrebenden Arbeitgebern als sicherste Möglichkeit des Wirtschaftsfriedens erscheinen lassen, und diese Arbeitsgemeinschaften erstarken allerorten. Um das Produzenteninteresse der Arbeiter zu schützen, bedarf es keiner künstlichen Körperschaften; ganz anders steht es mit dem Konsumenteninteresse der unteren Volksschichten. In der industriellen Wirtschaftsorganisation ist bisher das Verbraucherinteresse zu kurz gekommen; was an Sozialismus da nottut, ist mehr Verbrauchersozialismus, daran fehlts auch in den Selbstverwaltungskörpern. Die Einigungen, die dort erfolgen, gehen auf Kosten des letzten Verbrauchers. Wo wir amtlich die Preisfestsetzung kontrollieren, beobachten wir neuerdings immer allgemeiner den Vorgang, daß Arbeitergruppen, um ihre Löhne zu steigern, den Unternehmern versprechen, Preissteigerungen durchholen zu helfen, die über das durch die Lohnsteigerung bedingte Maß häufig weit hinausgehen. Und was in solchen Organisationen als „Verbraucher" auftritt, das ist häufig auch nicht der letzte Verbraucher, sondern ein Zwischenarbeiter. Wer nur Fischkonserven herstellt oder handelt, der weiß in einem Fischkonserven-Selbstverwaltungskörper stets sein besonderes Lebensinteresse, das auf Gedeih und Verderb mit diesem einen Artikel verbunden ist, gegen den Verbrauchervertreter durchzusetzen, der an Fischkonserven längst nicht diese Intensität des Interesses und folglich auch nicht die Augenblickkenntnis der Lage hat.

Das beste Gegengewicht gegen diese Übermacht der Produzenteninteressen ist der freie Markt, wenn das Angebot die Nachfrage deckt oder gar übersteigt. Wo aber Mangel herrscht oder durch Interessentenverbände künstlich geschaffen werden kann, da verlangt die Volksstimmung mit vollem Recht den Verbraucherschutz. Dieser ist auf die Dauer nur möglich durch die Vertreter des Allgemeininteresses, durch die Regierung.

So hat die Regierung den Abbau der im Kriege geschaffenen Organisationen zunächst da begonnen, wo entweder der Markt einigermaßen ein Gleichgewicht zwischen Angebot und Nachfrage zeigt, wie beispielsweise bei Rauhfutter, oder, wo die staatliche Macht nicht mehr streng genug war, die Klammern der Bewirtschaftung um die Waren festzuhalten. Die bisherigen Freigaben, die als Musterbeispiele gegenüber der ganz anderen Denkrichtung der Produzenten Interessenten vielleicht ganz gut waren, haben jedenfalls gelehrt, daß das Verbraucherinteresse eine vorsichtige Überleitung in freiere Formen des Wirtschaftslebens erfordert, und daß der Verbraucherschutz nach zwei Richtungen hin gehen muß: einerseits in der Richtung einer besseren Überwachung der Preisbildung als bisher, andererseits in einer Vorsorgepolitik für die minderbemittelten Volksschichten. —

Die bessere Überwachung der Preispolitik denken wir uns neben der Förderung der Produktion, die naturgemäß ganz voranstehen muß, nach zwei Richtungen hin: Allgemein wird Warenwucher- und Schiebertum verurteilt; aber die Organisationen, welche diese Erscheinungen bekämpfen sollen, ringen noch immer mit dem Widerstande der beteiligten Wirtschaftskreise. So denken wir an eine Umgestaltung des allgemeinen Preisprüfungswesen in enger Verbindung mit den Berufsvertretungen von Gewerbe und Handel, so daß wir zu Richtlinien der Preisbildung gelangen werden, welche dann auch durch die Berufsmoral geschützt sein möchten. Bei der Schleichhandelsbekämpfung haben wir insbesondere neuerdings die Mitwirkung der Arbeiterschaft gewonnen. Von weit größerer Wichtigkeit und Zukunftsbedeutung ist aber die preismäßige Überwachung der Verbände; das Kartellamt, das vielfach verlangt wurde, wird in der Form der zentralen Preisprüfung, wie sie im Reichsernährungsministerium ausgearbeitet und vom Reichswirtschaftsministerium nun weiter gebildet worden ist, sicherlich eine bedeutsame Hilfe der ganzen künftigen Wirtschaftspolitik sein müssen. Hand in Hand damit muß eine mehr zentrale Regelung der Lohnentwicklung gehen. Briefe und Löhne stehen in einem so engen Verhältnis zueinander, daß die behördliche Beeinflussung des einen nicht ohne die des anderen in Zukunft vor sich gehen kann.

Das große Ziel jeder Wirtschaftspolitik muß die Wiedergewinnung der deutschen Arbeitswilligkeit und Arbeitsleistung sein. Insoweit die Minderung der Arbeitsleistung auf Unterernährung zurückging, hat der Reichswirtschaftsminister bereits jetzt seine ganze Kraft daran gesetzt, diesen Mangel zu beheben, und man wird ihm hier einen gewissen Erfolg nicht absprechen wollen. Es muß alles geschehen, um weiter eine ausreichende und möglichst verbesserte Ernährung sicherzustellen. Das nächste, was hier in Aussicht gestellt werden kann, ist eine weniger scharfe Ausmahlung des Brotes, das vom Volksgesundheitsstandpunkt unumgänglich erfordert wurde. Im übrigen muß eine Steigerung der Arbeitsleistung wieder dadurch gefunden werden, daß in irgendeiner Form Arbeitsleistung und Arbeitsertrag in engere Verbindung als bisher gebracht werden. Ergänzend tritt hinzu die Steigerung des Interesses am Betriebserfolge durch stärkere Betonung einer richtig ausgebildeten Betriebsdemokratie.

Die Sicherung der Versorgung der unteren Volksschichten ist durch die Zuschüsse zur Lebensmittelverbilligung bereits nach einer Richtung hin eingeleitet worden, die das Ausland nachzuahmen beginnt, die aber freilich nicht ganz ohne Bedenken ist. Wichtiger werden die organisatorischen Maßnahmen sein müssen, denen die Versorgung der minderbemittelten Volksschichten sichergestellt wird. Solange Knappheit in der Versorgung herrscht, wird man auf die Bewirtschaftung nicht verzichten können und wollen. Die Bekleidung wird durch Notstandsversorgung nach aller Möglichkeit gesichert werden. Die wirtschaftlichen Formen der Warenverteilung werden insbesondere durch Förderung des Genossenschaftswesens verstärkt werden. Im übrigen wird sich die Erleichterung des Binnenhandelsverkehrs von manchen heute nicht mehr erforderlichen Bindungen empfehlen, insbesondere die Freilassung von der Konzessionspflicht, die in vielen Handelszweigen im Kriege eingeführt wurde, heute aber vielfach überflüssig erscheint.

Insoweit die Versorgung der minderbemittelten Bevölkerung seitens der beteiligten Gewerbezweige von sich aus nicht in zweckmäßiger Weise durchgeführt wird, muß gegebenenfalls Kommunalisierung oder Sozialisierung eintreten. Die Sozialisierung kann in diesem Augenblick, wo die ganze Wirtschaftsentwicklung unsicher ist, nur mit größter Vorsicht durchgeführt werden. Sie empfiehlt sich entweder da, wo wichtige Rohstoffe für die Allgemeinheit nutzbar zu machen sind, wie etwa bei gewissen Teilen der Brennstoffversorgung oder der Salzgewinnung oder wo ein privates tatsächliches Monopol den Übergang in Staatshände erleichtert, oder wo sich Industrien dem notwendigen Umgruppieren nicht fügen wollen oder endlich, wo ein Reichsmonopol für die Reichsfinanzen erwünscht ist.

Diese Sozialisierung soll, wenn sie vorgenommen wird, durch wirkliche Übernahme des Besitzes der Produktionsmittel durchgeführt werden. Den sozialisierten Betrieben soll aber eine freie Form gegeben werden, und in der Entlohnung der leitenden Beamten muß ein Anreiz enthalten sein, dem Betriebsinteresse zu dienen. Starke Betonung einer richtig ausgebildeten Betriebsdemokratie wird den Zweck der Maßnahme noch besser erreichen lassen.

Alle Erwägungen über die Gestaltung der Industriepolitik werden aber im Augenblick überschattet durch das große und schwere Problem der Brennstofffrage. Ich kann bekanntgeben, daß die Beschaffung von Petroleum in ziemlich großem Maße möglich gewesen ist. Bereits im nächsten Monat wird voraussichtlich ungefähr die fünffache Menge der bisher verteilten Petroleummengen zur Verfügung stehen. Unsere Lieferanten sind verpflichtet, bis Ende Januar etwa 140 000 Tonnen Petroleum und Benzin an Deutschland zu liefern. Darunter wird sich auch Heizöl befinden, mit dem wir der drohenden Brennmaterialnot an einigen Stellen abzuhelfen hoffen. Desgleichen hoffen wir in erhöhten Mengen Benzin für unsere Motore hereinzubekommen.

Freilich steht der Grundstoff unserer wichtigsten Brennmaterialien nicht in wünschenswertem Maße zur Verfügung, und die Lieferungen an die Entente nehmen uns von dem Reste, der uns verbleibt, noch ein erhebliches Stück weg. Man hat in der Steigerung der Kohlenförderung vielleicht etwas spät begonnen, weil man vielleicht etwas zu viel Gewicht auf das richtige Abstimmen der Zahlenverhältnisse in irgend welchen Kohlenräten, Kohlenverbänden und sonstigen Körperschaften gelegt hat und das so lange, bis es für die wirkliche Kohle ein wenig spät geworden war. — In gemeinsamer Arbeit mit dem Reichsarbeitsministerium hat das Reichswirtschaftsministerium eine

Reihe von Maßnahmen zur Erhöhung der Kohlenförderung teils bereits begonnen, teils in Aussicht genommen, die ich wie folgt umreißen kann:

Die Braunkohlenförderung bietet die verhältnismäßig leichtere Möglichkeit der Brennstoffverbesserung. Sie kann auch durch ungelernte Arbeiter gehoben werden. Diese Hebung der Förderung ist bereits in umfangreichem Maße in Gang gekommen, und die Wirkung beginnt sich bereits zu zeigen. Neue Felder werden in Angriff genommen werden. Im übrigen ist die Brennstoffversorgung eine Frage der Arbeitskraft, der Arbeitsleistung und des Transportes. Die Heranziehung der geeigneten Arbeitskräfte wird aus den heimkehrenden Kriegsgefangenen, aus den in andere Berufe abgewanderten Bergarbeitern, aus Mannschaften der Reichswehr und aus sonstigen geeigneten Personenkreisen in diesem Augenblick organisiert. Hierfür sind besondere Kommissare gewonnen worden. Die Vermehrung der Arbeitskräfte wird wegen der verkürzten Arbeitszeit im Bergbau dauernd sein müssen. Damit wird sie zu großen Teilen eine Frage der Unterbringung. Dafür ist für die erste Zeit ein Barackenbau organisiert worden. Für weiterhin wird der Arbeiterwohnungsbau auf einer größeren Basis in Angriff genommen werden, als er bisher wohl jemals unter einheitlicher Leitung begonen worden ist.

Die Förderung steigt, aber leider steigt noch nicht der Transport. In den Händen der Eisenbahner und insbesondere der Arbeiter in den Betriebswerkstätten liegt das Schicksal der deutschen Wirtschaft in den nächsten Monaten. Alle anderen Arbeiterschichten der wichtigsten Grundstoffindustrien haben ihr Arbeitsergebnis gesteigert; nur dort hapert es noch. Und eben das ist bedenklich. Bleibt es bei der Minderleistung, so sind unausbleiblich: Betriebseinschränkungen, Betriebszusammenlegungen und Verschiebungen der Arbeitskräfte, insbesondere auch in große Notstandsarbeiten. Die größte der Notstandsarbeiten wird der Wiederaufbau in Belgien und Nordfrankreich sein. Dorthin werden die Arbeitskräfte gelenkt.

Die Vorbedingung jeder Wirtschaftspolitik nach außenhin hin ist zunächst die Wiedergewinnung sicherer Grenzen. Bleibt das Loch im Westen offen, und wäre es auch nur durch Militärtransporte, so ist Deutschlands Wirtschaftspolitik und damit Deutschlands Volksvermögen der Hand jeden Schiebers preisgegeben, der sich an ungerechtem Gut bereichern will. Alle unsere Vorschriften über Ein- und Ausfuhr, über Beschlagnahme und Rationierung gelten im Westen nicht. Da die Tatsache in weiten Kreisen noch nicht bekannt ist, führt sie zu den merkwürdigsten Vorwürfen gegen die Regierung. So wirft man z. B. der Regierung vor, daß Kaffee in großen Mengen hereinströmt, denn man weiß nicht, daß die Einfuhr von Kaffee ohne Genehmigung der Wirtschaftsstelle für Kaffee und Tee verboten ist. Diese Wirtschaftsstelle ließ nur kleine Mengen herein. Aber über das besetzte Gebiet strömten die Kaffeemassen frei herein, überdies zu übermäßig hohen Preisen, und das deutsche Geld ist hinausgeströmt. Deswegen hat schließlich die Wirtschaftsstelle erleben müssen, daß sich einfach der Einfuhrort von unseren bisherigen natürlichen Handelsplätzen an die Plätze des Schieberhandels verschob. Ebenso wie unkontrolliert eingeführt wird, wird unkontrolliert aus den besetzten Gebieten ausgeführt. Und so hat sich der traurige Zustand ergeben, daß das Leder trotz der enormen Preissteigerung im Binnenlande und trotz unseres schreienden Mangels von deutschen Fabriken nach England verkauft worden ist. Es wird im Augenblick wegen dieser unhaltbaren Zustände verhandelt, aber es bleibt die Befürchtung, daß Militärtransporte die Lage im besetzten Gebiete dauernd schwer machen können.

Mit Rücksicht auf unsere Valuta wäre eine genaue Kontingentierung der ganzen Einfuhr erwünscht. Sie war bisher nicht möglich, wir rechnen damit, daß sich nunmehr eine Art natürlicher Kontingentierung durch die begrenzte Kaufkraft Deutschlands durchsetzen wird. Es soll jedoch das System der Ein- und Ausfuhrbewilligung grundsätzlich nicht aufgegeben werden. Im übrigen soll aber die geschwächte Kraft der staatlichen Kontrolle auch hier auf diejenigen Punkte konzentriert werden, wo das hauptsächliche nationalwirtschaftliche Interesse liegt. So gedenken wir die Ein- und Ausfuhrpolitik etwa nach folgenden Gesichtspunkten zu handhaben:

Freies Hereinlassen der nicht rationierten Lebensmittel, soweit sie unbedingt notwendig sind und derjenigen Industrierohstoffe, welche unsere Industrie zur Verarbeitung und zur Beschäftigung ihrer großen Arbeitermassen gebraucht, d. h. in größtem Maßstabe muß Deutschland wieder ein Veredelungsland werden, und es sind schon Verträge mit manchen Industrien abgeschlossen, welche festsetzen, daß eine bestimmte Menge der eingeführten Ware für die Wiederausfuhr bereitgestellt werden muß. Durch seine Arbeit wird sich auf diese Weise Deutschland die Erhöhung seiner Einfuhrmöglichkeit erkaufen. Dieser Veredelungsverkehr wird in den verschiedensten Formen zurzeit durchgeführt und insbesondere auch durch Zollerleichterungen begünstigt. Zentralisierung der Einfuhr empfiehlt sich hier bei denjenigen Rohstoffen und Lebensmitteln, in denen das Ausland uns einen geschlossenen Verkäufertrust entgegenstellt. Dagegen beabsichtigen wir möglichste Zurückdämmung der Fertigfabrikateinfuhr, soweit die Fabrikate in Deutschland hergestellt werden können und möglichste Erschwerung und geradezu Unterbindung der Luxuseinfuhr. Beschlagnahme und Zuweisung wird sich zunächst nur bei den wenigen rationiert bleibenden Waren empfehlen.

Die umgekehrte Politik bei der Ausfuhr: Hier empfiehlt sich Verhinderung des Exports notwendiger Rohstoffe, Halbfabrikate oder Lebensmittel, dagegen Steigerung der Ausfuhr an Fertigfabrikaten. Man kann die deutschen Industrien und den Kaufmann nicht nachdrücklich genug darauf hinweisen, daß er bei der Preisstellung für Fertigfabrikate im Auslande die gesunkene Valuta in voller Höhe berücksichtigen muß. Es wird immer noch viel zu billig ans Ausland verkauft. Anderseits kann man darum nicht verlangen, daß die Behörden jedes Paket Stecknadeln und jeden Damenhut, der etwa ins Ausland geht, nun auf die Preiswürdigkeit prüfen sollen. Für einen Teil der Industrie haben sich organisch aus ihrem ganzen Wesen heraus die Außenhandelsstellen gebildet, und man hat dann versucht, solche Stellen schematisch auf alle möglichen Industrien auszudehnen. Die Folge war eine vom Handel viel beklagte Erschwerung der Ausfuhr durch eine Preisprüfung, die umgekehrt orientiert war als die sonstige. Während man sonst Preisprüfungen im Lande nur in der Richtung niedriger Preise kennt, war diese Preisprüfung auf hohe Preise gerichtet. Diese Preisprüfungen allein können nicht der Anlaß einer Erschwerung der Ausfuhr sein. Auf lange hinaus sind wir darauf angewiesen, ein exportierendes Land zu sein. Es kommt deshalb darauf an, daß deutsche Waren in möglichst großem Umfang die Märkte des Welthandels wieder erreichen und gewinnen. Bei allen deutschen Luxusindustrien wird beabsichtigt, durch eine gesetzgeberische Maßnahme die Bevorzugung von Auslandsaufträgen gegenüber Inlandsaufträgen zu ermöglichen.

Die Durchführung der Ein- und Ausfuhrfrage ist technisch so gedacht, daß die Einfuhr grundsätzlich verboten wird. Für Rohstoffe und Halbfabrikate, die genau bezeichnet werden, wird eine Freiliste aufgestellt. Die Ausfuhr wird grundsätzlich erlaubt. Es wird aber für Lebensmittel, Rohstoffe und Halbfabrikate eine Verbotsliste aufgestellt.

Im übrigen ist es unser dringender Wunsch, zu allen Staaten, insbesondere auch zu den neugebildeten Randstaaten des Ostens in geregelte handelspolitische Beziehungen zu kommen und den Austausch, auf den wir mehr als früher angewiesen sein werden, nach aller Möglichkeit zu begünstigen. Die Hemmungen, welche aus dem Friedensvertrage für uns daraus erwachsen, daß wir automatisch jedem Ententestaat jedes einem anderen Staat gewährte Vorrecht einräumen müssen, müssen in den Kauf genommen und gegebenenfalls durch entsprechende Abkommen ergänzt werden. Wir werden ohnehin wahrscheinlich in Zukunft eine Einfuhrpolitik der Industrieverbände treiben müssen. Der Kredit des Einzelnen wird nicht ausreichen. Es wird ein Gemeinschaftskredit aller Voraussicht nach notwendig werden. Der Kreditgeber wird aber, wie immer die äußere Form der Handelspolitik sich gestalten möge, der tatsächliche Lieferant Deutschlands in den nächsten Jahren sein. Welche besonderen Abkommen mit den einzelnen Staaten und Ländern künftig zu schaffen sein werden, läßt sich noch nicht übersehen. Gewiß ist aber, daß der Naturaltausch und vor allem der Tausch Ware gegen Arbeit in allen unseren Erwägungen eine ausschlaggebende Rolle spielen muß.

Die ganze Durchführung der deutschen Wirtschaftspolitik wird überdies künftig nicht mehr allein bei Regierung und dem politischen Parlament liegen. Die Verfassung sieht die Berufung eines Reichswirtschaftsrats vor. Da der Reichsarbeiterrat und die entsprechende Unternehmerorganisation noch nicht dasteht, die ganze wirtschaftliche Lage aber die baldigste Mitwirkung eines sachverständigen mitschaffenden Körpers dringend erforderlich macht, so ist der Entwurf eines vorläufigen Reichswirtschaftsrats ausgearbeitet und geht demnächst den Ländern zu.

Bevor dieser Wirtschaftsrat berufen ist, hat der Reichswirtschaftsminister für sein Amt einen Wirtschaftsrat berufen, der irrigerweise in der Öffentlichkeit mit dem Reichswirtschaftsrat, welcher demnächst berufen werden soll, verwechselt wird. Der vorbereitende Wirtschaftsrat wird die in der Verfassung vorgesehenen Rechte haben, insbesondere wirkt er beim Aufbau der in der Verfassung vorgesehenen Bezirkswirtschaftsräte mit. Ihm sollen sozialpolitische und wirtschaftspolitische Gesetzentwürfe von grundlegender Bedeutung von der Reichsregierung vor ihrer Einbringung zur Begutachtung vorgelegt werden, und er hat das Recht, selbst solche Gesetzvorlagen zu beantragen. Der vorbereitende Reichswirtschaftsrat kann zur Behandlung wirtschafts- und sozialpolitischer Fragen ständige Ausschüsse bestellen, die von den zuständigen Ministerien zu hören sind, bevor grundlegende Verordnungen auf Grund der von diesen Ministerien unmittelbar auszuübenden Rechte erlassen werden. Es ist vorgesehen, daß bei Auseinandergehen der Meinung von Regierung und Reichswirtschaftsrat der Reichswirtschaftsrat an die Nationalversammlung unmittelbar berichtet.

Dieses Parlament der Arbeit, über dessen Zusammensetzung alsbald nach Besprechung mit den Regierungen Vorschläge der Öffentlichkeit unterbreitet werden sollen, wird eine Neuerscheinung im wirtschaftspolitischen Dasein Deutschlands darstellen. Wir hegen die Hoffnung, daß es, losgelöst ebensosehr von den Zufälligkeiten der politischen Parteiungen, wie unterstützt durch das höchste im Reiche vorhandene Sachverständnis, zu einer gedeihlichen und weitblickenden Wirtschaftspolitik Mittel und Grundlage sein wird.

Geschäftsverteilungsplan des Reichswirtschaftsministeriums vom 15. 8. 1919*

Minister Schmidt

Dem Minister zur persönlichen Verfügung zugeteilt:

Referenten: Dr. Loewe
(zugleich Mitreferent in allen das Reichswirtschaftsministerium betreffenden Angelegenheiten),
Dr. Staudinger

Dem Minister unmittelbar unterstellt:

a) *Sektion Pers.* (Personalchef)
Leiter: Nehring, Reg. Rat

1. Personalien der höheren Beamten und Angestellten, Geschäftsverteilung, Geschäftsgang
Referent: Nehring, Reg.-Rat

2. Personalien der mittleren Beamten und Angestellten
Referent: Bürodirektor Feder

3. Personalien (einschließlich Gehaltsfragen) bei den unterstellten Kriegsstellen und Kriegsgesellschaften, Aufsicht in persönlicher Beziehung in Verbindung mit den Fachsektionen
Referent: Bergmann, Reg. Rat
Mitreferenten:
Köhler, Amtsrichter, Düring, Gerichtsassessor, Bernard, Gerichtsassessor

4. *Sachliche Aufsicht* über die Kriegsstellen und Kriegsgesellschaften (Geschäftsführung und finanzielle Fragen) in Verbindung mit den Fachsektionen
a) betr. Ernährungswirtschaft
Teil I. Ref. Köhler, Amtsr.
Teil II. Ref. Düring, Ger. Ass.
Teil III. Ref. Bernard, Ger. Ass.
Teil IV. fehlt
b) sonstige
Mitreferent zu a) und b) Dr. Cassau

5. *Allgemeine* Gehaltssachen der Kriegsstellen und Kriegsgesellschaften sowie sonstige *allgemeine Angelegenheiten*, betreffend das Arbeitsverhältnis der Angestellten bei den Kriegsorganisationen (Angestelltenbewegung) Verkehr mit der Mietszentrale der Kriegsorganisationen

Referent: Köhler, Amtsrichter

zu 1) bis 5) für Angelegenheiten, die die Verhältnisse der Angestellten und der im Arbeitsverhältnis tätigen Personen im Reichswirtschaftsministerium sowie der unterstellten Ämter, Kriegsstellen und Kriegsgesellschaften betreffen
Mitreferent: Rupprecht

---

* RM 7891. R 43 I/925 fol. 15—32. (BA). — Ungedruckt.

6. *Allgemeine* finanzielle Angelegenheiten der Kriegsgesellschaften (u. a. Steuerfragen, Beziehungen zur Reichsfinanzverwaltung (abgesehen von Etatsfragen) Referent: Düring, Ger.-Ass.

7. *Zuständigkeitsfragen* des Ministeriums, Überleitung anderer Behörden an das Reichswirtschaftsministerium, Personalien der vom Demobilmachungsministerium und der Kriegsrohstoffabteilung übernommenen Beamten und Angestellten. Referent: Dr. Feldbausch, Bezirksamtsassessor

b) *Diktatorischer Ausschuß für Einfuhr, Ausfuhr und Durchfuhr*

Vorsitzender: Minister
Mitglieder: Unterstaatssekretär Major Keim als Leiter der Sektion E, Geheimer Ober-Regierungsrat Pilger als Dirigent der Abteilung II, Geheimer Regierungsrat Meisinger als Reichskommissar für Aus- und Einfuhr, Direktor Pritschow als Kommissar des diktatorischen Ausschusses für Lebens- und Futtermittel, Dr. Kreuter als Kommissar des diktatorischen Ausschusses für Rohstoffe und Fabrikate, zugleich Vertreter des Reichsfinanzministers beim diktatorischen Ausschuß.
Dem diktatorischen Ausschuß unterstehen die Kommissare für die Bearbeitung der Einfuhr-, Ausfuhr- und Durchfuhrgeschäfte, sowie der kaufmännischen Wirtschaftsabkommen. Ihnen liegt die Durchführung der Beschlüsse des diktatorischen Ausschusses ob.

1. Kommissar für Lebens- und Futtermittel: Direktor Pritschow
Referenten: Dr. Hirschfeld, Direktor von Haas, Tenzer, Dr. Kuhn, Franzen, Kohl, Hilfsreferent: Salzmann

2. Kommissar für Rohstoffe und Fabrikate: Dr. Kreuter
Referenten: Bezirksamtmann Mahnke, Direktor Schall, Justizrat Carlebach, Dr. Pilder, Dr. Woller, Rieckeheer
Hilfsreferent: Grande

c) *Auskunftsreferat:*

Referent: Dr. Feldbausch, Bez.-Amts.-Ass. (Aufsicht über die Auskunftsstelle)

Unterstaatssekretär A

Dem Unterstaatssekretär A unmittelbar unterstellt:

a) Sektion E

Leiter: Keim, Major
Einfuhr, Ausfuhr und Durchfuhr, insbesondere wirtschaftspolitische Fragen und Verwaltungsfragen auf diesem Gebiet (generelle Verbote, Beschränkungen), wirtschaftliche Einzelabkommen, soweit das Reich oder eine Reichsstelle als Geschäftskontrahent in Frage kommt.
Wiederanbahnung kaufmännischer Beziehungen zum Auslande, kaufmännische Unternehmungen ausländischen Kapitals in Deutschland.

Gruppe A

Lebens-, Genuß- und Futtermittel

1. Einfuhr-, Ausfuhr- und Durchfuhrangelegenheiten mit Rußland (ohne Finnland), Litauen, Polen, Posen und den weiteren Abtretungsgebieten im Osten, Tschecho-Slowakei, Italien, Asien (ohne Niederländisch-Indien), Afrika.
Allgemeine Angelegenheiten der Z.E.G., der Reichseinfuhrstellen für Lebens- und

Futtermittel und deren Auslandsvertretungen; Grenzkontrolle; Einfuhrzentrale; Reichskommissariat für Aus- und Einfuhrbewilligung.
Referent: Bezirksamtmann Dr. Kisslinger
(mit Zeichnungsrecht bei nichtsachlichen Entscheidungen).

2. Einfuhr-, Ausfuhr- und Durchfuhrangelegenheiten mit Holland, Schweiz, Amerika: Ausführung des Trierer, Spaaer und Brüsseler Abkommens bezüglich der Lebensmittellieferungen. Ausführung der sich aus dem Friedensvertrag ergebenden einschlägigen Geschäfte.
Allgemeine Fragen der Ein- und Ausfuhr.
Referent: Bezirksamtmann Merz
(mit Zeichnungsrecht bei nichtsachlichen Entscheidungen)

3. Einfuhr-, Ausfuhr- und Durchfuhrangelegenheiten mit England, Dänemark, Schweden, Norwegen, Finnland, Belgien, Luxemburg, Frankreich, Spanien, Portugal, Australien, Ozeanien, Niederländisch-Indien.
Referent: Amtsrichter Dr. Meyer
(mit Zeichnungsrecht bei nichtsachlichen Entscheidungen)

4. Einfuhr-, Ausfuhr- und Durchfuhrangelegenheiten mit Deutsch-Österreich, Ungarn, Jugoslavien, Serbien, Rumänien, Bulgarien, Türkei, Ukraine.
Schmuggelangelegenheiten, Prisensachen.
Referent: Regierungsassessor von Windheim
(mit Zeichnungsrecht bei nichtsachlichen Entscheidungen)

5. Einfuhr-, Ausfuhr- und Durchfuhrangelegenheiten für *alle* Länder, betreffend Kaffee, Tee, Kakao, Südfrüchte, getrocknete Feigen, Gewürze.
Referent: Reg. Rat Reinshagen
(mit Zeichnungsrecht bei nichtsachlichen Entscheidungen)
Korreferent: Dr. Oster
Hilfsreferent: Gerichtsassessor Dr. Bruch

Gruppe B

Rohstoffe und Fabrikate

1. Allgemeine Fragen der Ein-, Aus- und Durchfuhr, Abbau der Ein- und Ausfuhrverbote und Beschränkungen. Reichskommissar für Aus- und Einfuhrbewilligung Außenhandelsstellen. Wirtschaftliche Einzelabkommen, soweit das Reich oder eine Reichsstelle als Geschäftskontrahent in Frage kommt. Austauschangelegenheiten. Wiederanknüpfung kaufmännisch-geschäftlicher Beziehungen mit dem neutralen und feindlichen Ausland. Deutsche Handelskammern im Ausland, u. a. Propagandamittel, Handelssachverständige. Verbindung mit Abteilung IV. Verbindung mit Auswärtigem Amt (Außenhandelsstelle). Durchführung der sich aus dem Friedensvertrag ergebenden einschlägigen Geschäfte.
Referent: Reg. Rat Dr. Sjöberg
(mit Zeichnungsrecht bei nichtsachlichen Entscheidungen)
Hilfsreferent: Gerichtsassessor Dr. Walter

2. Alle die Durchführung der Aus-, Ein- und Durchfuhrverbote betreffenden Verwaltungsangelegenheiten. Ausfuhrabgaben. Maßnahmen auf dem Gebiete der Aus-, Ein- und Durchfuhr im Verkehr mit den Abtretungs-, Abstimmungsgebieten. Maßnahmen und Behandlung der im neutralen Ausland für deutsche Rechnung lagernden Waren.
Referent: Gerichtsassessor Dr. Walter
(mit Zeichnungsrecht bei nichtsachlichen Entscheidungen)
Mitreferent: Reg. Rat Dr. Sjöberg

b) *General-Referat* P = Pressechef
Leiter: Grunwald
Pressedienst, pressepolit. Tätigkeit. Vertretung bei der Pressekonferenz. Persönl. Presseinformation des Ministers und Unterstaatssekretärs.
Referent: Grunwald
Beschaffung, Lesen und Verteilung der Tages- und gesamten Zeitschriftenpresse.
Hilfsreferenten:
Dr. Schwarz, Dr. Berger, Loewy, Röttger

c) Vertretung des Reichswirtschaftsministeriums in Versailles und bei der Kriegslastenkommission.
Referent: von Le Suire, Geh. Reg.-Rat.

Abteilung I: Dirigent Dr. Hirsch, Universitätsprofessor

Staatssekretär

General-Referat N. (Nachrichtenwesen, Denkschriften)

Leiter: Dr. Trendelenburg, Geh. Regierungsrat

1. Laufende Berichterstattung und allgemeine publikationspolitische Tätigkeit auf dem Gebiete von Kunst und Wissenschaft.
Referent: für Reichswirtschaftsminister: Dr. Trendelenburg, Geh. Regierungsrat

2. Verkehr mit den Parlamenten.
Referent: Dr. Trendelenburg, Geh. Regierungsrat

3. General-Referat (in Verbindung mit Fachsektion) für Förderung der anverwandten Wissenschaft (Forschungsinstitute) sowie der den Geschäftsbereich berührenden Kunst- und Bildungsbestrebungen.
Referent: Dr. Trendelenburg, Geh. Regierungsrat

4. Darstellung über die deutsche Kriegswirtschaft.
Referent: Prof. Skalweit
Hilfsarbeiter: Dr. Stange, Israel, Dr. Lautenbach, Rogowsky.

5. Herausgabe der wissenschaftlichen Hefte (Beiträge zur Kriegswirtschaft).
Referent: Dr. Skalweit, Universitätsprofessor

6. Monatsbericht an den Reichspräsidenten
a) über das Wirtschaftsleben
b) über die Ernährungslage.
Referenten: a) Sjoeberg, Regierungsrat, b) Dr. Cassau

Sektion I/1

Leiter: Dr. Schaeffer

Ständiger Stellvertreter: Huguénin

1. Rätefragen (einschließlich Berufsvertretungen).
a) Betriebsarbeiterräte, Bezirksarbeiterräte, Bezirksunternehmerräte, Reichsarbeiterrat und Verbindung mit dem Reichsarbeitsministerium.
Referent: Huguénin, Staatsanwalt
Mitreferent: v. Massenbach, Regierungsrat

b) Bezirkswirtschaftsräte, Reichswirtschaftsrat, Verbindung mit dem Preuß. Kommissar für Verwaltungsreform und den anderen Ländern.
Dr. Schaeffer, Rechtsanwalt
v. Massenbach, Regierungsrat

2. *Organisatorische und rechtliche Mitwirkung bei den Arbeiten der folgenden Fachsektionen*
Eisen und Metalle
Huguénin, Staatsanwalt. Dr. Friedländer, Assessor
Steine, Erden, Glas, Holz, Papier
Dr. Müller, Assessor. Huguénin, Staatsanwalt
Textilindustrie
Dr. Müller, Assessor. Dr. Friedländer, Assessor
Öle und Fette etc.
Dr. Müller, Assessor. Dr. Friedländer, Assessor
Chemie
Dr. Müller, Assessor. Dr. Friedländer, Assessor
Landwirtschaft
Dr. Müller, Assessor. Huguénin, Staatsanwalt
Kali
Dr. Friedländer, Assessor. Huguénin, Staatsanwalt
Kohle und Energiewirtschaft
Huguénin, Staatsanwalt. Dr. Friedländer, Assessor
Handel (Kolonialwaren usw.)
Huguénin, Staatsanwalt. Dr. Müller, Assessor

3. *Organisatorische Mitwirkung bei den Fragen des Wiederaufbaues in Belgien oder Frankreich.*
Dr. Schaeffer, R.-A., Dr. Friedländer, Assessor

Sektion I/1a

Leiter: Regierungsrat Jüngel

1. Allgemeine Fragen der volkswirtschaftlichen Organisation, Monopole, Syndikate.
Mallmann, Bezirksamtmann
Hilfsreferent: Frhr. v. Bechtolsheim

2. Sozialisierung und Kommunalisierung.
Mallmann, Bezirksamtmann

Sektion I/2

Leiter: Wessig, Major

Genossenschaften, Gewerkschaften, Arbeiterfragen, Arbeitsgemeinschaft, Abbau der Kriegsorganisationen

1. Genossenschaftswesen für Konsumgenossenschaften
Referent: Petersen
Mitreferent: Dr. Folz. Peine

2. Gewerkschaften und Arbeiterfragen in ihrer Bedeutung für die Produktionswirtschaft.
Dr. Folz. Fr. Martha Maaß

3. Verbindung mit Reichsarbeitsministerium.
Dr. Folz, Dr. Loewe, Fr. Martha Maaß

4. Arbeitsgemeinschaft und deren Fachausschüsse.
   Dr. Folz. Bernard, Assessor

5. Abbau der Kriegsgesellschaften.
   Bernard, Assessor.
   Dr. Folz, Köhler, Amtsrichter, Düring, Gerichts-Assessor

6. Organisation der Behörden.
   Feldbausch, Bezirksamts-Assessor. Dr. Cassau

Sektion I/3

Statistik, Archiv, Bibliothek

Leiter: Dr. Wagemann, Universitätsprofessor
Vertreter: Dr. Gelpcke, Geh. Regierungsrat

1. Statistisches Reichsamt
   Referent: Dr. Gelpcke, Geh. Regierungsrat

2. Allgemeine statistische Fragen, insbesondere auch statistische Friedensfragen und Statistik der fremden Staaten.
   Wagemann, Professor

3. Statistik der Lebensmittelversorgung der Städte (Rationen und Höchstpreise); Produktionsstatistik; Statistik der Kriegsorganisationen, der Erzeugerpreise und der Schleichhandelspreise.
   Dr. Soltau

4. Vorbereitung der Ernteerhebungen, Bevölkerungsstatistik, Statistik über Massenspeisungen, landwirtschaftliche Statistik.
   Weber, Bezirks-Amtmann

5. Statistik der Einfuhr und ihrer Verteilung.
   Wagemann, Professor

6. Verwertung der auf die Einfuhr bezüglichen Auslandsnachrichten, laufende Unterrichtung der an diesen Nachrichten beteiligten Referaten und Stellen.
   Dr. Kahle

7. Statistik des Auslands
   Dr. Vageler

8. Archiv, einschließlich Leitung des wissenschaftlichen Archivs und wirtschaftlichen Auskunftsdienstes.
   Dr. Croner, Dr. Nötzel, Regierungsrat

9. Bibliothek und Auskünfte
   Dr. Nötzel, Regierungsrat
   Wissenschaftliche Hilfsarbeiter der Sektion:
   Fabian, Katzenstein, Dr. Eppenstein, Dr. Pusch, Dr. Geiler, Evers, Dr. Löwenfeld

General-Referat 1/4

Bank- und Börsenwesen, einschließlich der die Reichsbank betreffenden Fragen, Hyp.-Banken, Scheck- und Münzwesen, Aktiengesellschaften, Gesellschaften m.b.H. und dergleichen, Steuern aller Art.
Referent: Dr. Ritter, Regierungsrat

Sektion I/5
(Treuhand- und Revisionswesen)

Leiter: Professor Hirsch

1. Revisionsorganisation innerhalb der Reichsstellen und Kriegsgesellschaften bezüglich Überwachung der angeschlossenen Betriebe; Preisfestsetzung der für das Reich einheitlich festgesetzten Preise.
   Referent: Direktor Susat

2. Kalkulationsrevision der Nahrungsmittelindustrie.
   Referent: General-Direktor Böker
   Hilfsreferent: Kretzschmar

3. Kalkulationsrevision der übrigen Gewerbezweige.
   Referent: Stursberg
   Hilfsarbeiter: Oncken, Schmidt

4. Revision der Kriegsgesellschaften und sonstigen Wirtschaftsverbände (auch Selbstverwaltungskörper).
   Referent: Dr. le Coutre

Sektion I/6
(Preisprüfung und Kriegswucher)

Leiter: N. N.

1. Verkehr mit Preisprüfungsstellen, Angelegenheiten der Preisprüfungsstellen. Preisbeobachtung der nicht für das Reich einheitlich festgesetzten Preise, Gutachten, betreffend diese Preise, Herausgabe der „Mitteilungen für Preisprüfungsstellen."
   Referent: Röhm, Bezirks-Amtmann
   Hilfsarbeiter: Dr. Döll

2. Erstattung kaufmännischer Gutachten über Preise und angemessene Aufschläge in allen Fällen, in denen diese durch nachgeordnete Behörden festgesetzt werden, über Fragen der übermäßigen Preissteigerung und sonstige allgemeine Preisprüfungsfragen.
   Referent: Röhm, Bezirks-Amtmann
   Hilfsarbeiter: Dr. Stern, Kaufm. Hencke, Dipl. Kaufm. Blumenau

3. Wucher- und Schleichhandelsbekämpfung. Rechtsfragen über Preisprüfungswesen (Korreferat zu 1.), Verkehr mit den Scheichhandels- und Wucherverfolgungsbehörden.
   Referent: Dr. Lehmann, Staatsanwaltschaftsrat
   Mitreferent: Kohl
   Hilfsarbeiter: Dr. Koeppel, Gerichts-Assessor, Dr. Luckow, Ref.

4. Landwirtschaftliche Preisprüfung.
   Referent: Dr. Lange

Abteilung II

Dirigent: Pilger Geh. O. Reg. Rat
dem Dirigenten unmittelbar zugeteilt Thürling, Ger. Ass.

Sektion II/1

Leiter: Dipl. Ing. Frhr. v. Buttlar

Vertreter: Lennheim, Reg. Baum. a. D.

Dem Sektionsleiter beigeordnet:
Reichsbevollmächtigter für Eisenwirtschaft Dr. Kind.

Eisen- u. Metallindustrie, Normalisierung

1. *Eisenwirtschaft* (Dachverband A)
   a) Eisenerze aller Art, auch Manganerze
   b) Roheisen, Schrott, Eisenlegierungen
   c) Edelstahl
   d) Erzeugnisse des Stahlbundes
   e) Eisen- und Röhrenguß
   Mitreferent
   Dipl. Ing. Heurich
   Dir. Fritz Weber
   v. Czarlinsky
   Referent
   Dr. Imhoff, Reg. Rat
   Vertreter: Dir. Fritz Weber

2. *Wirtschaft der Eisen- und Metall-Fertigerzeugnisse* (Dachverband C)
   a) Maschinen und Apparate
   b) Fahr- u. Flugzeuge
   c) Schiffe u. Schiffsmaschinen
   d) Eisenbauten
   e) Kleineisenwaren u. Waffen
   f) Elektrotechnik
   g) Feinmechanik u. Optik
   h) Metallwaren
   i) Uhren
   k) Spielwaren
   l) Tonwerkzeuge
   Mitreferent
   Dipl. Ing. Free, ber. Ref.
   Hilsmann, ber. Ref.
   Dipl. Ing. Weber
   Dr. Sauer, Ger. Ass.
   Referent
   Lennheim
   Vertreter: Dipl. Ing. Weber

3. *Normalisierung der gesamten Industrie*
   Typisierung
   Spezialisierung
   Betriebsorganisation
   Mitreferent: Dipl. Ing. Heurich
   Referent: Ruelberg, Reg. Baum.

4. *Wirtschaftl. Verbände u. Statistik*
   Referent: Dipl. Ing. Franz Weber

5. *Reichskommissar für Eisen- und Stahlerzeugung*
   Dasbach
   Referenten: Freitag, Röllecke

6. *Reichskommissar für Eisen- u. Metall-Fertigerzeugung*
   Mitreferent: Dr. ing. Koenemann
   Vertreter: Geh. Rat Toep
   Referent: Blaurock, Dipl. Ing. Kautsky, Weichardt
   Hilfsarb.: Woytt, Gothe

7. *Kommissar des R. Wirtsch. M. bei Eisenzentrale u. Manganerzges.*
(Regensburgerstr. 26), Dr. Imhoff, Reg. Rat

8. *Kommissar des R. Wirtsch. M. beim Stahlbund und Roheisenverband Düsseldorf*
(Stahlhof), Kloeckner

9. *Kommissar des R. Wirtsch. M. für Erzversorgung Düsseldorf*
Königsallee 62 II, Hiby, Bergass. a. D.
Bruehl, Beimel, Dr. Ferfer

Sektion II/1 M

(W 9, Potsdamerstr. 10/11)
Leiter*: Dr. Hertel, Geh. Reg.-Rat
Vertreter: Scheible

Metallwirtschaft (Dachverband B)

Kupfer, Aluminium und ihre Legierungen,
Zink,
Blei,
übrige Sparmetalle ausgen. Stahlhärtungsmittel,
Edelmetalle und Waren daraus einschl. Schmucksachen
Referenten: Scheible
Hilfsref.: Börner, Berg-Referendar

Reichskommissar für Metallwirtschaft
Referenten: Adler, Franke, Mendelsohn, Kaiser
Hilfsarb.: Geiseler, Hönicke, Voigt, Wiegler, Zahnke

Sektion II/2

Leiter: Pfundtner, Geh. Reg.-Rat
Vertreter: Wieneke, Bezirksamtmann

Steine, Erden, Papierholz, chem. und mech. Bearbeitung des Holzes

Steine, Erden (außer Phosphat, Monazitsand, borhalt. Gesteinen) und Erzeugnisse daraus (außer Farben)
Wegbau- und Werksteine, Granit, Marmor, Serpentinsteine und Alabaster, Edelsteine
Glas und Glaswaren, Porzellan
Graphit
Reichsstelle für Zement
Referent: Thürling, Gerichtsassessor

Papierholz, Zellstoff, Holzstoff
Reichsstelle für Papierholz
Papierholzbeschaffungsstelle
Zentralausschuß der Papier-, Pappen-, Zellstoff- und Holzstoff-Industrie
Referent: Dr. Feßler, Regierungsassessor

---

* In Fällen, in denen eine Entscheidung des Abteilungsdirektors, Unterstaatssekretärs oder Ministers herbeigeführt werden muß, ist der Leiter der Sektion II/1 zu beteiligen.

Papier, Pappe und Waren daraus (Abschn. 11, 12 Zolltarifs) ohne Roh- und Dachpappe
Reichsstelle für Druckpapier
Reichsausschuß für Druckgewerbe, Verlag u. Papierverarbeitung
Reichskommission zur Sicherstellung des Papierbedarfs
Kriegswirtschaftsstelle für das deutsche Zeitungsgewerbe
Reichsausschuß für das Papierfach
Referenten:

a) für Druckpapier sowie für Angelegenheiten des Druck- und Verlagsgewerbes: Dr. v. Drygalski, Gerichtsassessor
b) für alle anderen Papiere und Papierwaren: Reinicke, Gerichtsassessor

Horn und Bein
Waren der Abschn. 8 A u. B. 9, 10 A. u. D. Zolltarifs und der dazugehörigen Rohstoffe sowie photographische Platten, Roh- und Dachpappe außer Rohzelluloid und Rohfilms
Kriegsausschuß der Roh- und Dachpappenindustrie
Referent: Reinicke, Gerichtsassessor

Holzwaren, Kork und Korkwaren (Abschn. 10 B u. C u. Tarif Nr. 90 Zolltarifs)
Referent: Wieneke, Bezirksamtmann

Nebenstelle der Sektion II/2

Korkwirtschaftsstelle
Leiter: Dr. Pohl, Rechtsanwalt

Sektion II/3

Leiter: Lange
Vertreter: Hagemann Geh. Reg.-Rat

Beschaffung sowie chem. u. mech. Bearbeitung der Faserstoffe einschl. Stapelfaser u. Zellstoff

Zentralgruppe (Z)

Fragen der gesamten Textilwirtschaft
Reichsstelle für Textilwirtschaft
Deutsch-Oriental. Handelsges.
Europ. Handelsges.
Referenten: Mitarbeiter u. Referent für Textilforsch.: Dr. Ostersetzer

Fachgruppen

(W) Wolle, Tierhaare, Borsten, Torffaser
ber. Referent: Schönbach
Referent: Dr. Kleckow Reg.-Ass.

(Ba) Baumwolle
ber. Referent: Dyckhoff
Referent: (einstw. Dr. Kleckow Reg.-Ass.)
Hilfsreferent: Ger.-Ass. Neubauer

(Bast) Bastfaser (Jute, Hanf, Flachs, Ramie, Seilerfaser, Kokosfaser u. einheim. Ersatzfasern z. B. Nessel, Typha, Cinster, Hopfen)
Ersatzspinnstoffe (Papiergarn, Spinnpapier, Zellstoffgarne)
ber. Referent: Stolzenburg Prof.

(S) Seide
ber. Referent: Künne

(St) Kunstseide u. Stapelfaser
ber. Referent: Dauber

(K) Kunstspinnstoffe u. Stoffabfälle
ber. Referent: Quandt
Referent: Dr. Kleckow Reg.-Ass.

(Web) Verwertung von Web-, Wirk- u. Strickwaren
Reichsbekleidungsstelle
Reichstextil-A. G.
Referent: Dr. Finkenwirth
Hilfsreferent: Dr. Letzel

Prüfungsgruppe (Pr)

Referenten: Dr. Hömberg Prof., Dr. Frederking

Sektion II/4

Leiter: Dr. Bachem, Geh. Reg.-Rat

Gerbstoffe, Häute, Leder, Gummi, Asbest
Harze, pflanzl. u. tier. Öle und Fette, Tabak

Kautschuk, Guttapercha, Gummi, Balata, Asbest u. dgl., auch Waren daraus, Harze, Kopale, Gummiharze, Harzlösungen, Lacke, Lackfarben, Terpentinöl, Kienöl, Harzöl, Pflanzenwachs, Leimleder, Leimbrühe, Gelatine, Leim u. sonst. Klebstoffe, Köselab, Kasein, Knochenentfettung
Kautschuk-Abrechn.-Stelle, Fachausschuß der Kautschukindustrie, Reichsabrechn.-Stelle der deutsch. Lackfabrikanten, Kriegsausschuß für Ersatzfutter, Zellkoll G. m. b. H.
Referent: Dr. Willecke, Ger.-Ass.
Hilfsreferent für Kautschuk: Nürnberg
Kaufm. Hilfsarbeiter: Creutzberg

Gerbstoffe, Rauchwaren u. Felle zur Pelzwerkbereitung, Vogelbälge, Häute, Felle, Leder
Reichslederstelle, Zentralausschuß der Lederwirtschaft, Gutachterkommission für Lederhöchstpreise, Überwachungsausschuß der Lederindustrie, Deutsche Leder A. G., Reichslederhandelsges. Sattlerledergesellsch.
Referent: Brandes
Mitreferent: Halven, Ger.-Ass.

Lederwaren, Treibriemen, Schuhwaren, Ledererersatzstoffe
Reichsstelle für Schuhversorgung, Riemenfreigabestelle, Gutachterkommission für Schuhwarenpreise, Ersatzsohlen Ges., Überwachungsausschuß der Schuhindustrie, Hauptverteilungsausschuß des Schuhhandels, Verband deutscher Ledertreibriemenfabrikanten
Referent: Thurmann, Bürgermeister
Mitreferent: Dr. Klinghardt, Ger.-Ass.

Ölsaaten u. Ölfrüchte, pflanzl. u. tier. Öle und Fette, Margarine u. sonst. Fette zum Genuß, Seife, Waschmittel, auch fettlose, Ölfirnisse, Ölfarben, Ölkitt, Wachstuch, Linoleum, Ledertuch

Reichsausschuß für pflanzl. u. tier. Öle u. Fette, Wirtschaftsgesellsch. der deutsch. Ölmühlen, Margarineverband, Überwachungsausschuß der Seifenindustrie, Seifen-Herstell. u. Vertriebsgesellsch.
Referent: Dr. Peters, Geh. Reg.-Rat
Mitreferent: Dr. Lind, Ger.-Ass.

Tabak u. Tabakerzeugnisse, deutsche Tabakhandels-Ges. von 1916 Bremen, deutsche Tabakhandels-Ges. von 1916 Abt. Inland Mannheim, Zigarettentabak-Einkaufs-Ges., Tabak-Verwert.-Ges. d. Zentrale f. Kriegslief. von Tabakfabrikaten
Referent: Harbig, Reg.-Rat

Sektion II/5

Leiter: Waldeck, Geh. Reg.-Rat.
Vertreter: für A Chemie Dr. Jacobi, Ger.-Ass., für B Mineralöle Dr. Mojert, Ger.-Ass. a. D.

Chemie und Mineralöle

A. Chemie

Referat 1

allg. Fragen der Bewirtschaftung u. Organisation, Mitwirkung beim Beschlagnahmewesen u. bei Höchstpreisen, Ein- u. Ausfuhr, Kohle und Transporte, Statistik, Zündhölzer, Druckfarben, Bunt- u. Mineralfarben, Farbhölzer, künstl. Süßstoffe, Verwertung der chem. Räumungsgüter
Chemikalien Akt.-Ges.
Referent: Dr. Jacobi
Mitreferent: Tils, Dr. Schering

Referat 2

Sprengstoffe, Pulver, Chlorate, flüss. Gase, Kampfer, Äther, Spiritus (s. auch IV L 1), Chlor, Salzsäure, Sulfat, Schwefel, Schwefelsäure, Schwefelkies, Salpetersäure, Rohzelluloidindustrie (s. II/2), Industrie der unbelichteten Filme, anorg. Chemikalien u. deren Rohstoffe soweit nicht anderweitig genannt
Zentralstelle für Sulfatverteilung, Protol-Ges. in Liqu.
Referent: Dr. Supan

Referat 3

Stickstoff u. Stickstoffverbindungen, Carbid, Soda u. Ätzalkalien, Pottasche, Elektroden, Phosphor, pharm. Erzeugnisse u. deren Rohstoffe, Brom, äther. Öle, Riechstoffe, org. Farbstoffe u. deren Zwischenprodukte, Holzverkohl. Produkte, Borax, Chrom, org. Chem. u. deren Rohstoffe, soweit nicht anderw. gen.
Zentralstelle für Ätzkalien u. Soda
Referent: Bieber Geh. exp. Sekr.
Hilfsref.: Dr. Schering

B. Mineralöle

Referat 0

Erdöle, Teeröle u. and. aus Braunkohle, Schiefer, Torf oder and. bituminösen Stoffen gewonnene flüssige Kohlenwasserstoffe, soweit sie zu Beleuchtungs-, Brenn-, Schmier-, Heiz-, motorischen u. Ausziehungszwecken dienen, Paraffin, Ceresin, Ozokorit, Montanwachs, Vaselin, Petrolkoks, Pech, Kleinbeleuchtung
Zentralstelle für Petroleumverteilung, Mineralölversorg.-Ges. (mit angeglied. fr. Betriebsstoffabt. der Kraftfahrtruppen)
Referent: Dr. Mojert Ger.-Ass. a. D.
Mitreferent: Dr. Sohn

Sektion II/6

Leiter: Brecht, Reg.-Baumstr.

Energieversorgung, Kohle

Ausnutzung der Energiequellen. Brennstoff-, Elektrizitäts- und Wasserwirtschaft im allgemeinen. Gesetzliche und Verwaltungsmaßnahmen, betreffs Energieversorgung
Referent: Brecht, Reg.-Baumstr.
Mitreferent: Lüttig, Ger.-Ass.

Gasanstalten (ohne Teer, Teererzeugnisse und Mineralöle), Wasserwerke, Elektrizitätswerke, Arbeitsgebiet der Abteilung für Elektrizität und Gas beim Reichskommissar für die Kohlenverteilung
Referent: Brecht, Reg.-Baumstr.
Mitreferent: Lüttig, Ger.-Ass., Carney, Ing.

Bearbeitung und Ausführung des Kohlenwirtschaftsgesetzes, Bildung der Kohlensyndikate, des Reichskohlenverbandes und der sonstigen Stellen der neuen Kohlenorganisation, Überführung des Reichskohlenkommissariats in die neue Kohlenwirtschaft. Bildung und Ausbau von Kohlenwirtschaftsstellen in den einzelnen Bezirken.
Referent: Köngeter, Gen.-Dir.
Mitreferent: Lüttig, Ger.-Ass., Berner, Bergass.

Bergbauliche und Bergarbeiterangelegenheiten, Maßnahmen zur Steigerung der Kohlenförderung, Bildung und Überwachung von Ausgleichskassen in den Revieren, Kohlensteuer oder andere Abgaben aus der Kohlenwirtschaft, Laufende Angelegenheiten, betr. Kohle, Kokereien. Arbeitsgebiet der Abteilung Kohle beim Reichskommissar für die Kohlenverteilung.
Referent: Berner, Bergass.
Mitreferent: Köngeter, Gen.-Dir.

Gesetzgebung über Privatregale und unverritzte Felder
Referent: Berner, Bergass.
Mitreferent: Lüttig, Ger.-Ass.

Kohlenpreise
Referent: Jung, Syn. Dir. a. D.
Mitreferent: Berner, Bergass.

Technisch-wirtschaftliche Fragen der Kohlenverwendung und Kohlenersparnis
Referent: Brecht, Reg.-Baumstr.
Mitreferent: Köngeter, Gen.-Dir.

Torf
Referent: Jung, Syn. Dir. a. D.
Mitreferent: Lüttig, Ger.-Ass.

Sachverständiger für das Kohlenwirtschaftsgesetz
Referent: Herbig, Bergrat.
Bei allen rechtlichen Fragen hat Herr Lüttig mitzuwirken und mitzuzeichnen.

Abt. III

Direktor von Jonquières, Wirklicher Geheimer Rat

Sektion III/1

Leiter: Rühe, Geheimer Regierungsrat
Hilfsreferent: Thürling, Gerichtsassessor

Allgemeine Beamtensachen, Angestelltenbewegung, betr. Angestellte der Behörden
Referent: Freiherr v. Bibra, Regierungsrat

Personalien der Beamten und Angestellten, soweit nicht Personalchef zuständig, Mitbearbeitung der Personalien der nachgeordneten Ämter, für Angestellte
Referent: Freiherr v. Bibra, Regierungsrat
Mitreferent: Rupprecht

Kassensachen, Haushalt des Ministeriums, Mitarbeitung der Haushaltssachen der nachgeordneten Ämter
Referent: Feick, Geh. Rechnungsrat

Haushaltssachen der vom Demobilmachungsministerium und von der Kriegs-Rohstoffabteilung übernommenen Beamten und Angestellten
Referent: Feldbausch, Bezirksamtsassessor

Kriegsorganisationen: Mitbearbeitung der *allgemeinen* Angelegenheiten, betr. Gehaltsregelung, Angestelltenbewegung und finanzielle Fragen, die den Reichshaushalt betreffen
Referent: Bernard, Gerichtsassessor

Dienstgebäude
Referent: Thürling, Gerichtsassessor

Hausverwaltung, Geräte und Materialbeschaffung
Referent: Thürling, Gerichtsassessor

Zur Sektion gehören:
Hauptbüro mit Geheime Kalkulatur, Amtskasse, Geheime Kanzlei

Sektion III/2

Leiter: Scharmer, Präsident des Reichskanalamts

Verkehrswesen

1. Seeverkehr, Seeschiffahrt

Seeschiffahrt, allg. (Verwaltung), techn. Kommission für Seeschiffahrt
Referent: Scharmer, Präsident

Schiffshypotheken, Reichsausschuß für den Wiederaufbau der Handelsflotte, Oberseeamt, Reichskommissare bei den Seeämtern
Referent: Dr. Lothholz, Geh. Regierungsrat

Seemannsordnung, Heimschaffungsgesetz, Seemannsheime, soz. Zusatzversicherung der Seeleute, Prisen- und Embargosachen
Referent: Dr. Lahr, Regierungsrat

Seeschiffahrtsstatistik, naut. Veröffentlichungen, Seeschiffahrt (techn.), Seeunfälle (techn.), Seeschiffer- und Seemaschinistenprüfungen, Schiffsvermessungen, Zeitballstationen, Schiffsvermessungsamt, Reichsprüfungsinspektoren
Referent: Schmaltz, Regierungsrat
Mitref.: Dr. Schrader, Geh. Reg.-Rat, Dr. Fulst, Dr. Jahn, Regierungsrat

Schiffsraumbeschaffung während Übergangswirtschaft, Behandlung der Handelsflotte im Waffenstillstands- und Friedensvertrage
ber. Referent: Dr. Mohr, Rechtsanwalt, Decker, Brötje

Schiffsregister, Seeunfälle (Verwaltung), Reedereischäden, Schiffsverkaufsverbote, Schiffsverfrachtungsverbote
Referent: von Steuber, Gerichtsassessor

2. Binnenschiffahrt, Wasserstraßen

Binnenschiffahrt einschl. Statistik, Nutzbarmachung der Wasserläufe, Oberrheinregulierung, Kaiser-Wilhelm-Kanal, Reichskanalamt
Referent: Dr. Wehrmann, Geheimer Regierungsrat

Binnenschiffseichungen
Referent: Schmaltz, Regierungsrat

3. Landverkehr

Eisenbahn, Post und Telegraphie, Kraftwagen- und Luftverkehr, allg. Transportfragen, Spedition, Lagerung
Referent: Konopacki, Ger.-Ass.
Mitref.: Dr. Wehrmann, Geh. Regierungsrat

Sektion III/3

Leiter: Dr. Lothholz Geh. Reg.-Rat

Vergeltungsmaßnahmen, Rechtsangelegenheiten, Gewerblicher Rechtsschutz

Zahlungsverbote, Gläubiger- u. Schuldnerschutz in den Friedensverträgen, Gewerblicher Rechtsschutz
Referent: Dr. Lothholz, Geh. Reg.-Rat

Aufsicht, Zwangsverwaltung und Liquidation feindlichen Vermögens, einschl. Abwicklung nach den Friedensverträgen, Durchführung der Art. 297, 298 des Friedensvertrages, Reichskommissar für die Liquidation ausländischer Unternehmungen, Kriegsschäden der Deutschen im Auslande und in den Schutzgebieten
Referent: Konopacki, Reg.-Rat

Behandlung des in Deutschland zurückgebliebenen Gepäcks von Angehörigen feindlicher Staaten, Gläubiger- u. Schuldnerschutz, soweit nicht unter 1 fallend, Treuhänder für das feindliche Vermögen, Staatskommissar für die deutschen Depots und Guthaben bei russischen Banken, Schutzverband für deutsche Auslandsforderungen
Referent: Dr. Daenhardt, Konsul

Justiziariat, Rechtsangelegenheiten sämtl. Abteilungen, soweit nicht an anderer Stelle besonders aufgeführt
Referent: Viernstein, Reg.-Rat
Mitreferent: Dr. Friedländer, Ger.-Ass.

Öffentlich rechtliche Fragen des Friedensvertrages, Staatsrechtliche u. verwaltungsrechtliche Einzelfragen
Referent: Viernstein, Reg.-Rat
Mitreferent: Dr. Schäffer, Rechtsanw., Dr. Friedländer, Ger.-Ass.

Reichswirtschaftsgericht
Referent: Dr. Müller, Ger.-Ass.
Mitreferent: Dr. Friedländer, Ger.-Ass.

Sektion III/4

Leiter: Kissel, Geh. Reg.-Rat

Versicherungs- und Gewerbewesen, Maß und Gewichte

Versicherungswesen, ausgen. Versicherungsstatistik u. rein versich.-techn. Sachen, Aufsichtsamt für Privatversicherung
Referent: Kissel, Geh. Reg.-Rat
Mitref.: (ohne Aufs. A. u. Transp. Vers.): Dr. Aurin, Geh. Reg.-Rat
1. Mitref. für Transp.-Vers.: Dr. Lahr, Reg.-Rat
2. Mitref. für Transp.-Vers.: Scharmer Präs.
Expedient: Dr. Kürschner, Rechn.-Rat für Transp.-Vers.

Reichskommissariat für deutsche Versicherungsbank
Reichskommissar: Kissel, Geh. Reg.-Rat

Versicherungsstatistik u. rein versich.-techn. Sachen
Referent: Dr. Aurin, Geh. Reg.-Rat
Mitref.: Kissel, Geh. Reg.-Rat

Gew.-Ord. – Titel I–IV, Titel VII ausgen., Lehrlingswesen (s. unten), Titel VIII–X, soweit nicht Gew.-Ord. zur Zuständigkeit des R.-Arb.-Min. (ausschließl. zur Zuständigkeit des R.-Arb.-Min. gehören außer Arbeiter- u. Angestelltenfr. insbes. genehmigungspfl. Anlagen, Kinogesetz, Bühnenges., Stellenvermittelg.)
Referent: Viernstein, Reg.-Rat
Mitref. Schindler, Land-Ger.-Rat

Versorgung des Handwerks mit Rohstoffen währ. Demobilmachg. u. Übergangswirtschaft, Versorgung des Handwerks mit Arbeit, Verdingungen überhaupt, Gew.-Ord. – Titel VII, soweit die Verhältnisse der Lehrlinge in Handwerksbetrieben in Fr. kommen, insbeson. Lehrstellenvermittelg. u. Berufsberatg., gewerbl. Lehrvertrag
Referent: Schindler, Land. Gew.-Rat
Mitref.: Viernstein, Reg.-Rat

Maß- u. Gewichtswesen, Reichsanstalt für Maß und Gewicht, Feingehalt der Gold- u. Silberwaren
Referent: Viernstein, Reg.-Rat

Abteilung IV

Direktor Müller

Sektion IV/1

Handelspolitische Angelegenheiten (innere und äußere Handels- und Wirtschaftspolitik) Allgemeines und grundsätzliche Fragen; Zolltarif; Durchführung der wirtschaftlichen Fragen des Friedensvertrages
Generalreferent: Flach, Geh. Oberreg.-Rat
Mitreferent: Mathies, Geh. Reg.-Rat

Verbindung mit dem Preußischen Ministerium für Handel und Gewerbe: v. Flotow, Geh. Reg.-Rat, Fellinger, Reg.-Rat

Verbindung mit dem Preußischen Finanzministerium: Wolffram

a) Generalreferat für die östlichen Länder (Rußland, Polen und andere östliche Länder (– Freistaat Danzig usw. –)
   Tschecho-Slowakien, Österreich, Ungarn, Jugo-Slavien, Bulgarien, Rumänien, Griechenland, Türkei)
   Generalreferent: Hagemann, Geh. Reg. Rat
   Referent: Feldbausch, Bez.-Amtsassessor

Kommissare für die Ost-Konferenzen: Hagemann, Geh. Reg.-Rat, Feldbausch, Bez.-Amtsassessor

b) Generalreferat für die westlichen Länder
Generalreferent: Mathies, Geh. Reg.-Rat
Referent: Bernard, Ger.-Assessor
Belgien, Frankreich, Italien, Spanien, Portugal, Luxemburg, Verkehr zwischen Rechts- und Linksrhein: Mathies, Geh. Reg.-Rat
Schweiz, Niederlande, Dänemark, Schweden, Norwegen: Poerschke, Reg.-Rat

c) Generalreferat für Großbritannien und Kolonien und Überseeländer (Vereinigte Staaten, Mittel- und Südamerika, China, Japan, Persien, Siam)
Generalreferent: Ritter, Reg.-Rat

d) Messen, Ausstellungen, Museen
Referent: Bernard, Ger.-Assessor

e) Außenhandelsauskunftsamt
Kommissare: v. Schoenebeck, Min.-Direktor a. D. u. Le Suire, Geh. Reg.-Rat
Referent: Bernard, Ger.-Assessor

Sektion IV/2

Wiederaufbau zerstörter Gebiete und andere Naturalleistungen
Generalreferent: Cuntze, Landrat
Referent: Craemer, Landgerichtsrat

Verfügung
betr. den Diktatorischen Wirtschaftsausschuß

§ 1 Angliederung des Diktatorischen Wirtschaftsausschusses

Der auf Grund des Kabinettsbeschlusses vom 6. Mai 1919 durch Erlaß des Reichsministeriums vom 28. Mai 1919 mit der obersten Entscheidung über Ein- und Ausfuhrangelegenheiten beauftragte Diktatorische Wirtschaftsausschuß wird, nachdem er in seiner bisherigen Form aufgehoben ist, als Organ des Reichswirtschaftsministeriums neu gebildet und mir unmittelbar unterstellt.

§ 2 Aufgabe des Diktatorischen Wirtschaftsausschusses

Der Diktatorische Wirtschaftsausschuß hat die Aufgabe, den auf die Ein-, Aus- und Durchfuhr von Lebens- und Futtermitteln, Rohstoffen und Fabrikaten bezüglichen Angelegenheiten eine rasche Bearbeitung und Entscheidung zu Teil werden zu lassen, soweit mehrere Ressorts daran beteiligt sind. Alle grundsätzlichen Fragen in dieser Beziehung werden von der Sektion E, alle rein kaufmännischen Fragen sowie alle privatgeschäftlichen Waren- und Geldangebote von den Kommissaren des Diktatorischen Ausschusses bearbeitet. Ferner befaßt er sich im Einvernehmen mit Sektion E mit dem Wirtschaftsabkommen und mit den Fragen der Wiederanbahnung kaufmännischer Beziehungen zum Auslande sowie den kaufmännischen Unternehmungen des Auslandes in Deutschland.

§ 3 Zusammensetzung des Diktatorischen Wirtschaftsausschusses

Der Diktatorische Wirtschaftsausschuß tagt unter meinem Vorsitz, in meiner Vertretung unter Vorsitz des Herrn Unterstaatssekretärs, der seinerseits im Vorsitz von Herrn Major Keim vertreten wird.

Ständige und stimmberechtigte Mitglieder des Diktatorischen Wirtschaftsausschusses sind:

Der Herr Unterstaatssekretär des Reichswirtschaftsministeriums

Herr Major Keim	als Dirigent der Abteilung E
Herr Geh. Ober-Reg.-Rat Pilger	als Dirigent der Abteilung II
Herr Direktor Pritschow	als Kommissar des D.W.A. für Lebens- und Futtermittel
Herr Dr. Kreuter	als Kommissar des D.W.A. für Rohstoffe und Fabrikate
Herr Geheimrat Meisinger	als Reichskommissar für Aus- und Einfuhr

Die ständigen Mitglieder des Ausschusses können Vertreter benennen, für die meine Zustimmung einzuholen ist.

§ 4 Kommissar des Diktatorischen Wirtschaftsausschusses

Dem Diktatorischen Wirtschaftsausschuß unterstehen die Kommissare für die Bearbeitung der Einfuhr-, Ausfuhr- und Durchfuhrgeschäfte und der kaufmännischen Wirtschaftsabkommen.
Kommissar für Lebens- und Futtermittel ist Direktor Pritschow
Kommissar für Rohstoffe und Fabrikate ist Doktor Kreuter

Die Kommissare sind berechtigt, mit den Reichs- und Wirtschaftsstellen unmittelbar zu verkehren und Berichterstattung von diesen einzuholen. Sie haben für die ihnen obliegenden Angelegenheiten Zeichnungsbefugnis.

Die Kommissare nehmen die in § 2 genannten Aufgaben des D.W.A. im Rahmen der ihnen gegebenen Richtlinien selbständig in Bearbeitung, führen Entscheidungen herbei und sorgen für Durchführung dieser Entscheidungen. Im Rahmen dieser Aufgaben sind sie berechtigt, Weisungen an die Reichs- und Wirtschaftsstellen zu geben.

§ 5 Büro des Diktatorischen Wirtschaftsausschusses

Das Büro des D.W.A. (Protokolle, Sitzungsladungen, Zuschriften und dergl.) wird Herrn Dr. Kreuter unterstellt.

Geschäftsverteilungsplan vom 15. Dezember 1919*

Übersicht

Dem RM unmittelbar unterstellt:
1. Büro des RM
2. Sektion Personalien
3. Sektion P = Parlamentsdienst
4. Verbindungsoffizier zum Reichswehrministerium
5. Verbindungsreferent zum Reichsfinanzministerium

Hauptabt. A.: Allg. wirtsch. Fragen, Industrie, Handel, Handwerk.
Dem Unterstaatssekretär unmittelbar unterstellt:
1. Büro des Unterstaatssekretärs
2. Sektion N = Nachrichtendienst
3. Ausschuß für Ein- und Ausfuhr

Abt. I: Organisationsfragen, Handel, Handwerk, Mittelstand, Kommunale Fragen (8 Sektionen)
Abt. II: Industriefragen (6 Sektionen)
Abt. III: Allg. Angelegenheiten des Amts, Verkehrswesen (Seeschiffahrt), Kriegsgesellschaften, Versicherungswesen (4 Sektionen)

* RWiM. R 7/2. (BA). — Übersandt im Schrb. vom 5. 12. 1919. — Ungedruckt.

Abt. IV: Ein- und Ausfuhr; Außenhandelspolitik (3 Sektionen)
Abt. VII: Kohle und Energieversorgung (5 Sektionen)
Hauptabt. B: Ernährungswirtschaft und Landwirtschaft
Abt. V u. Va: Ernährungswirtschaft (V: 16 Referate; Va: 4 Referate)
Abt. VI: Landwirtschaft (9 Referate)

Reichsminister: Robert Schmidt

Dem RM zur persönlichen Verfügung zugeteilt: Dr. Löwe, Dr. Staudinger (Reg.-R.)
Sektion Personalien
Sektion P = Parlamentsdienst: Verkehr mit der National-Versammlung (Reichstag) und dem Reichsrat
Verbindungsreferent zum Reichsfinanzminister: Dr. Kreuter (Reg.-R.)
Verbindungsoffizier zum Reichswehrministerium: Keim (Major im Gen.-Stab)

Hauptabt. A.: Unterstaatssekretär A: Prof. Dr. Hirsch

1. Büro des Unterstaatssekretärs
2. Sektion N = Nachrichtendienst
   I. Informationsdienst
   II. Nachrichtendienst (u. a. Tagesberichte, Bibliothek- u. Zeitschriftendienst, Archiv u. Materialsammlung)
3. Ausschuß für Aus- und Einfuhr
   Vorsitzender: Unterstaatssekretär Dr. Hirsch
   Stellv. Vors.: Leiter der Abt. IV
   Geschäftsführender Vorsitzender: Keim, Major
   Stimmberechtigte Mitglieder: Leiter der Abt. II, IV, V
   Direktor Fritschow als Kommissar des Ausschusses für Ein- und Ausfuhr für Lebens- und Futtermittel, Geh.-Reg.-R. Dr. Kreuter als Kommissar des Ausschusses für Ein- und Ausfuhr für Rohstoffe und Fabrikate der Reichskommissar für Ein- und Ausfuhr
   Kommissar für Lebens- und Futtermittel
   Kommissar für Rohstoffe und Fabrikate

Abteilung I

Dirigent: Hüttenhein

Sektion I/1: Justitiariat, Reichswirtschaftsrat
Leiter: Dr. Schäffer, Geh. Reg.-R.

Sektion I/2: Organisationsfragen, Berichte, Auskünfte
Leiter: (N.N.) (in dieser Sektion u. a. Rüstow u. Poensgen)

Sektion I/3: Statistik
Leiter: Geh. Reg.-R. Prof.-Dr. Wagemann

Sektion I/4: Bank- und Geldwesen, Steuern
Leiter: Dr. Hüttenhein, Geh. Ober-Reg.-R.

Sektion I/5: Preisermittlung und Preisbestimmung, Treuhand- und Revisionswesen
Leiter: Direktor Susat

Sektion I/6: Fragen des Mittelstandes und des Handels
Leiter: Viernstein, Geh. Reg.-R.

Sektion I/7: Handwerk
Leiter: Herrmann (MdN)

Sektion I/8: Arbeiterfragen, allgemeine Verbraucherangelegenheiten, Kommunale Fragen, Sozialisierung
Leiter: Wessig, Geh. Reg.-R.
Vertreter: Dr. Staudinger, Reg.-R.
[in dieser Sektion u. a. Schäffer u. Rüstow]

Abt. II Industrie-Abteilung

Dirigent: Pilger, Geh. O. R.

Sektion II/1: Eisen- und Metalle
Leiter: Frhr. v. Buttlar, Geh. Reg.-R.
Sektion II/2: Baustoffe, Glas, Porzellan, Holzverarbeitung, Zellstoff, Papier
Leiter: Pfundtner, Geh. Reg.-R.
Sektion II/3: Textilien, Faserstoffe
Leiter: Hagemann, Geh. Reg.-R.
Sektion II/4: Häute, Leder, Leim, Harze, Öl u. Fette, Tabak
Leiter: Dr. Bachem, Geh. Reg.-R.
Sektion II/5: Chemie, Mineral- und Kohlenöle
Leiter: Waldeck, Geh. Reg.-R.
Sektion II/6: Sperrmetalle
Leiter: Dr. Hertel, Geh. Reg.-R.
Sektion II/ 7: Eisenwirtschaft*
Sektion II/ 8: Eisen- und Metallverarbeitung
Sektion II/ 9: Gewerbliche Wirtschaftsführung
Sektion II/10: Reichsstellen und Selbstverwaltungskörper (u. a. 3b: Wohnungsfragen)

Abt. III: Allg. Angelegenheiten des Amtes, Verkehrswesen (Seeschiffahrt), Kriegsgesellschaften, Versicherungswesen

Leiter: Min.-Direktor v. Jonquières, Wirkl. Geh. Rat, Excellenz

Sektion III/1: Allg. Beamtensachen, innerer Dienst
Leiter: Full, Geh. Reg.-R.

Sektion III/2: Verkehrswesen
Leiter: Scharmer, Präs. d. Reichskanalamts
a) Seeverkehr, Seeschiffahrt
b) Binnenschiffahrt, Wasserstraßen
c) Landverkehr
Sektion III/3: Reichsstellen u. Gesellschaft der Kriegs- und Übergangswirtschaft
Leiter: vorl. Mehring, Geh. Reg.-Rat
Sektion III/4: Versicherungswesen, Maß, Gewicht
Leiter: Kissel, Geh. Reg.-R.

Abt. IV Ein- und Ausfuhr: Außenhandelspolitik

Leiter [NN]

Sektion IV/1: Zölle, Handelsverträge, Friedensvertrag
Leiter: Flach, Ob.-Reg.-R.
Sektion IV/2: Ein- und Ausfuhrpolitik: Grenzkontrolle
Leiter: Keim, Major
A. Lebens- und Futtermittel
B. Rohstoffe und Fabrikate
Sektion IV/3: Reichskommissar für Aus- und Einfuhrbewilligung (Organisation und Handhabung der Außenhandelskontrolle)
Leiter: Dr. Trendelenburg, Geh. Reg.-R.

* Sektionen II/7 bis II/10: Ergänzungen vom 15. 6. 1920. (Vgl. Facius S. 246) [BA R 7/3 fol. 118 ff.] — Ungedruckt.

Abt. VII: Kohle- und Energieversorgung

Dirigent: v. Tilly

Sektion VII/1: Kohlenwirtschaft
Leiter: Brecht, Geh. Reg.-R.

Sektion VII/2: Bergbau
Leiter: [NN]

Sektion VII/3: Unterkunft
Leiter: Prof. Dr. Knipping, Stadtbaurat a. D.

Sektion VII/4: Energiewirtschaft
Leiter: Brecht, Geh. Reg.-R.

Sektion VII/5: Transportfragen
Verbindung mit dem Reichsverkehrsministerium
Duerdoth, Reg. Baumeister

Hauptabt. B. Ernährungswirtschaft, Landwirtschaft
Unterstaatssekretär Dr. Peters

Abt. V: Ernährungswirtschaft (mit Ausnahme der Angelegenheiten der Abt. Va)

Dirigent: Dr. Heinrici, Min.-Direktor

Referat V/1: Angelegenheiten des Vorstandes und des Beirats, Sekretariat des Beirats
Heinitz, Landrichter

Referat V/2: Sekretariat des Frauenbeirates, Haushaltungsfragen
Frau Müller-Oestreich

Referat V/3: Allg. Ernährungs- u. Verteilungsfragen [etc] in Verbindung mit Abt. I. Sämtl. Angelegenheiten, für die bei V oder Va noch kein besonderes Referat besteht; Verbindung mit anderen Abteilungen des Ministeriums.

Referat V/4: Kommunale Angelegenheiten, Verbindungen mit dem Dt. Städtetag und anderen Kommunalverbänden, Sonderregelungen, Behebung vorübergehender Notsstände [etc.]
Dr. Beyerlein, Dr. Bose, Geh. Regierungsräte

Referat V/5: Landwirtschaftlich-technische Fragen der Ernährungswirtschaft
Dr. Lange, Reg.-R.

Referat V/6: Abbau der Zwangswirtschaft, Kohlen- u. Verkehrsangelegenheiten [etc.]
Friedrich, Reg.-R. in Verbindung mit Abt. I

Referat V/7: Allg. Angelegenheiten der d. landwirtsch. Produkte verarbeitenden Industrien ... [etc.]
Dr. Genest, Reg.-R. in Verb. mit Abt. I

Referat V/8: Verkehr mit Brotgetreide, Gerste u. Hafer, Reichsgetreidestelle [etc.]
Dr. Kleiner, Geh. Reg.-R.

Referat V/9: Hafer- u. Gerstennährmittel, Grieß, Teigwaren, Verteilung von Nährmitteln [etc.]
Löhr, Geh. Rep.-R.

Referat V/10: Kaffee, Tee, Kakao [etc.], Ersatzmittel
Dr. Jungel, Geh. Reg.-R.

Referat V/11: Zuckerrüben, Rohrzucker und Verbrauchszucker, Herstellung von Süßigkeiten [etc.]
Dr. Jungel, Geh. Reg.-R. in Verb. mit Va/4

Referat V/12: Kartoffeln, Reichskartoffelstelle
Dr. Wide, Reg.-R.

Referat V/13: Kartoffeltrocknerei, Verwertung der Erzeugnisse der Kartoffeltrocknerei [etc.]
Schuster, Reg.-R.

Referat V/14: Hopfen, Malz, Bier und bierähnliche Getränke
Nelson, Reg.-Ass.

Referat V/15: Fische und Muscheln, Reichskommissar für Fischversorgung
Dr. Flügge, Reg.-Ass.

Referat V 16: Ersatzmittel
Dr. Stadthagen, Geh.-Reg.-Ass.

Abteilung Va

Dirigent: Dr. Peters, Unterstaatssekr.

Referat Va/1: Angelegenheiten der von den feindlichen Mächten besetzten und an sie abzutretenden Gebiete
Dr. Jaffé, Reg.-R., v. Hoffmann, Reg.-R.

Referat Va/2: Fleisch, Wild, Geflügel, Reichsfleischstelle
Prof. Dr. v. Ostertag, Geh. Reg.-R.

Referat Va/3: Speisefette, Milch, Käse, Reichsstelle f. Speisefette
Rothe, Geh. O.-Reg.-R.

Referat Va/4: Gemüse und Obst, Marmelade, Gewürze [etc.]
v. Tilly, O.-Reg.-R., Wilhelm, Bezirksamtmann

Abteilung VI

Dirigent: Hermes

Referat VI/1: Agrargesetzgebung, Rechtsfragen betr. Landwirtschaft [etc.] ... Verbindung mit anderen Abteilungen
Petersen, Weber (H), Faaß

Referat VI/2: Angelegenheiten betr. Kaliindustrie und Kaliabsatz [....] (in Verbindung mit VI/1 und III/1
Graeßner, Geh. O.-Reg.-R., Kretzschmar, Bergassessor,
Devrient, Geh. exp. Schr.

Referat VI/3: Allg. Düngerfragen, (Produktion und Verteilung) [etc.]
Dr. Bittong, Reg.-R.
in Verbindung mit I/5 Peters (H.)
in Verbindung mit I/5 Dr. Lavalle, Dr. Wetzel, Reg.-Ass.

Referat VI/4: See- und Binnenschifferei
Dr. Flügge, Reg.-Ass., Dr. Hesselbach, Reg.-Ass. (H), Dr. Heukamp, Landrichter*

Referat VI/5: Festsetzung der landwirtschaftlichen Erzeugerpreise in Verbindung mit Dr. Heukamp, Landrichter, Abt. I. [etc.]
Dr. Schneider, Dr. Wolff, Dr. Leiner (H.)

Referat VI/6: Forst- und Holzwirtschaft, Jagd
Dr. Kahl, Oberforstrat, Dr. Strohmeyer, Forstmeister

Referat VI/7: Trocknungswesen, Landwirtschaftliches Bauwesen, Innere Kolonisation [etc.]
Dr. Herr, Reg.-R.,
Landwirtsch. Kreditwesen
Kirsch, Bezirksrichter

---

* Zuweisung auf Grund des Schriftbildes unklar, ob Abt. VI/4 oder VI/5

Referat VI/8: Tierische Erzeugung, Viehzucht [etc.]
Dr. Niklas, Reg.-R.
Kriegsausschuß f. Ersatzfutter (bezüglich der Leinbewirtschaftung in Verbindung mit II/4)
Moritz, Ger.-Ass.

Referat VI/9: Landwirtschaftliches Unterrichts-, Versuchs- und Kontrollwesen [etc., teilw. in Verbindung mit Abt. I und Abt. V]
Dr. Lange, Lochmann (H.), Dr. Makkus (H.)

Anhang zum Geschäftsverteilungsplan

I. Sachverständige im RWM
II. Ehrenamtlich im RWM beschäftigt
III. Nebenamtlich im RWM beschäftigt
IV. Dem RWM angegliederte Kommissionen
1. Reichskommissar für Eisenwirtschaft
2. Reichskommissar für Eisen- und Metallfertigungserzeugnisse
3. Kommissar des Reichswirtschaftsministeriums beim Stahlbund, Düsseldorf
4. Reichskommissar f. Erzversorgung, Düsseldorf
5. Reichskommissar f. Metallwirtschaft
6. Der Kommissar des Reichswirtschaftsministeriums für die besetzten Gebiete
7. Delegierte für den Kohlenbergbau

Geschäftsverteilungsplan des Reichswirtschaftsministeriums
[15. 11. 1920]

Reichsminister: Dr. jur. und Dr. ing. h. c. Scholz
Zur persönlichen Verfügung:
Dr. Staudinger, Ministerialrat
Dr. Willecke, Regierungsrat

Staatssekretär: Professor Dr. Hirsch
Dem Staatssekretär unmittelbar unterstellt:
Zur persönlichen Verfügung: Kielmeyer, Regierungsrat

1. Parlamentsdienst:
Verkehr mit dem Reichstag und Reichsrat, Dr. Willecke, Reg.-Rat
Vertreter: Dr. Schäffer, Min.-Rat
2. Presse, soweit direkter Nachrichtendienst: Dr. Wohlmannstetter, Min.-Rat
Verbindungsoffizier zum Reichswehrministerium: v. Etzdorf, Oberleutnant

Abteilung I

Mittelstandsfragen, (Handwerk und Handel), Justitiariat
und wirtschaftliche Organisationsfragen
Dr. Hüttenhein, Ministerialdirektor

Sektion I/1: Justitiariat, wirtschaftliche Organisationsfragen, Sozialisierung

Leiter: Dr. Schäffer, Ministerialrat
Vertreter: Viernstein, Ministerialrat

a) Allgemeine Rechtsangelegenheiten (außerhalb der Ref. b, c und d) Fragen des öffentlichen Rechts
Viernstein, Ministerialrat

R 43 I / 925 fol. 102—113. [Dasselbe: R 7/3 fol. 124—145] BA Koblenz. — Ungedruckt.

b) Rechtsfragen bei Ein- und Ausfuhr und für Textilien
Viernstein, Ministerialrat
c) für Eisen und Metall, Kohle und Energie, Baustoffe, Holz
Bogatsch, Kammergerichtsrat
für Leder, Leim, Tabak, Papier, Glas
Dr. Müller, Reg.-Rat
d) Allgemeine Organisationsfragen, Reichswirtschaftsrat, Wirtschaftsbezirke, Bezirkswirtschaftsrate, amtliche Berufsvertretungen, Kartelle und Syndikate
Frl. Dr. Berliner, Dr. Tettenborn, Reg.-Rat
e) Verkehr mit dem Reichswirtschaftsrat
Schäffer, Min.-Rat, Dr. Willecke, Reg.-Rat (Vertreter)
f) Staatsmonopole, Sozialisierung
Dr. Rüstow, Dr. Löwe
g) Kommunalisierung
Frl. Dr. Berliner, Dr. Rüstow
h) Zusammenstellung der wirtschaftlichen Verbände
Frau Dr. Thesing (z. Zt. Sekretärin der Sozialisierungskommission)

Sektion I/2: Fragen des Mittelstandes, insbesondere des Handwerks und Handels

Leiter: Wessig, Ministerialrat
Vertreter: Regierungsrat Dr. v. Köbke
a) Allgemeine Fragen des Handels
Reg.-Rat v. Köbke, Bosselmann
b) Mittelstand
Reg.-Rat v. Köbke, Bosselmann
c) Handwerk, Handwerkskammern
Reg.-Rat v. Köbke, Landes-Gew.-Rat Schindler (nebenamtlich)
d) gewerbliche Genossenschaften
Reg.-Rat v. Köbke, Bosselmann

Sektion I/3: Arbeiterfragen, allgemeine Verbraucherangelegenheiten, Genossenschaftsangelegenheiten, kommunale Fragen

Leiter: Wessig, Ministerialrat
Vertreter: Dr. Staudinger, Ministerialrat
a) Allgemeine Arbeiterfragen in bezug auf die Produktion, Verkehr mit den Gewerkschaften
Dr. Folz, Dr. Löwe
b) Verbindung mit dem Reichsarbeitsministerium, Erwerbslosenfürsorge, gewerbliche Hilfskasse
Dr. Löwe, Dr. Folz
c) Allgemeine Angelegenheiten der Verbraucher
Frl. Dr. Berliner, Dr. Rüstow
d) Genossenschaftswesen, Allgemeines (freier Ausschuß)
Korreferat für
1. Konsumgenossenschaften
Peine (M.d.R.), Bosselmann
2. Gewerbliche Genossenschaften
Reg.-Rat v. Köbke, Bosselmann
3. Kreditgenossenschaften
Bosselmann, Dr. Poensgen
c) Kommunale Angelegenheiten, Verbindung mit dem Deutschen Städtetag und den kommunalen Körperschaften
Frl. Dr. Berliner, Dr. Rüstow

Sektion I/4: Geld-, Bank- und Börsenwesen; Steuerwesen

Leiter: Dr. Hüttenhein, Ministerialdirektor
Vertreter: Dr. Poensgen

a) Geld- und Kreditwesen im Allgemeinen, Valutafragen; Devisenverkehr (Zahlungs- und Valutafragen in Verbindung mit IV A/6, ebenso allgemeine Kreditfragen nach besonderer Vereinbarung mit Abteilung IV A)
Dr. Poensgen, Dr. Lautenbach
b) Bankwesen
1. Reichsbank und Privatnotenbanken
Dr. Poensgen
2. Kreditbanken
3. Kreditgenossenschaften
4. Hypothekenbanken
5. Ausländische Banken in Deutschland, deutsche Auslandsbanken
Dr. Lautenbach, Korr. Bosselmann
c) Börsenwesen
Dr. Poensgen, Dr. Lautenbach
d) Gesellschaften des Handelsrechts
Dr. Lautenbach, Dr. Poensgen
e) Finanz- und Steuerwesen
Dr. Poensgen, Dr. Klemmt (H)
1. Deutschland: Finanzen und Steuern des Reichs, der Länder und Kommunen; Anleihen
2. Finanzwesen des Auslands

Sektion I/5: Preispolitik, Preisermittlung und Preisfestsetzung, Treuhand- und Revisionswesen, Preisprüfungsstellenwesen, Wucher- und Schleichhandelsbekämpfung

Leiter: Susat, Ministerialrat

a) Allgemeine Fragen der Preisermittlung und -festsetzung; Fragen der kaufmännischen Organisation
Susat, Ministerialrat, Frau Müller-Östreich (nebenamtlich) soweit es sich um Fraueninteressen handelt, Henze, Ministerialsekretär (H)
b) Preisermittlung und -festsetzung für die Nahrungsmittelindustrie
Dr. Kiegel, Dr. Schnutenhaus (H)
c) Preisermittlung und -festsetzung für die Rohstoffindustrie
Brukisch, Korr. Osterroth f. Kohle
d) Preisermittlung und -festsetzung für die weiterverarbeitende Industrie und Handel
Dr. Kiegel, Dr. Rogowsky, Dr. Schnutenhaus
e) Revision der Reichsstellen, der Gesellschaften der Kriegs- und Übergangswirtschaft, der Wirtschaftsverbände und Selbstverwaltungskörper
Susat, Ministerialrat
f) Preispolitik
Allgemeine Beobachtung der Preisentwicklung (in Verbindung mit Sektion I/3)
Dr. Stern
Hilfsarbeiter für die Referate c—f:
Dipl.-Kaufmann Klebba, Dipl.-Kaufmann Beckmann, Dipl.-Kaufmann Steinhaus (H), Dipl.-Kaufmann Harloff, Dipl.-Kaufmann Schulte (nebenamtlich), Dipl.-Kaufmann Hübel (H), Dipl.-Kaufmann Elwert (H), Dipl.-Kaufmann Voigt (H)
g) Organisationsfragen auf dem Gebiete der Preisprüfungsstellen, der Wucher- und Schleichhandelsbekämpfung, Überwachung der Preisprüfungsstellen
Dr. Frielinghaus, Reg.-Rat, Wittelshöfer, Ger.-Ass., Dr. Stern, Korr. in Angelegenheiten d. Preispolitik

h) Herausgabe der Mitteilungen für Preisprüfungsstellen
Dr. Frielinghaus, Reg.-Rat, Dr. Schnutenhaus (H), Henze, Min.-Sekr. (H)
i) Wucher- und Schleichhandelsbekämpfung und Angelegenheiten der Preisprüfungsstellen, Rechtsfragen des Preisprüfungswesens, soweit nicht Referate g und h zuständig sind; Erstattung von Gutachten an sie und an die Strafverfolgungsbehörden über Angemessenheit von Preisen
Wodtke, Reg.-Rat, Dr. Stern, Mitreferent in Angelegenheiten der Preisbeeinflussung, Wittelshöfer, Ger.-Ass., Henze, Min.-Sekr. (H), Repp, Min.-Sekr. (H)

Abteilung II (Industrie)

Leiter: Dipl.-Ing. Frhr. v. Buttlar, Ministerialrat.
Dem Abteilungsleiter für allgemeine Angelegenheiten unmittelbar zugeteilt:
Feldbausch, Regierungsrat

Sektion II/1: Baustoffwirtschaft

Leiter: Wessig, Ministerialrat
a) Laufende Angelegenheiten der Bewirtschaftung von Zement, Kalk, Ziegel sowie von Gips und sonstigen Bindemitteln
Kaumanns, Reg.-Baum. a. D.
b) Verbindung mit dem Reichsarbeitsministerium auf dem Gebiete des Bauwesens und der Baustoffwirtschaft
Dr. Löwe
c) Volkswirtschaftlich-organisatorische Fragen der Baustoffwirtschaft
Dr. Rüstow

Sektion II/2: Papierwirtschaft, Holz, Steine, Erden

Leiter: Pfundtner, Ministerialrat
a) Papierholz, Zellstoff, Holzstoff
Dr. Feßler, Reg.-Rat
b) Druckpapier, Angelegenheiten des Druck- und Verlagsgewerbes
Dr. Feßler, Reg. Rat
c) Andere Papiere, Pappe, Papierwaren
Reinicke, Reg.-Rat
d) Holzverarbeitende Industrie, Kork
Dr. Kohler, Reg.-Rat
e) Schnitz- und Formerstoffe, Geflechte, belichtete Films
Reinicke, Reg.-Rat
f) Steine und Erden (soweit sie nicht in Sekt. II/1 behandelt werden), Edelsteine, Glas, Porzellan, Graphit, Glimmer
Dr. Kohler, Reg.-Rat

Sektion II/3: Textilien

Leiter: Hagemann, Ministerialrat
Vertreter: Dr. Reichardt, Ministerialrat
a) Allgemeine Fragen der Textilwirtschaft, (Reichsstelle für Textilwirtschaft)
Dr. v. Alten-Reuß, Reg.-Rat
Außenhandelsfragen der Textilwirtschaft
Dr. Reichardt, Min.-Rat
b) Wolle, spinnbare Haare, Tierhaare, Torffaser, Seide, Kunstseide, Stapelfaser
Dr. v. Alten-Reuß, Reg.-Rat

c) Baumwolle, Kunstspinnstoffe, Stoffabfälle
Assessor Neubauer (nebenamtlich)
d) Bastfaser (Jute, Hanf, Seilerfaser, Flachs, Ramie, Kokosfaser,), einheimische Ersatzfasern, z. B. Nessel, Typha, Ginster, Hopfen, Ersatzspinnstoffe
Dr. Letzel
e) Konfektionswaren, Filzhüte, Verwertung von Web-, Wirk- und Strickwaren, Textilnotstandsversorgung G.m.b.H.
Dr. Reichardt, Min.-Rat, Dr. Letzel

Sektion II/4: Leder, Kautschuk, Harze, Leim, Tabak

Leiter: Dr. Schlottmann, Ministerialrat
Vertreter: Harbig, Regierungsrat

a) Leder, Häute, Felle, Rauchwaren, Pelzwerk, Gerbstoffe, Schuhe und sonstige Lederwaren, Treibriemen
Dr. Schlottmann, Min.-Rat, Korr. Kurtz, Kriegsgerichtsrat
b) Kautschuk, Guttapercha, Asbest, Harze, Terpentinöl, Kienöl, Harzöl, Schellack, Pflanzenwachs, Lacke, Lackfarben, Leimleder und Knochenverwertung, Leim, Gelatine, Kasein und sonstige tierische Klebstoffe
Hußlein, Reg.-Rat, Korr. v. Raven, Reg.-Rat
c) Tabak und Tabakerzeugnisse
Harbig, Regierungsrat

Sektion II/5: Chemie, Öle und technische Fette

Leiter: Waldeck, Ministerialrat
Vertreter für Chemie: Müller, Regierungsrat
Vertreter für Mineralöle und organische Öle und Fette: Dr. Barck, Regierungsrat

a) Stickstoff, Karbid, Phosphor, Schwefel, Soda, Ätzalkalien und Pottasche, Elektroden, Zündhölzer, Süßstoffherstellung, flüssige Gase, Sulfat
Tils, Korr. Müller, Reg.-Rat
b) die sonstigen organischen und anorganischen Chemikalien, insbesondere Farbstoffe und deren Zwischenprodukte, pharmazeutische Erzeugnisse und deren Rohstoffe, ätherische Öle, Riechstoffe, Holzverkohlungsprodukte, Rohzelluloid-Industrie, photographische Platten und Rohfilms
Dr. Schering, Korr. Müller, Reg.-Rat
c) Heizöl, Gasöl, Schmieröl und Schmiermittel jeder Art, Petroleum, Montanwachs, Vaseline, Petrolkoks, Betriebsstoffe (Benzin, Benzol) Parafin, Ceresin, Ozokerit, Kesselwagen
Dr. Holländer, Ger.-Assessor
d) Teer und Teererzeugnisse einschl. Dachpappe
Dr. Heydenreich, Korr. Dr. Barck, Reg.-Rat
e) Technische Verwendung organischer Öle und Fette, Seife, Waschmittel, Ölfarben, Ölfirnisse, Linoleum, Wachstuch, Ledertuch
Dr. Marx, Korr. Dr. Barck, Reg.-Rat

Sektion II/6: Metallwirtschaft

Leiter: Adler
Vertreter: Walcher, Marinebaumeister

a) Kupfer, Zinn, Blei, Nickel, Zink und die übrigen Sparmetalle sowie ihre Legierungen (außer Mangan, Ferromangan und Ferrosilizium)
Amberger, Reg.-Rat
b) Aluminium, Edelmetalle einschl. der Edelmetallwaren
Walcher, Mar.-Baum.

Sektion II/7: Eisenwirtschaft

Leiter: Dr. Imhoff, Regierungsrat
Vertreter: Feldbausch, Regierungsrat

a) Angelegenheiten des Eisenwirtschaftsbundes
Dr. Imhoff, Reg.-Rat, Korr. Feldbausch, Reg.-Rat
b) Eisen- und Manganerze, Eisenlegierungen, Stahlschrott und Gußbruch
Korr. Dr. Nölle
c) Roheisen, Stahl- und Walzwerkerzeugnisse, Edelstahl
Schultze, Dipl.-Ing., Militär-Baum.
d) Weißblech
Feldbausch, Reg.-Rat, Korr. Dr. Nölle

Sektion II/8: Eisen- und Metallverarbeitung

Leiter: Dr. Mahnke, Ministerialrat

a) Angelegenheiten des Reichskommissars für Eisen- und Metallverarbeitung, allgemeine Fragen der inneren und äußeren Bewirtschaftung
Mahnke, Min.-Rat, Korr. Dr. Leiße, Reg.-Rat
b) Maschinenbau, Eisenbau, Dampfkessel- und Apparatebau, Kleineisenwaren, Waffen
Schäfer, Reg.-Baum. a. D.
c) Elektrotechnik, Eisenbahnwagen, Fahr- und Flugzeuge, Schiffbau
Dipl.-Ing. Kraft, Reg.-Rat
d) Gießerei-Erzeugnisse, Feinmechanik u. Optik, Metallwaren, Uhren, Musikinstrumente, Spielwaren
Dr. Leiße, Reg.-Rat

Sektion II/9: Gewerbliche Wirtschaftsführung

Leiter: Ruelberg, Regierungsbaumeister

Verbindung mit dem Kommissariat für gewerbliche Wirtschaft und dem Verein Deutscher Ingenieure, Normalisierung, Spezialisierung, Typisierung, Betriebsorganisation, Sparwirtschaft
Ruelberg, Reg.-Baum., Korr. Börner, Bergreferendar

Abteilung III

Personalien, Etat, Verkehrswesen (bezüglich des Verkehrswesens zugleich Abteilung des Wiederaufbauministeriums)

Leiter: von Jonquières, Ministerialdirektor
Vertreter: Scharmer, Präsident des Reichskanalamtes

Sektion Personalien
Leiter: Nehring, Ministerialrat

a) Personalien der höheren Beamten des Ministeriums
Nehring, Ministerialrat, Dr. Tettenborn, Reg.-Rat, Wolf, Ministerialsekretär (H)
b) Personalien der Büro- und Kanzleibeamten und der unteren Beamten des Ministeriums
Feder, Ministerial-Bürodirektor
c) Personalien der Angestellten des Ministeriums
Kohl
In den Angelegenheiten der höheren Angestellten ist das Referat c) nicht dem Sektionsleiter, sondern dem Abteilungsdirektor unmittelbar unterstellt
d) Geschäftsverteilung
Nehring, Ministerialrat, Dr. Tettenborn, Reg.-Rat

Zur Sektion gehört:
das Hauptbüro, soweit es sich um Personalien handelt.

Sektion III/1: Etat, finanzielle Angelegenheiten, Beamten- und Angestelltensachen

Leiter: Full, Ministerialrat
Vertreter: Dr. Landwehr, Regierungsrat

a) Allgemeine finanzielle Angelegenheiten. Mitwirkung in allen Angelegenheiten finanzieller Natur der übrigen Abteilungen. Geschäfte des Kassenkurators
Full, Ministerialrat, Mossdorf, Reg.-Rat
b) Allgemeine Beamtensachen. Mitwirkung in Personalangelegenheiten finanzieller Natur. Mitbearbeitung der Personalien der Beamten der nachgeordneten Ämter, Bewirtschaftung der gesamten Haushaltsmittel
Dr. Landwehr, Reg.-Rat
c) Allgemeine Fragen der Angestellten bei der Behörde. Mitarbeitung der Personalien der Angestellten bei den nachgeordneten Ämtern
Defektensachen unter Mitwirkung der Fachsektionen
Mossdorf, Reg.-Rat
d) Aufstellung des Haushaltsplans für das Ministerium, Kontrolle der Bewirtschaftung der Haushaltsmittel des Ministeriums
Kassensachen, Mitbearbeitung der Haushaltssachen der nachgeordneten Dienststellen. Abnahme der Jahresrechnungen der Hauptkasse des Reichswirtschaftsministeriums und der Reichshauptkasse, Prüfungsverhandlungen des Rechnungshofes
Feick, Ministerialsekretär

Zur Sektion gehören:
die Kalkulatur,
die Hauptkasse (Vorsteher: Methner, Ministerialsekretär)

Sektion III/2: Binnenschiffahrt Wasserstraßen, Landverkehr

Leiter: Scharmer, Präsident des Reichskanalamts
Vertreter: Dr. Wehrmann, Ministerialrat

A. Binnenschiffahrt, Wasserstraßen

a) Binnenschiffahrt im Allgemeinen
Dr. Wehrmann, Min.-Rat
b) Binnenschiffahrt im Waffenstillstands- und Friedensvertrag, Enteignungen, Entschädigungen, Wiedergutmachung, Neubau
1. rechtliche und organisatorische Seite
Godlewski, Reg.-Rat, Dr. Wehrmann, Min.-Rat
2. technische und statistische Fragen
Dr. Teubert, Reg.-Baumeister, Dr. Wehrmann, Min.-Rat
c) Schiffs- und Schiffahrtsaktien-Verkaufsverbote, Grenzkontrolle
Werner, Geh. Justizrat, Dr. Wehrmann, Min.-Rat
d) Binnenschiffseichungen
Schmaltz, Ob.-Reg.-Rat

B. Landverkehr

e) Eisenbahn, Post und Telegraphie, Kraftwagen und Luftverkehr, allgemeine Transportfragen, Lagerung
Dr. Gottschalk, Reg.-Baumeister, Dr. Wehrmann, Min.-Rat

Sektion III/2 S: Seeschiffahrt, Seeverkehr

Leiter: Scharmer, Präsident des Reichskanalamts
Vertreter: Dr. Lahr, Ministerialrat

a) Seeschiffahrt, allgem. Verwaltung technische Kommission für Seeschiffahrt
Scharmer, Präsident, Schirmacher, Ministerialsekretär (H)

b) Rechtsangelegenheiten der Schiffsbesatzungen, Seemannsordnung, Heimschaffungsgesetz, soziale Zusatzversicherung der Seeleute
Werner, Geh. Just.-Rat

c) Oberseeamt, Reichskommissare bei den Seeämtern, Seeunfälle
Werner, Geh. Just.-Rat

d) Nautische Veröffentlichungen, Seeschiffahrt (Techn.), Zeitballstationen, Schiffsvermessungswesen, Schiffsvermessungsamt
Schmaltz, Ob.-Reg.-Rat
Seeschiffer- und Seemaschinistenprüfungen, Reichsprüfungsinspektoren
Schmaltz, Ob.-Reg.-Rat, Dr. Schrader, Geh. Reg.-Rat (nebenamtlich), Pohle, Ministerialsekretär (H)

e) Reichsbeihilfen zum Wiederaufbau der Handelsflotte, einschließlich Überteuerungszuschüsse, Werftangelegenheiten, insbesondere auch Materialbeschaffung
Killinger, Reg.-Rat, Dr. Lahr, Min.-Rat

f) Ladungsschäden, Prisen- und Embargosachen, Schiffs- und Schiffahrtsaktien-Verkaufsverbote
Werner, Geh. Just.-Rat
Schiffsverfrachtungsverbote und Fahrterlaubnisse, Fracht- und sonstige Tariffragen, Bunkerkohlen, Reedereiverband, Schiffahrtslinien
Jacobs, Kapitän z. S. a. D.

g) Seeschiffahrt im Waffenstillstands- und Friedensvertrag
1. Schiffsenteignungen und Reedereientschädigung, Reedereitreuhandgesellschaft
Dr. Goldmann, Ger.-Ass., Dr. Lahr, Min.-Rat
2. Neubauten (Pflichtbauten)
Killinger, Reg.-Rat, Dr. Lahr, Min.-Rat
3. Ablieferung der Schiffe
Jacobs, Kap. z. S. a. D.
4. Frachtabkommen
Dr. Lahr, Min.-Rat.
5. Ablieferung des Hafenmaterials
Jacobs, Kap. z. S. a. D., Dr. Goldmann, Ger.-Ass.

h) Schiffsregister
Schiffshypotheken, Entschädigung der Schiffshypothekengläubiger aus Anlaß der Schiffsabtretungen
Dr. Goldmann, Ger.-Ass.

Abteilung IV/A (Außenhandel)

Leiter: von Le Suire, Ministerialdirektor

Vertreter für Sektion 1, 3, 4, 5: Mathies, Ministerialrat

Vertreter für Sektion 2, 7: Dr. Trendelenburg, Ministerialrat

Zur Verfügung des Leiters: Dr. Hoffmann (H)

Sektion IV/A 1: Die Wirtschaftsfragen des Friedensvertrages: (finanzielle Fragen in Verbindung mit I/4)
Dr. Frhr. v. Massenbach, Min.-Rat, Heymann, Ger.-Ass., Dr. Hoffmann (H)

Sektion IV/A 2: Ein- und Ausfuhrfragen, Grenzkontrolle, Verkehr mit den besetzten Gebieten. Auskunftserteilung und Informationsdienst der Entente
Dr. Trendelenburg, Min.-Rat, Reinshagen, Reg.-Rat, Dr. Bruch, Ger.-Ass., Hartmann, Ger.-Ass. a. D., Dr. Hoffmann (H)

Sektion IV/A 3: Ausfuhrabgaben:

a) Sachliche Fragen des Tarifs, Abgaben außerhalb des Tarifs
Thurmann, Min.-Rat, Dr. Neubronner
b) Allgemeine Fragen, Rechtsfragen, Ausführungsbestimmungen, Gebühren der Außenhandelsstellen
Hartmann, Ger.-Ass. a. D.
c) Formelle Fragen des Tarifs
Schröder, Min.-Sekr.
d) Bearbeitung von Einzelanträgen (Erlaß aus Billigkeitsgründen und dergl.)
Gallenbeck, Reg.-Rat, Hartmann, Ger.-Ass. a. D., Korr. bei Rechtsfragen

Sektion IV/A 4: Handels- und Wirtschaftsabkommen mit Frankreich, Belgien, Italien (unter Mitbeteiligung von IV B), Großbritannien und Kolonien
Mathies, Ministerialrat, Nehring, Ministerialrat, Reinshagen, Regierungsrat

Sektion IV/A 5: Handels- und Wirtschaftsabkommen mit Polen, Rußland, Randstaaten, Tschechoslowakei, Jugoslawien, Rumänien, Griechenland, Portugal
Sjöberg, Min.-Rat, Haßlein, Reg.-Rat, Hartmann, Ger.-Ass. a. D., Crohn-Wolfgang, Dr. Hoffmann (H)

Sektion IV/A 6: Valuta- und internationale Zahlungsfragen (in Verbindung mit I/4), allgemeine Kreditfragen nach besonderer Vereinbarung mit Abteilung I
Pritschow, v. Haas, Bendix, Felsing, Stuhldreier (H), Linke (H)

Sektion IV/A 7: Kompensationsgeschäfte, private Geschäfte, an denen das Reich interessiert ist, einschl. der dazugehörigen Kreditfragen
Dr. Kreuter, Min.-Rat, Schall, Gecks

Der Abteilung IV/A angegliedert:

Reichskommissar für Aus- und Einfuhrbewilligung
Dr. Trendelenburg, Min.-Rat, Wieneke, Ober-Reg.-Rat, Syboth, Reg.-Rat, Simon, Reg.-Rat

Dem Reichskommissar für Aus- und Einfuhrbewilligung unterstellt:
Der Reichsbeauftragte für die Überwachung der Aus- und Einfuhr
von Flügge, Widmann, Kornalewski

Kommissar des Reichswirtschaftsministeriums bei der Devisenbeschaffungsstelle
Kielmeyer, Reg.-Rat

Abteilung IV/B (Außenhandel)

Leiter: Ministerialdirektor v. Schoenebeck, zugleich Vertreter des Reichswirtschaftsministeriums beim Auswärtigen Amt, Abt. 10

Vertreter: Ministerialrat Flach

Sektion IV/B 1: Vorbereitung der künftigen Handelsverträge, soweit nicht Friedensvertrags-, Kontingents- und sonstige Übergangswirtschaftsfragen in Betracht kommen
Flach, Min.-Rat, Mathies, Min.-Rat, Thurmann, Min.-Rat, Sjöberg, Min.-Rat, Grande (H)

Sektion IV/B 2: Handels- und Wirtschaftsabkommen mit folgenden Ländern:

a) Niederlande, Skandinavien (Dänemark, Schweden, Norwegen)
Sjöberg, Min.-Rat

b) Deutsch-Österreich, Ungarn, Bulgarien, Türkei
Flach, Min.-Rat, Reinbold, Reg.-Rat (nebenamtlich)

c) Schweiz, Spanien, Italien (unter Mitbeteiligung von Abt IV/A)
Flach, Min.-Rat, Mathies, Min.-Rat, Dr. Dalchow, Reg.-Rat

d) Vereinigte Staaten von Amerika, Mittel- und Südamerika, Japan und sonstige nicht unter Abt. IV/A, 4 und 5 erwähnte Länder
N. N.

Sektion IV/B 3: Oberleitung des gemeinsamen Zollbüros des Reichswirtschaftsministeriums und des Auswärtigen Amts: Der Abteilungsleiter mit Unterstützung von
Flach, Min.-Rat, Wienecke, Min.-Sekr. (als Leiter das Zollbüros)

Sektion IV/B 4: Generalreferat für den deutschen Zolltarif, Leitung der Revisionsarbeiten
Flach, Min.-Rat

Sektion IV/B 5: Revisionsarbeiten sowie sonstige Fragen des Zolltarifs, Zollbeschwerden, betreffend:

a) Land- und Forstwirtschaft, Viehzucht, landwirtschaftl. Nebengewerbe (Müllerei, Zucker-, Schokoladenindustrie pp.), Nahrungs- und Genußmittel, Gährungsgewerbe, Tabakserzeugnisse
Sundermann

b) Chemische Erzeugnisse, Farb- und Gerbstoffe, Öle und Fette und Erzeugnisse der Fettspaltung, Mineralöle, Erzeugnisse der Teer-, Holz- und Harzdestillation, Zündwaren, künstliche Düngemittel
Dr. Dalchow, Reg.-Rat, Wiedemann, Min.-Sekr. (H)

c) Erden und Steine, Glas und Keramik, Leder und Lederwaren, Kürschnerwaren, Kautschukwaren
Thurmann, Min.-Rat

d) Holzwaren, Schnitz- und Flechtwaren, Papier und Papierwaren, Bürsten, Pinsel
Sjöberg, Min.-Rat

e) Textilindustrie, einschl. Konfektion, Schirme, Metallgespinste (leonische Industrie)
Reinbold, Reg.-Rat

f) Metallindustrie, Maschinen und Apparate, Elektrotechnik, Fahrzeuge
Mathies, Min.-Rat, Wiedemann, Min.-Sekr. (H)

g) Optik, Feinmechanik, Uhren, Musikinstrumente, Edelmetalle und Edelmetallwaren, Kinderspielzeug und andere Abschnitte
N. N.

Sektion IV/B 6: Oberleitung des gemeinsam mit dem Reichsfinanzministerium zu errichtenden Tarifbüros
Flach, Min.-Rat

Sektion IV/B 7: Meß- und Marktwesen
Mathies, Min.-Rat

Abteilung V

Kohlenbergbau, Energiewirtschaft, Durchführung des Kohlenabkommens von Spa.

Leiter: von Le Suire, Ministerialdirektor
Vertreter: Kralik, Ministerialrat
Zur Verfügung des Leiters: Dr. Polke, Gerichts-Assessor

Sektion V/1: Allgemeine Fragen der Kohlenwirtschaft einschließlich Ausführung des Kohlenwirtschaftsgesetzes und Ein- und Ausfuhr:
Kralik, Ministerialrat

a) Steinkohle
Wolff, Bergassessor
b) Braunkohle
Berner, Reg.-Rat
c) Rechtsfragen
Dr. Polke, Ger.-Ass.
d) Personalien der Delegierten, Kassen- und Rechnungsfragen
Kralik, Min.-Rat, Boysen, Ministerialsekretär (H)

Sektion V/2: Versorgung des Inlandes mit Brennstoffen und elektrischer Arbeit
Berner, Reg.-Rat

a) Kohlenverteilung
Berner, Reg.-Rat
b) Kohlenschiebungen, Kohlenwucher, Kohlenbeschlagnahme
Dr. Polke, Ger.-Ass.
c) Transportfragen
Gottschalk, Reg.-Baum.
d) Personalfragen des Reichskohlenkommissars
Berner, Reg.-Rat, Boysen, Ministerialsekretär (H)

Sektion V/3: Förderung der Erzeugung:
Kralik, Ministerialrat

a) Betriebliche Maßnahmen, Beschaffung von Rohstoffen und Betriebsmitteln
Wolff, Bergassessor
b) Mitwirkung des Reichswirtschaftsministeriums bei:
1. Überschichten, Bergarbeiterlöhne und -tarife sowie allgemeine Bergarbeiterfragen
Osterroth
2. Bergarbeiterwohnwesen
Plötz, Westphal (H)
3. Versorgung der Bergarbeiter mit Nahrung und Kleidung
Berner, Reg.-Rat, Frau Kähler (M. d. R.)

Sektion V/4: Torf und Energiewirtschaft:
Jung

a) Torf, Preisfragen für sämtliche Brennstoffe, Gas-, Wasser- und Elektrizitätsfragen
Jung
b) Brennstoffverwertung, Ersparnis von Brennstoffen, Prüfung von Erfindungen, Verteilung elektrischer Arbeit, Statistik und Archiv
Dr. Fester

Abteilung VI

Innerer und Nachrichtendienst, Statistik, Versicherungswesen, Reichsstellen, Kali
Leiter: v. Tilly, Ministerialrat, Abteilungsdirigent, Bevollmächtigter des Reichswirtschaftsministeriums für die Kaliwirtschaft
Vertreter: Full, Ministerialrat

Sektion VI/1: Innerer Dienst und Dienstgebäude
Leiter: Full, Ministerialrat
a) Büroleitung und Geschäftsordnung
Feder, Ministerial-Bürodirektor
b) Geschäftsbetrieb im allgemeinen
Gallenbeck, Reg.-Rat
c) Auskunftsstelle, Organisation der Behörden und sonstiger Dienststellen; Dienstnachrichten
Wilczek, Min.-Sekr.
d) Dienstgebäude, Hausverwaltung, Hausordnung, Geräte- und Materialbeschaffung, Fernsprechdienst und Kraftwagenbetrieb
Herzer, Min.-Sekr.
Zur Sektion gehören:
das Hauptbüro, soweit es sich nicht um Personalien handelt
die Kanzlei (Vorsteher: Rogge, Ministerial-Kanzleivorsteher)

Sektion VI/2: Nachrichtendienst (außer direktem Nachrichtenverkehr)
Leiter: Dr. Wohlmannstetter, Min.-Rat, Herzog, Min.-Sekr. (H)
a) Pressestelle
Plötz
1. Presseauskunftsstelle, Pressekonferenz, auswärtige Pressevertreter
Stein
2. Verkehr mit den Pressebüros und Korrespondenzen, Reichszentrale für Heimatdienst
Saternus, Moeglich (H)
3. Fach- und Verbandspresse
Plötz
4. Redaktion der „Mitteilungen", Sitzungsdienst
Stargardt
b) Zusammenstellung des Tagesberichts, Herausgabe der Wirtschaftsnachrichten, Lektorat, Zeitungsdienst
Dr. Schwarz, Röttger (H)
c) Archiv
Dr. Schwarz
d) Wochenberichte, Denkschriften, Monatsberichte an den Reichspräsidenten
Dr. Cassau (nebenamtlich), Dr. Lautenbach
e) Bibliothek
Dr. Wohlmannstetter, Min.-Rat, Professor Dr. Wagemann, Min.-Rat

Sektion VI/3: Statistik
Leiter: Prof. Dr. Wagemann Min.-Rat
a) Statistisches Reichsamt
b) Vorbereitung statistischer Verordnungen
Dr. Platzer, Reg.-Rat, Dr. Pusch, Ger.-Ass.

c) Verarbeitende Statistik
d) Statistik des Auslandes und des Außenhandels, Statistik der zentralen Einfuhr
Dr. Soltau, Reg.-Rat, Dr. Eppenstein (H)
e) Statistik des Arbeitsmarktes, Bevölkerungsstatistik sowie Verbindung mit dem Reichsgesundheitsamt
Dr. Kahle

Sektion VI/4: Versicherungswesen, Maß und Gewicht, gewerblicher Rechtsschutz, Reichswirtschaftsgericht
Leiter: Kissel, Ministerialrat

a) Privates Versicherungswesen, ausgenommen Versicherungsstatistik und rein versicherungstechnische Sachen
Kissel, Min.-Rat, Dr. Aurin, Min.-Rat (nebenamtlich)
Korreferent für Transportversicherung
Dr. Lahr, Min.-Rat
Aufsichtsamt für Privatversicherung (Personalien und Haushalt)
Kissel, Min.-Rat
b) Reichskommissariat für die deutsche Versicherungsbank und für die deutsche Volksversicherungs-Aktiengesellschaft
Dr. Lahr, Min.-Rat
c) Versicherungsstatistik und rein versicherungstechnische Sachen
Dr. Aurin, Min.-Rat (nebenamtlich), Kissel, Min.-Rat
d) Mitwirkung bei der Sozialversicherung in versicherungstechnischen Fragen
Dr. Aurin, Min.-Rat (nebenamtlich), Kissel, Min.-Rat
e) Maß- und Gewichtswesen, Feingehalt der Gold- und Silberwaren
Dr. v. Koebke, Reg.-Rat
f) Reichsanstalt für Maß und Gewicht (Personalien und Haushalt)
Kissel, Min.-Rat
g) Gewerblicher Rechtsschutz und Reichswirtschaftsgericht
Dr. Müller, Reg.-Rat

Sektion VI/5: Reichsstellen und Selbstverwaltungskörper
Leiter: Dr. Schlottmann, Min.-Rat

a) Allgemeine Geschäftsführung und Finanzgebaren einschließlich Kredit- und Steuerfragen, Um- und Abbau der Kriegsorganisationen (in Verbindung mit den Fachsektionen)
Dannert, Bezirksrichter
b) Personalverhältnisse der Beamten, der Vorstands- und Aufsichtsratsmitglieder, der Geschäftsführer und der leitenden Angestellten (einschließlich Festsetzung ihrer Bezüge) sowie sonstige Aufsicht in personeller Beziehung und in Angelegenheiten allgemeiner Art, soweit sie nicht unter a) und d) fallen
Dr. v. Raven, Reg.-Rat
c) Ausschuß der gesetzgebenden Körperschaften zur Prüfung der Kriegsorganisationen
Dr. v. Raven, Reg.-Rat, Korr. Dr. Cassau (nebenamtlich)
d) Lohn- und Arbeitsverhältnisse der unter Tarifvertrag fallenden Angestellten, der gewerblichen Angestellten und der sonst im Arbeitsverhältnis stehenden Personen in Verbindung mit den Referaten a) und b) sowie Wohnungsfragen
Brinitzer

Sektion VI/6: Kali
Leiter: Graeßner, Min.-Rat
a) Kaliindustrie einschließlich Nebenerzeugnisse sowie Kaliabsatz
Graeßner, Min.-Rat
b) Steinsalz- und Siedesalzindustrie
Kretzschmar, Bergassessor
c) Haushalts-, Kassen- und Rechnungssachen in Kaliangelegenheiten
Devrient, Min.-Sekr.

Anhang zum Geschäftsverteilungsplan

I. Ehrenamtlich als Sachverständiger im Reichswirtschaftsministerium beschäftigt

Sektion II/3:
Quandt, Dr. Spitzer, Dyckhoff, Lange, Schönbach, Stolzenburg, Ostersetzer
Sektion IV A/6:
Dr. Hirschfeld, Etscheid, Dr. Pohle

II. Dem Reichswirtschaftsministerium angegliederte Kommissare

1. *der Reichskommissar für Eisenwirtschaft,* (Kommissar des Reichswirtschaftsministeriums beim Eisenwirtschaftsbund), Düsseldorf (Stahlhof)
Kommissar: Reg.-Baumeister a. D. Lennheim
Vertreter: Dr. Bösenberg
2. *Reichskommissar für Eisen- und Metallfertigerzeugnisse, Berlin*
Kommissar: Dr. Koenemann
Vertreter: Roth, Dipl.-Ing., v. Albert, Lieck, Thelen, Woytt (H)
3. *Reichskommissar für Erzversorgung, Düsseldorf*
Kommissar: Bergassessor a. D. Hiby
Vertreter: Dr. Ferfer
4. *Reichskommissar für Metallwirtschaft, Berlin*
Kommissar: Adler
Vertreter: Thiem, Professor
Linke
Klein (H)
5. *Der Reichskommissar für gewerbliche Wirtschaftsführung, Berlin*
Kommissar: Professor Schilling
6. *Der Kommissar des Reichswirtschaftsministeriums für die besetzten Gebiete*
Kommissar: Dr. Claussen, Geh. Reg.-Rat in Coblenz
7. *Delegierte für den Kohlenbergbau*
a) für Braunkohle: Wolf-Zitelmann, Berlin
b) für Steinkohle: Oberbergrat Fischer in Breslau, Bergrat Köhne in Essen

Stand: Dez. 1921*

Geschäftsverteilungsplan des Reichswirtschaftsministeriums

(Berlin W 15, Kurfürstendamm 193/194)

F.: Stadtverkehr: Steinplatz 6490–6498, 6940–6949, 13100–13110;
Fernverkehr: Steinplatz 12981–12983
PSch. der Hauptkasse: Berlin 38020

Das Reichswirtschaftsministerium bearbeitet die wirtschaftlichen Angelegenheiten des Reichs

Reichsminister: Robert Schmidt, MdR.
Staatssekretär: Prof. Dr. Hirsch
Ministerial-Bürodirektor: Feder, GRchK

Abteilung I

Aufgabenkreis: Allgemeine Organisationsfragen der Wirtschaft; Fragen des Mittelstandes, insbesondere des Handwerks und Handels; Justitiariat; Arbeiter- und Wanderungsfragen, soweit die wirtschaftliche Seite in Frage kommt; Genossenschaftsangelegenheiten; Verbraucherangelegenheiten; Kommunalisierung; Sozialisierung; Kartellwesen; Statistik; die wirtschaftliche Seite des Geld-, Devisen-, Kredit-, Bank- und Börsenwesens sowie des Steuerwesens, Preispolitik, Preisermittlung und Preisbestimmung (Preisprüfungsstellen); Schleichhandel- und Wucherbekämpfung; Nachrichtendienst des Ministeriums.

Zum Zwecke einer möglichst engen Fühlungnahme mit dem Handwerk besteht ein Handwerkerbeirat, der sich aus je 5 Vertretern der Arbeitgeber und Arbeitnehmer sowie aus 1 Vertreter der gewerblichen Genossenschaften zusammensetzt.

Veröffentlichungen:

1. „Wirtschaftsnachrichten", eine täglich erscheinende Zusammenstellung der wirtschaftlichen Veröffentlichungen aus der deutschen und ausländischen Tages- und Fachpresse. Postbezugspreis monatlich 25 M.
2. „Mitteilungen für Preisprüfungsstellen". Erscheinen am 1. und 16. jeden Monats. Carl Heymanns Verlag, Berlin W 8, Mauerstraße 43/44. Postbezugspreis 8 M vierteljährlich.

Direktor: Ministerialdirektor Dr. Hüttenhein.

Referenten: Ministerialräte Prof. Dr. Wagemann, GRgR. / Wessig, GRgR. / Dr. Schäffer, GRgR. / Dr. Reichardt, GRgR. / Dr. Staudinger, GRgR. / Susat / Rogatsch / Oberregierungsrat Gallenbeck / Regierungsräte Dr. Soltau / Wodtke / Dr. Löwe / Dr. Kintscher gen. von Köbke / Dr. Josten / Reichsbankrat Dr. Fahrenkamp / Brukisch / Frl. Dr. Berliner / Dr. Eppenstein / Dr. Kiegel / Dr. Kürbs / Peine, MdR. / Plötz / Dr. Rogowsky / Dr. Rüstow / Dr. Schwarz / Dr. Stern.

Abteilung II

Aufgabenkreis: Wirtschaftliche Fragen der Industrie, des Bergbaues und des Handels auf allen Fachgebieten.

Dirigent: Ministerialrat Dipl.-Ing. Freiherr Treusch von Buttlar-Brandenfels, GRgR.

Referenten: Ministerialräte Graeßner, GORgR. / Dr. Mathies, GRgR. / Waldeck, GRgR. / Hagemann, GRgR. / Nehring, GRgR. / Wessig, GRgR. Kralik / Dr. Mahnke / Susat / Oberregierungsräte Dr. Müller / Reinicke / Dr. Willecke / Dr. Imhoff / Ruel-

---

* Hdb. f. d. Dt. Reich Jg. 41. 1922. S. 139–156.

berg / Dr. Feßler / Feldbausch / Berner / Harbig / Regierungsräte Dr. von Alten-Reuß / Dr. von Raven / Dr. Löwe / Dipl.-Ing. Kraft / Dr. Josten / Amberger / Dr. Leiße / Dr. Lommatzsch / Kriegsgerichtsrat Kurtz / Mar.-Bmstr. Walcher / Berg-Ass. Kretzschmar / Berg.-Ass. Dr. Vietor / Direktor Jung (ehrenamtl.) / Adler / Prof. Dr. Fester / Dr. Heydenreich / Rg.-Bmstr. a. D. Krüger / Dr. Letzel / Osterroth, MdPrL. / Dr. Rüstow / Rg.-Bmstr. a. D. Schäfer / Dr. Schering.

Abteilung III

Aufgabenkreis: Beamten- und Angestelltensachen; innerer Dienst; Haushalts- und Kassensachen; das private Versicherungswesen; Maß- und Gewichtswesen; Reichswirtschaftsgericht; gewerblicher Rechtsschutz; Reichsstellen; Selbstverwaltungskörper; Verkehrswesen.

Veröffentlichungen:

1. „Internationales Signalbuch". Letzte Ausgabe vom Jahre 1911. Verlag der Vereinigung wissenschaftlicher Verleger Walter de Gruyter & Co., Berlin W 10, Genthiner Straße 38.
2. „Amtliche Liste der deutschen Seeschiffe" mit Unterscheidungssignalen als Anhang zum Internationalen Signalbuch. Erscheint jährlich etwa im März neu und wird zu Anfang der Monate April, Juli und Oktober durch Nachträge ergänzt. Verlag wie zu 1.
3. „Handbuch für die deutsche Handelsmarine". Erscheint jährlich etwa im September. Verlag wie zu 1.
4. „Entscheidungen des Oberseeamts und der Seeämter des Deutschen Reichs" Erscheinen zwangslos in Bänden zu je 5 Heften. Verlag L. Friederichsen & Co., Hamburg.
5. „Nautisches Jahrbuch" (Ephemeriden und Tafeln für das laufende Kalenderjahr zur Bestimmung der Zeit, Länge und Breite zur See nach astronomischen Beobachtungen). Erscheint jährlich, und zwar ein bis anderthalb Jahre vor dem Kalenderjahr, für das es gilt. Carl Heymanns Verlag, Berlin W 8, Mauerstraße 43/44.

Die Veröffentlichungen 1 bis 4 werden von der Redaktion für nautische Veröffentlichungen im Reichswirtschaftsministerium, das Buch zu 5 von der Redaktion des nautischen Jahrbuchs (Oberregierungsrat Dr. Schrader, GRgR.), Berlin W 15, Kurfürstendamm 193/194 bearbeitet.

Direktor: Ministerialdirektor von Jonquières, WGR.
Dirigent: Scharmer, Präsident des Reichskanalamtes.

Referenten: Ministerialräte Kissel, GRgR. / Dr. Wehrmann, GRgR. / Dr. Freiherr von Massenbach / Dr. Lahr / Oberregierungsräte Schmaltz, Kapitän z. S. a. D. / Werner, GJR. / Dr. Heintze / Dr. Hoppe / Godlewski / Ministerial-Bürodirektor Feder, GRchR. / Regierungsräte Dr. Tettenborn / Moßdorf / Dr. Zeh / Dr. Goldmann / Dr. Teubert / Dr. Dannert / Ministerialamtmänner Feick, GRchR. / Wilczek, RchR. / Herzer / Dr.-Ing. Gottschalk, Rg.-Baurat / Kohl.

Abteilung IVA

Aufgabenkreis: Außenhandelskontrolle; Wirtschaftspolitik gegenüber den Ententeländern und dem Osten.

Abteilung IVB

Aufgabenkreis: Zollpolitik; Revision des deutschen Zolltarifs; Wirtschaftspolitik gegenüber den Nichtententestaaten und den überseeischen Ländern.

Zur Beratung über zolltarifarische Fragen besteht ein Zolltarifausschuß, der sich aus Vertretern der Reichsministerien, in deren Zuständigkeit diese Arbeiten fallen, ferner aus Vertretern von Länderregierungen und aus Vertretern des Wirtschaftslebens zusammensetzt.

Veröffentlichungen:

„Deutsches Handels-Archiv", Zeitschrift für Handel und Gewerbe. Erscheint in Monatsheften. Verlag E. S. Mittler & Sohn, Berlin SW 68, Kochstr. 68–71.

Direktor von IVA: Ministerialdirektor Dr. Trendelenburg,
Direktor von IVB: Ministerialdirektor Dr. von Schoenebeck,
Dirigent: Ministerialrat Flach, GORgR.

Referenten: Ministerialräte Full, GRgR. / Dr. Schlottmann, GRgR. / Dr. Mathies, GRgR. / Thurmann, GRgR. / Dr. Wohlmannstetter / Dr. Sjöberg / Reinshagen / Wieneke / Oberregierungsräte Gallenbeck / Wienecke / Dr. Landwehr / Regierungsräte Kielmeyer / Dr. von Meyer / Rheinboldt / Ministerialamtmann Rogge, RchR. / Ministerialamtmann Schröder / Crohn-Wolfgang / Gecks / Ger.-Ass. a. D. Hartmann / Dr. Hoffmann / Dr. Horstmann / Dr. Neubronner.

Die Auskunftsstelle des Reichswirtschaftsministeriums gibt auf Anfragen Auskunft über Zuständigkeit, Anschriften und Fernsprechanschlüsse der Dienststellen des Reichswirtschaftsministeriums, der diesem unterstellten Behörden, der Reichsorganisationen und Selbstverwaltungskörper.

Geschäftsbereich des Reichswirtschaftsministeriums

A. Behörden und Reichsstellen behördlichen Charakters

1. Statistisches Reichsamt

(Berlin W 10, Lützowufer 8)
F.: Kurfürst 9509–9513, Präsident: Lützow 9777
PSch.: Berlin 9

Das Statistische Reichsamt hat die Aufgabe:

1. das auf Grund von Gesetzen oder auf Anordnung der Reichsregierung für die Reichsstatistik zu liefernde Material zu sammeln, zu prüfen, technisch und wissenschaftlich zu bearbeiten und die Ergebnisse geeignetenfalls zu veröffentlichen;
2. auf Anordnung der Reichsregierung statistische Nachweisungen aufzustellen und über statistische Fragen gutachtlich zu berichten

Zur Begutachtung der auf Grund der Wertanmeldung ermittelten Durchschnittswerte tritt nach Bedarf beim Statistischen Reichsamt ein Beirat für Handelsstatistik zusammen, der aus Sachverständigen der Landwirtschaft, der Industrie und des Handels besteht.

Veröffentlichungen:

1. Statistik des Deutschen Reichs, Erste Reihe, Bd. I–LXIII (1873–1883); fortgesetzt als Neue Folge, Bd. 1–149 (1884–1903); fortgesetzt ohne den Zusatz „Neue Folge" Bd. 150 f. (1903 f.) – Jeder Band bildet ein abgeschlossenes Ganzes und ist einzeln käuflich (Ladenpreis je 1 bis 30 M). Es ist das große amtliche Quellenwerk zur Reichsstatistik. Es werden darin die Ergebnisse der wichtigeren größeren Arbeiten, sowohl der jährlich oder in größeren Zwischenräumen wiederkehrenden wie der einmaligen größeren Erhebungen veröffentlicht. Verlag Puttkammer & Mühlbrecht, Berlin W 56, Französische Straße 28.

2. Vierteljahreshefte zur Statistik des Deutschen Reichs. Erscheinen seit 1892. Sie umfassen ihrem Inhalt nach fast das gesamte Arbeitsgebiet des Statistischen Reichsamts; Auszüge und vorläufige Mitteilungen aus dem Quellenwerk (1). Verlag wie zu 1. Ladenpreis des Jahrgangs 1920 16 M, Einzelhefte 4 M; des Jahrgangs 1921 32 M, Einzelhefte 8 M. Nach Bedarf erscheinen Ergänzungshefte.

3. Monatliche Nachweise über den auswärtigen Handel Deutschlands. Erscheinen seit 1892. Vom Juli 1914 bis einschließlich Juni 1920 nicht veröffentlicht. Es werden darin ausführliche Angaben über die Aus- und Einfuhr der einzelnen Waren nach Ländern gebracht. Verlag wie zu 1. Einzelhefte 1920 je 6 M, Mai/Juniheft 1921 12 M, die übrigen 1921 je 8 M, der ganze Jahrgang 1921 60 M.

4. Statistisches Jahrbuch für das Deutsche Reich. Erscheint seit 1880. Enthält die Hauptergebnisse der gesamten Reichsstatistik. Anhang seit 1903: Internationale Übersichten. Verlag wie zu 1. Ladenpreis des letzten Jahrgangs 1920 6 M.

5. Zeitschrift „Wirtschaft und Statistik". Erscheint seit Januar 1921; bisher monatlich, später halbmonatlich. Es werden darin die neuesten Ergebnisse der deutschen und ausländischen Statistik übersichtlich und gemeinverständlich in Aufsätzen und Mitteilungen unter Beifügung von graphischen Darstellungen veröffentlicht. Verlag Reimar Hobbing, Berlin SW 61, Großbeerenstraße 17. Bezugspreis in Deutschland für das Vierteljahr (3 Hefte) 12 M; Einzelheft 4 M.

6. Statistik der Güterbewegung auf deutschen Eisenbahnen. Erscheint seit 1909. Zuletzt Jahrgang 1919, Bd. 86. Carl Heymanns Verlag, Berlin W 8, Mauerstraße 43/44. Ladenpreis 27,50 M.

Präsident: Delbrück, WGORgR.

Abteilung I

Abteilung IA: Verwaltung und allgemeine Angelegenheiten

Abteilung IB: Allgemeine Statistik: Bevölkerungsstatistik (Volkszählungen, Geburten, Sterbefälle, Selbstmorde, Eheschließungen, Auswanderung, Sterbetafeln); Geld- und Kreditwesen (Versicherungswesen, Sparkassen, Konkurse, Aktiengesellschaften, Finanzen des Reichs und der Bundesstaaten); Landwirtschaft (Anbau, Saatenstand und Ernte, Viehhaltung, Schlachtvieh und Fleischbeschau, Marktverkehr mit Vieh); Produktion (bergbauliche Betriebe, Kohlen-, Eisen- und Hüttenindustrie sowie Produktion sonstiger Industriezweige); Wahlstatistik (Reichstagswahlen, Präsidentenwahl, Volksentscheide); Kriminalstatistik; Schulstatistik; Wohnungszählungen; Dampfkesselexplosionen; Ortsklassenverzeichnis.

Die Abteilung I steht unter der unmittelbaren Leitung des Präsidenten

Abteilung II

Abteilung IIA: Handelsstatistik, auswärtiger Handel, Zollerträge, Seefischerei, Bodenseefischerei.

Abteilung IIB: Steuerstatistik (Reichssteuern); Verkehrsstatistik (Eisenbahnen: Güterbewegung auf deutschen Eisenbahnen); Binnenschiffahrtsstatistik (Bestand der deutschen Binnenschiffe, Schiffs-, Floß- und Güterverkehr auf den deutschen Binnenwasserstraßen); Seeschiffahrtsstatistik (Bestand der deutschen Seeschiffe, Schiffsunfälle deutscher Seeschiffe, Schiffsunfälle an der deutschen Küste, Seeverkehr in deutschen Hafenplätzen, Seereisen deutscher Schiffe, Verkehr im Kaiser Wilhelm-Kanal, Anmusterungen von Vollmatrosen und unbefahrenen Schiffsjungen für die deutsche Handelsmarine).
Direktor: Seyboth.

Abteilung III

Wirtschafts- und Sozialstatistik: Berufsstatistik; landwirtschaftliche und gewerbliche Betriebsstatistik; Preis- und Teuerungsstatistik: Kleinhandelspreise, Großhandels- und Börsenpreise, Auslandspreise, Lebenshaltungsstatistik, Indexberechnungen; Frachten- und Devisenstatistik; Genossenschaftsstatistik; Statistik der Handels-, Handwerks- und Landwirtschaftskammern; Statitik der Bautätigkeit; Lohn- und Gehaltsstatistik; Statistik der Krankenversicherung: Registerband für die Berichte der Gewerbeaufsichtsbeamten und Bergbehörden; Statistik über die Tätigkeit der Rechtsauskunftsstellen, der Gewerbe- und Kaufmannsgerichte. Außerdem Zusammenstellung und Verwertung wirtschaftsstatistischer Nachrichten aus dem In- und Ausland in der von der Abteilung bearbeiteten Zeitschrift „Wirtschaft und Statistik".
Direktor: Dr. Platzer.

2. Reichsanstalt für Maß und Gewicht

(Charlottenburg 2, Werner-Siemens-Straße 27/28)
F.: Wilhelm 812, 5793. PSch.: Berlin 10

Die Reichsanstalt für Maß und Gewicht hat nach § 19 der Maß- und Gewichtsordnung vom 30. Mai 1908 (RGbl. S. 349) alle die technische Seite des Eichwesens betreffenden Fragen zu regeln und darüber zu wachen, daß das Eichwesen im gesamten Reichsgebiet nach übereinstimmenden Regeln und dem Interesse des Verkehrs entsprechend gehandhabt wird. Sie stellt die Bedingungen für die Eichfähigkeit der Meßgeräte fest und erläßt die Vorschriften für ihre Eichung (Eichordnung vom 8. November 1911, Rgbl. S. 960 — besondere Beilage zu Nr. 62 — und Instruktion zur Eichordnung vom 27. November 1911). Sie ist mit der Beglaubigung nicht eichfähiger Geräte, insbesondere solcher für steueramtliche Zwecke, betraut. Sie hat das deutsche Urmaß, das Meter und das Urgewicht des Kilogramms in Verwahrung und prüft auf Antrag die Genauigkeit und Richtigkeit der feinsten in Wissenschaft und Industrie verwendeten Maße und Gewichte durch Vergleichung mit dem deutschen Urmaß und Urgewicht. Die Reichsanstalt für Maß und Gewicht ist befugt, zeitweilig, mit Genehmigung des Reichsrats dauernd die Eichung bestimmter Gattungen von Meßgeräten sich ausschließlich vorzubehalten oder unter ihre unmittelbare Aufsicht zu stellen. Meßgeräte, die von ihr geprüft und gestempelt sind, gelten als geeicht im Sinne der Maß- und Gewichtsordnung.

Die Reichsanstalt für Maß und Gewicht besteht aus einer ständigen Abteilung und aus einer mindestens einmal im Jahre unter dem Vorsitz des Direktors tagenden Vollversammlung, zu der beigeordnete Mitglieder gehören.

Die beigeordneten Mitglieder werden von dem Reichswirtschaftsminister auf fünf Jahre ernannt.

Veröffentlichungen:
1. „Mitteilungen der Reichsanstalt für Maß und Gewicht". Erscheinen zwanglos. Es werden darin alle das Eichwesen betreffenden Neuerungen und Vorschriftsänderungen veröffentlicht. Verlag Julius Springer, Berlin W 9, Linkstr. 23/24.
2. „Wissenschaftliche Abhandlungen der Reichsanstalt für Maß und Gewicht". Werden in Sammelheften herausgegeben, von denen acht erschienen sind. Verlag wie zu 1.

Direktor: Dr. Plato, GRgR.

3. Reichsschiffsvermessungsamt

(Berlin SW 61, Gitschiner Straße 97—103.) F.: Dönhoff 1147. PSch.: Berlin 11212

Das Reichsschiffsvermessungsamt führt die Aufsicht über die Vermessung der Seeschiffe und über die Eichung der Binnenschiffe auf der Elbe, der Weser, den Wasserstraßen östlich der Elbe und dem Dortmund-Ems-Kanal. Außerdem liegt ihm für die in Preußen und Lübeck vermessenen Seeschiffe, soweit sie in ein Schiffsregister eingetragen werden sollen, die Ausfertigung der Meßbriefe ob.

Direktor: Dr. Rieß, GRgR.
Vertreter: Oberregierungsrat Gehlhaar.

4. Reichsaufsichtsamt für Privatversicherung

(Berlin W 15, Ludwigkirchplatz 3/4.) F.: Pfalzburg 1535, 4984. PSch.: Berlin 11305

Dem Reichsaufsichtsamte für Privatversicherung steht nach Maßgabe des Gesetzes vom 12. Mai 1901 über die privaten Versicherungsunternehmungen (RGbl. S. 139) die Beaufsichtigung derjenigen inländischen privaten Versicherungsunternehmungen zu, deren Geschäftsbetrieb nicht auf das Gebiet eines Landes beschränkt ist sowie derjenigen ausländischen Versicherungsunternehmungen, welche durch Vertreter, Bevollmächtigte, Agenten oder sonstige Vermittler in einem oder in mehreren Ländern Geschäfte treiben. Außerdem ist dem Aufsichtsamte durch besondere Verordnungen gemäß § 3 Abs. 1 a.a.O. die Aufsicht übertragen worden über private Versicherungsunternehmungen, deren Geschäftsbetrieb sich beschränkt auf Bayern, Hessen, Mecklenburg-Strelitz, Lippe oder Schaumburg-Lippe.

Das Reichsaufsichtsamt entscheidet über Zulassungsgesuche inländischer Versicherungsunternehmungen, die in mehr als einem Lande Geschäfte betreiben wollen; ebenso bedarf jede Änderung ihres Geschäftsplans seiner Genehmigung.

Gegen die wichtigeren Entscheidungen des Reichsaufsichtsamts steht den Beteiligten der Rekurs zu. Über diesen entscheidet das Aufsichtsamt in der Besetzung von drei Mitgliedern einschließlich des Vorsitzenden unter Zuziehung von zwei Mitgliedern des Versicherungsbeirats sowie eines richterlichen Beamten und eines Mitglieds eines höchsten Verwaltungsgerichtshofs in einem Lande.

Das Reichsaufsichtsamt kann die Inhaber, Geschäftsleiter, Bevollmächtigten und Agenten eines Versicherungsunternehmens zur Befolgung der auf Grund des Gesetzes erlassenen Anordnungen durch Geldstrafen bis zu 1000 M anhalten.

Zur Erleichterung des Geschäftsverkehrs des Aufsichtsamts mit den beaufsichtigten Unternehmungen sind in Bayern am Sitze der Kreisregierungen und in Württemberg besondere Kommissare bestellt worden, die im Auftrag und nach näherer Anordnung des Amtes mit der Ausübung der unmittelbaren Aufsicht betraut sind.

Zur Mitwirkung bei der Aufsicht und zur Teilnahme an den wichtigeren Entscheidungen ist bei dem Aufsichtsamt aus Sachverständigen des Versicherungswesens ein Versicherungsbeirat gebildet, dessen Mitglieder vom Reichspräsidenten auf fünf Jahre ernannt werden.

Veröffentlichungen:

1. „Veröffentlichungen des Reichsaufsichtsamts für Privatversicherung". Erscheinen drei- bis viermal im Jahre. Es werden darin Mitteilungen über den Stand der der Aufsicht unterliegenden Versicherungsunternehmungen sowie über die Wahrnehmungen der Behörde auf dem Gebiete des Versicherungswesens gebracht. Ferner enthalten diese Veröffentlichungen eine fortlaufende Zusammenstellung der Rechts- und Verwaltungsgrundsätze aus dem Bereiche des Geschäftsgebiets des Reichsaufsichtsamts. Verlag der Vereinigung wissenschaftlicher Verleger Walter de Gruyter & Co., Berlin W 10, Genthiner Straße 38. Bezugspreis durch den Buchhandel jährlich 40 M.
2. „Versicherungs-Statistik über die unter Reichsaufsicht stehenden Unternehmungen", ein umfangreicheres Werk, wovon zuletzt der Jahrgang 1916 in den Handel gegeben wurde. Verlag wie zu 1.

Präsident: Jaup, WGORgR.
Ständiger Vertreter des Präsidenten: Direktor Professor Dr. Freiherr von Liebig GRgR.

Abteilung 1. In- und ausländische große Lebensversicherungsunternehmungen. Direktor: Professor Dr. Freiherr von Liebig, ORGR.
Abteilung 2. Technische Abteilung (Versicherungsmathematik, Jahresabschlüsse, Statistik usw.). Direktor: Dr. Broecker, ORgR.
Abteilung 3. Kleine Lebensversicherungsunternehmungen und Krankenversicherung. Direktor: Becker, ORgR.
Abteilung 4. Unfall-, Haftpflicht-, Sach-, sonstige und Rückversicherungsunternehmungen. Direktor: Dr. Brillat, ORgR.
Abteilung 5. Landwirtschaftliche Versicherungsunternehmungen. Abteilungsleiter: Oberregierungsrat de Niem, ORgR.
Außerdem mit dem Vorsitz in den Spruchsenaten betraut: Oberregierungsräte Dr. Braunhälter/Mehlis.

5. Reichswirtschaftsgericht

(Charlottenburg 5, Witzlebenstr. 4—10.)
F.: Wilhelm 1807, 4440, 4728, 7174, 7987, 6531, 6532. PSch.: Berlin 29195

Das Reichswirtschaftsgericht ist gemäß § 2 der Verordnung über das Reichswirtschaftsgericht vom 21. Mai 1920 (RGbl. S. 1167) für die ihm durch Gesetz übertragenen Entscheidungen zuständig. Die wichtigsten der dem Reichswirtschaftsgericht übertragenen Aufgaben* ergeben sich aus folgender Übersicht:

Auf Grund der Gesetze, die zur Erfüllung der dem Reiche im Versailler Vertrag auferlegten Verpflichtungen erlassen worden sind, ist das Reichswirtschaftsgericht zur Entscheidung der Streitigkeiten berufen, die sich bei der Anwendung dieser Gesetze und der zu deren Ausführung erlassenen Verordnungen ergeben. Die Entscheidungen betreffen:

1. die Festsetzung einer angemessenen Entschädigung oder Vergütung für die an vormals feindliche Mächte abzuliefernden oder zurückzugebenden Güter, die das Reich von dem Verpflichteten zu fordern und gegebenenfalls zu enteignen gezwungen ist;
2. die Festsetzung einer angemessenen Entschädigung für die seitens der alliierten und assoziierten Mächte durch Liquidation verursachten Schäden.
   Gesetz über Enteignungen und Entschädigungen aus Anlaß des Versailler Vertrags vom 31. August 1919 (RGbl. S. 1527 §§ 6–8, Ausführungsgesetz zum Versailler Vertrag vom 31. August 1919 – RGbl. S. 1530 – §§ 8–10 und die auf Grund dieser gesetzlichen Vorschriften erlassenen Richtlinien; VO. über die Anforderung von Tieren zur Erfüllung des Versailler Vertrags vom 2. Dezember 1919 – RGbl. S. 1938 –, ergänzt durch die VO. vom 5. August 1920 – RGbl. S. 1551 –; VO., betreffend die Anforderung von Warenlieferungen, Werkleistungen usw., vom 22. Juli 1921 – RGbl. S. 948 –; VO. über die Rückgabe der aus Belgien, Frankreich und anderen Ländern entfernten Maschinen vom 28. März, 14. November, 22. Dezember 1919 – RGbl. S. 349, 1884, 2138 – und vom 25. Mai 1921 – RGbl. S. 927 –);
3. die Festsetzung von Vorschüssen, Beihilfen und Unterstützungen, die Auslands- und Kolonialdeutschen sowie den aus Elsaß-Lothringen und anderen abgetretenen Gebieten vertriebenen Deutschen für Liquidations-, Kriegs- und Verdrängungs-

* Eine vollständige Zusammenstellung der Zuständigkeitsgebiete gibt Klinger, Die Zuständigkeitsgebiete des Reichswirtschaftsgerichts, 2. Auflage 1921 (Verlag Spaeth & Linde, Berlin C 2, Königstr. 52).

schäden gewährt werden; ferner die Festsetzung der endgültigen Entschädigung für derartige Schäden (Richtlinien der Reichsregierung; Verdrängungsschäden-, Kolonialschäden- und Auslandsschädengesetz, sämtlich vom 28. Juli 1921 – RGbl. S. 1021, 1031, 1038 –);

4. die Festsetzung der Vergütung für Leistungen, die in dem besetzten Reichsgebiete für den Unterhalt der fremden Besatzungstruppen bewirkt worden sind (Gesetz vom 2. März 1920 – RGbl. S. 261 – in der Fassung vom 27. März 1920 – RGbl. S. 353 –);

5. die Aufhebung oder Abänderung von Verträgen gemäß § 55 des Reichsausgleichsgesetzes sowie die Entscheidung über Beschwerden gegen Vorentscheidungen des Reichsausgleichsamts (Reichsausgleichsgesetz vom 24. April 1920 – RGbl. S. 597 –, Verfahrensvorschriften vom 26. Juni 1920 – RGbl. S. 1348 –).

Das Reichswirtschaftsgericht ist weiter zuständig für die Festsetzung eines angemessenen Übernahmepreises für die zur Durchführung der Kriegs- und Übergangswirtschaft enteigneten Gegenstände und für die Entscheidung gewisser Streitigkeiten, die sich in Verfolg von Enteignungen und Beschlagnahmen ergeben, aber nicht die Höhe der Entschädigung betreffen. Auf diesem Gebiete sind folgende Aufgaben besonders hervorzuheben:

1. die Festsetzung des Übernahmepreises für die auf Grund der Sicherstellungsverordnung vom 24. Juni 1915 (RGbl. S. 357) in der Fassung der Bekanntmachungen vom 26. April 1917 (RGbl. S. 375) und vom 17. Januar 1918 (RGbl. S. 37) enteigneten Gegenstände;
2. die Festsetzung des Übernahmepreises für Kohlen, die durch den Reichskommissar für die Kohlenverteilung in Anspruch genommen worden sind (VO. vom 24. Februar 1917 –RGbl. S. 167 –, Bekanntmachung vom 21. März 1917 – RGbl. S. 250 –);
3. die Entscheidung von Streitigkeiten, betreffend die Bezahlung von Ablieferungsprämien für Getreide, Gerste und Kartoffeln (VO. vom 18. Dezember 1919 – RGbl. S. 1990 –, ergänzt durch VO. vom 14. April 1920 – RGbl. S. 516 –);
4. die Entscheidung über den Einspruch gegen Entscheidungen und Maßnahmen der Reichslederstelle aus Anlaß der Erhebung einer Wertzuwachsabgabe für Häute, Felle und Leder (VO. vom 26. Februar 1920 – RGbl. S. 264 –);
5. die in der Vertragsablösungsverordnung vom 8. August 1919 (RGbl. S. 1375), in der Abgeltungsverordnung vom 4. Dezember 1919 (RGbl. S. 2146) und in der VO., betreffend die Nichtigkeitserklärung von Verträgen vom 18. September 1919 (RGbl. S. 1700) vorgesehenen Entscheidungen;
6. die Entscheidung über die Beschwerde gegen die durch den Reichsbeauftragten für die Überwachung der Ein- und Ausfuhr ausgesprochenen Verfallerklärung verbotswidrig ein- oder ausgeführter Waren (VO. vom 16. Januar 1917 – RGbl. S. 41 – in der Fassung der VO. vom 22. März 1920 – RGbl. S. 334 –; VO. vom 20. Dezember 1919 – RGbl. S. 2128 – mit Ausführungsbestimmungen vom 8. April 1920 – RGbl. S. 500 –, VO. vom 26. März 1921 – RGbl. S. 440 –);

Ferner ist dem Reichswirtschaftsgericht auf dem Gebiete der allgemeinen Wirtschaft übertragen die Entscheidung von Streitigkeiten über die Höhe der Entschädigung im Falle der Enteignung von Roheisen, Schrott, von Erzeugnissen der Eisenindustrie und von Rohteer (VO. vom 1. April 1920 – RGbl. S. 435 – und vom 7. Juni 1920 – RGbl. S. 1156 –).

Schließlich liegt dem Reichswirtschaftsgericht noch die Entscheidung über die Beschwerde gegen Entscheidungen der auf Grund des Reichsunruheschädengesetzes vom 12. Mai 1920 (RGbl. S. 941) errichteten Ausschüsse und gemäß VO. vom 30. März 1921 (RGbl. S. 448) die Bearbeitung der Geschäfte ob, die in Schutzhaftangelegenheiten dem früheren Reichsmilitärgericht übertragen waren.

Das Reichswirtschaftsgericht entscheidet auf Beschwerde oder andere Rechtsmittel in letzter Instanz, in einigen Fällen auch in erster und einziger Instanz.

Auf Grund der VO. vom 18. Februar 1920 (RGbl. S. 276) und gemäß § 3 der oben angeführten VO. vom 21. Mai 1920 kann das Reichswirtschaftsgericht auch bei gewissen anderen, vorstehend nicht erwähnten wirtschaftlichen Streitigkeiten durch Vereinbarung der Parteien für zuständig erklärt werden.

Der Präsident und zwei Senatspräsidenten des Reichswirtschaftsgerichts sind zugleich Mitglieder des Wahlprüfungsgerichts beim vorläufigen Reichswirtschaftsrat.

Präsident: Dr. Lucas
Senatspräsidenten: Dr. Hertel / Itschert / Dr. Schreiner / Dr. Zimmermann / Dr. Dreist / Dr. Köppel

6. Reichsoberseeamt

(Berlin NW 40, Am Königsplatz 6 im Dienstgebäude des Reichsministeriums des Innern.)
F.: Zentrum 6960–6969, Moabit 1417, 8892

Das Reichsoberseeamt ist die oberste Spruchbehörde in Seeunfallsachen. Es entscheidet bei Beschwerden gegen die Sprüche der Seeämter darüber, ob einem Seeschiffer, einem Seesteuermann oder dem Maschinisten eines Seedampfschiffes die Befugnis zur Ausübung seines Gewerbes zu entziehen ist (Gesetz, betreffend die Untersuchung von Seeunfällen, vom 27. Juli 1877 — RGbl. S. 549 —).

Vorsitzender: Ministerialrat Isenbart, RORgR., Reichsministerium des Innern.
Stellvertretender Vorsitzender: Oberregierungsrat Werner, GJR., Reichswirtschaftsministerium

7. Reichskommissare bei den Seeämtern

Die Reichskommissare werden für die einzelnen Seeämter vom Reichswirtschaftsminister bestellt. Sie sind befugt, den Verhandlungen des Seeamts beizuwohnen, Einsicht in die Akten zu nehmen, Anträge, insbesondere auf Entziehung der Befugnis zum Gewerbebetriebe zu stellen, und falls der Vorsitzende des Seeamts die Einleitung einer Untersuchung ablehnt, bei dem Reichswirtschaftsminister die Anordnung einer Untersuchung zu beantragen. In Beschwerdefällen wohnen sie mit entsprechenden Befugnissen den Verhandlungen des Reichsoberseeamts bei.

Bei dem Seeamt zu:
Königsberg (Pr.): Simon, Fregattenkapitän a. D. zu Königsberg i. Ostpr.
Stettin, Stralsund: von Dassel, Konteradmiral a. D. zu Stettin.
Rostock i. M., Lübeck: Kühne, Vizeadmiral a. D. zu Lübeck.
Flensburg, Tönning: Böcker, Kapitän z. S. a. D. zu Flensburg.
Hamburg: von Ußlar, Vizeadmiral a. D. zu Hamburg. F.: Merkur 5490.
Bremerhaven: Thiele, Konteradmiral a. D. zu Bremen. F.: Hansa 2534.
Brake, Emden: Lilie, Konteradmiral a. D. zu Oldenburg i. O.

Die Geschäfte eines Kommissars bei dem Seeamt des Freistaates Danzig werden einstweilen von dem Fregattenkapitän a. D. Simon in Königsberg (Pr.) wahrgenommen.

8. Reichsprüfungsinspektoren

(Berlin W 15, Kurfürstendamm 193/194 im Dienstgebäude des Reichswirtschaftsministeriums.)
F.: Stadtverkehr: Steinplatz 6490–6498, 6490–6949, 13100–13110;
Fernverkehr: Steinplatz 12981—12983

Die Reichsprüfungsinspektoren haben darüber zu wachen, daß die vom Reiche erlassenen Vorschriften über die Prüfung der Seeschiffer, der Seesteuerleute, der Schiffsingenieure und Seemaschinisten befolgt und überall gleichmäßige Anforderungen an die Prüflinge gestellt werden. Sie werden nach Anhörung des Reichsrats durch den Reichspräsidenten ernannt.

A. Reichsinspektoren für die Seeschiffer- und Seesteuermannsprüfungen:

a) Für die von den Prüfungskommissionen in den nichtpreußischen Küstenländern des Reichs abzuhaltenden Prüfungen: Oberregierungsrat Dr. Schrader, GRgR.

b) Für die von den Prüfungskommissionen in Preußen abzuhaltenden Prüfungen: Oberregierungsrat Dr. Fulst, GRgR.

B. Reichsinspektor für die Schiffsingenieur- und Maschinistenprüfungen: Oberregierungsrat Dr.-Ing. Jahn.

9. Technische Kommission für Seeschiffahrt

(Berlin W 15, Kurfürstendamm 193/194 im Dienstgebäude des Reichswirtschaftsministeriums.)
F.: Stadtverkehr: Steinplatz 6490—6498, 6940—6949, 13100—13110;
Fernverkehr: Steinplatz: 12981—12983

Die Technische Kommission für Seeschiffahrt hat die Aufgaben:

1. dem Reichswirtschaftsminister auf Erfordern Gutachten über Seeschiffahrtsangelegenheiten zu erstatten,
2. aus eigenem Antrieb Vorschläge zur Verbesserung der dem Wirkungskreise des Reichswirtschaftsministeriums angehörenden Seeschiffahrtseinrichtungen zu machen. Auf Antrag anderer Behörden oder Personen darf die Kommission nur mit Genehmigung des Reichswirtschaftsministeriums Gutachten abgeben.

Die Kommission besteht, außer dem Vorsitzenden, aus zwölf auf Vorschlag der Regierungen der Küstenländer des Reichs vom Reichspräsidenten jedesmal auf drei Jahre ernannten Mitgliedern, zwei Vertretern des Reichswehrministeriums (Chef der Marineleitung), einem Vertreter des Reichsverkehrsministeriums und einem schiffahrtskundigen Beamten als Beirat.

Vorsitzender: Ministerialdirektor von Jonquières, WGR., Reichswirtschaftsministerium.

10. Sozialisierungskommission

(Büro: Berlin W 15, Kurfürstendamm 193/194 im Dienstgebäude des Reichswirtschaftsministeriums.)
F.: Stadtverkehr: Steinplatz 6490—6498, 6940—6949, 13100—13110;
Fernverkehr: Steinplatz 12981—12983

Die Sozialisierungskommission wurde auf Grund eines Erlasses des Herrn Reichspräsidenten vom 15. Mai 1920 (RGbl. S. 981) vom Reichswirtschaftsministerium einberufen. Die Sozialisierungskommission hat das Recht, auf Grund ihrer Arbeiten der Reichsregierung Vorschläge zu gesetzlichen und Verwaltungsmaßnahmen gemeinwirtschaftlicher Art zu unterbreiten sowie Anregungen zu einer wirtschaftlicheren und zweckmäßigeren Gestaltung der Reichs- und Staatsbetriebe, insonderheit der Post und der Eisenbahn, zu geben. Sie ist befugt, ihre Verhandlungen und die aus diesen hervorgegangenen Vorschläge nach Mitteilung an die Reichsregierung zu veröffentlichen. Von allen in einer obersten Reichsbehörde in Vorbereitung befindlichen Maßnahmen gemeinwirtschaftlicher Art ist alsbald der Kommission Mitteilung zu machen und ihr Gelegenheit zu geben, sie zum Gegenstand ihrer Verhandlungen zu machen.

Die Sozialisierungskommission ist ermächtigt, die in der Bekanntmachung über Auskunftspflicht vom 12. Juli 1917 (RGbl. S. 604) bezeichneten Rechte zum Zwecke der Durchführung ihrer Aufgaben auszuüben. Die Mitglieder der Kommission sind Beauftragte der Reichsregierung im Sinne der §§ 3 und 4 dieser Bekanntmachung. Die Gesamtzahl der Mitglieder soll 30 nicht überschreiten. Die Kommission wird gemäß den von ihr selbst zu machenden Vorschlägen durch den Reichswirtschaftsminister ergänzt.

Die Sozialisierungskommission ist befugt, durch das Reichswirtschaftsministerium innerhalb des Bereichs seiner Zuständigkeit bei allen Zentralbehörden und durch deren Vermittlung bei den diesen nachgeordneten Behörden alle zur Durchführung ihrer Arbeiten erforderlichen Auskünfte einzuziehen. Sie hat bis jetzt Ausschüsse für folgende Gebiete eingesetzt:

1. Kohle, Eisen und Kali;
2. Kommunalisierung, Wohnungswesen und Baustoffwirtschaft;
3. Energiewirtschaft;
4. allgemeine Wirtschaftsfragen, Außenhandel, Valuta, Steuerfragen usw.;
5. Eisenbahn und Post.

Veröffentlichungen: Bisher hat die Sozialisierungskommission Gutachten und die dazugehörigen Verhandlungsberichte über Sozialisierung des Kohlenbergbaues, Kommunalisierung, Organisation der Kaliindustrie, Neuregelung des Wohnungswesens, Bewirkung der Reparationsleistungen und Organisation der Reichseisenbahnen veröffentlicht. Verlag Hans Robert Engelmann, Berlin W 15, Knesebeckstr. 52/53.

Vorsitzender: Kautsky, Charlottenburg, Windscheidstr. 31

Mitglieder:

Dr. Ballod, Universitätsprofessor, Berlin-Lichterfelde (West), Hortensienstr. 12a.

Baltrusch, Geschäftsführer des Gesamtverbandes der christlichen Gewerkschaften Deutschlands, M. d. vorl. RWR., Berlin-Wilmersdorf, Kaiserallee 25 I.

von Batocki, Oberpräsident a. D., Prof. a. D. Universität Königsberg (Pr.), WGR., Bledau i. Ostpr.

Dr. Braun, Adolf, MdR., Berlin SW 48, Wilhelmstr. 130.

Cohen, Geschäftsführer der Zentralarbeitsgemeinschaft, M. d. vorl. RWR; Berlin Sw 48, Wilhelmstr. 130.

Feiler, Redakteur, M. d. vorl. RWR., Frankfurt a. M.-Eschersheim, Am Kirchberg.

Hartmann, Vorsitzender des Verbandes der Hirsch-Dunckerschen Gewerkvereine, MdPrL., Berlin NO 55, Greifswalder Str. 221/23.

Dr. Hilferding, Redakteur, M. d. vorl. RWR. und des Preuß. Staatsrats, Berlin NW 6, Schiffbauerdamm 26.

Kain, Generaldirektor der Deutschen Kaliwerke, Berlin W 35, Schöneberger Ufer 13.

Kaufmann, Architekt, Geschäftsführer des Bundes der Technischen Angestellten und Beamten, Grünau (Mark), Am Falkenberg 12 I.

Kraemer, Direktor, M. d. Vorstandes des Reichsverbandes der deutschen Industrie, M. d. vorl. RWR., Berlin W 10, Königin-Augusta-Str. 51 I.

Dr. Kuczynski, Direktor des Statistischen Amtes Schöneberg, Schlachtensee b. Berlin, Terrassenstr. 17.

Dr. Lederer, Universitätsprofessor, Heidelberg, Keplerstr. 28.

Dr. Lindemann, Staatsminister a. D., Universitätsprofessor, Köln, Claudiusstr. 1.

Dr. Luppe, 1. BürgM., Nürnberg, Rathaus.

Oeser, Staatsminister a. D., MdPrL., Merseburg.

Prentzel, GRgR., Berlin-Grunewald, Hubertusallee 34.

Dr. Rabbethge, Kommerzienrat, Klein Wanzleben b. Magdeburg.

Dr. Rathenau, Reichsminister des Auswärtigen, M. d. vorl. RWR., Berlin-Grunewald, Königsallee 65.

Dr. von Siemens, MdR. u. M. d. vorl. RWR., Siemensstadt bei Berlin.

Steger, Sekretär des Gewerkvereins der christlichen Bergarbeiter, MdPrL., Essen a. d. Ruhr, Schützenbahn 64.
Umbreit, Redakteur, M. d. vorl. RWR., Berlin SO 16, Engelufer 15.
Dr. Vogelstein, Berlin W 10, Drakestr. 1.
Dr. Weber, Alfred, Universitätsprofessor, GRgR., Heidelberg, Handschuhsheimer Landstr. 39.
Werner, Geschäftsführer des Bundes der Technischen Angestellten und Beamten, M. d. vorl. RWR., Berlin NW 52, Werftstr. 7.
Wissell, Reichsminister a. D., MdR. und d. vorl. RWR., Berlin SO 36, Plesser Str. 2.

11. Börsenausschuß

(Berlin W 15, Kurfürstendamm 193/194 im Dienstgebäude
des Reichswirtschaftsministeriums)
F.: Stadtverkehr: Steinplatz 6490—6498, 6940—6949, 13100—13110,
Fernverkehr: Steinplatz 12981—12983

Der Börsenausschuß ist gemäß § 3 des Börsengesetzes (Bekanntmachung vom 27. Mai 1908 — RGbl. S. 215 —) als Sachverständigenorgan zur Begutachtung über die durch dieses Gesetz der Beschlußfassung des Reichsrats überwiesenen Angelegenheiten gebildet. Die Mitglieder (z. Z. 40) werden vom Reichsrat in der Regel auf fünf Jahre gewählt, und zwar die Hälfte auf Vorschlag der Börsenorgane, die andere Hälfte unter angemessener Berücksichtigung von Landwirtschaft und Industrie. Für jedes Mitglied wird in gleicher Weise ein Stellvertreter gewählt. Der Börsenausschuß wählt für jede Wahlperiode den Vorsitzenden aus seiner Mitte.

12. Berufungskammer in Börsenehrengerichtssachen

(Berlin W 15, Kurfürstendamm 193/194 im Dienstgebäude
des Reichswirtschaftsministeriums)
F.: Stadtverkehr: Steinplatz 6490—6498, 6940—6949, 13100—13110
Fernverkehr: Steinplatz 12981—12983

Die Berufungskammer entscheidet gemäß § 17 des Börsengesetzes (Bekanntmachung vom 27. Mai 1908 — RGbl. S. 215 —) über Berufungen gegen Entscheidungen der Börsenehrengerichte (§ 10 des Börsengesetzes). Der Vorsitzende und dessen Stellvertreter werden vom Reichsrat bestimmt, die Beisitzer und deren Stellvertreter vom Börsenausschuß aus seinen auf Vorschlag der Börsenorgane berufenen Mitgliedern gewählt.

Vorsitzender: Staatssekretär Prof. Dr. Hirsch, Reichswirtschaftsministerium
Stellvertreter: Ministerialdirektor Dr. von Schönebeck, Reichswirtschaftsministerium

13. Berufungskommission für das Ordnungsstrafverfahren wegen verbotenen Börsenterminhandels

(Berlin W 15, Kurfürstendamm 193/194 im Dienstgebäude
des Reichswirtschaftsministeriums)
F.: Stadtverkehr: Steinplatz 6490—6498, 6940—6949, 13100—13110
Fernverkehr: Steinplatz 12981—12983

Die Berufungskommission entscheidet gemäß § 74 des Börsengesetzes (Bekanntmachung vom 27. Mai 1903 — RGbl. S. 215 —) über Berufungen gegen Entscheidungen der bei den Börsen, welche dem Handel mit Getreide oder Erzeugnissen der Getreidemüllerei dienen, errichteten Kommissionen (§ 73 des Börsengesetzes). Die Berufungskommission wird vom Reichsrat gebildet und entscheidet in einer Besetzung von sieben Mitgliedern einschließlich des Vorsitzenden.

14. Reichskommissar für Aus- und Einfuhrbewilligung

(Berlin W 15, Lietzenburger Straße 18 im Dienstgebäude
des Reichswirtschaftsministeriums
F.: Stadtverkehr: Steinplatz 6490—6498, 6940—6949, 13100—13110,
Fernverkehr: Steinplatz 12981—12983
PSch.: Berlin 50951. Drahtanschrift: Ausfuhramt

Der durch Erlaß des Staatssekretärs des Innern vom 11. Februar 1916 geschaffene Reichskommissar hat nach den Verordnungen vom 16. Januar 1917 (RGbl. S. 41) in der Fassung vom 22. März 1920 (RGbl. S. 337) und vom 20. Dezember 1919 (RGbl. S. 2128) die Handhabung der Außenhandelskontrolle zu regeln und zu überwachen. Seiner Aufsicht unterstehen als ausführende Organe der Außenhandelskontrolle die paritätisch zusammengesetzten Außenhandelsstellen*.

Reichskommissar: Ministerialdirektor Dr. Trendelenburg, Reichswirtschaftsministerium

Ständiger Vertreter: Ministerialrat Wieneke, Reichswirtschaftsministerium
Delegierte des Reichskommissars für Aus- und Einfuhrbewilligung in
München, Dienerstr. 11 III, Eingang Schrammerstraße. Postschließfach 12, F.: 25981
Karlsruhe i. B., Stefanienstr. 51. F.: 5074, 5075.
Stuttgart, Gymnasiumstr. 1. F.: 17080, 17081, 11491, 3328, 3132.
Flensburg, Norderhofenden 1, Grundstück des Hotels „Flensburger Hof", Hofgebäude. F.: 2693.
Saarbrücken, Königin-Luisen-Str. 22. F.: 104—108.
Danzig, Hundegasse 10. F.: 3944, 3481. Drahtanschrift: Delreiko Danzig.
Königsberg (Pr.), Handelskammer, Köttelbrücke. F.: 7252, 2357.

Zweiter Teil

15. Reichskommissar für die Kohlenverteilung

Hauptstelle: Berlin W 62, Wichmannstraße 19
F.: Stadtverkehr: Nollendorf 3200—3211, 3234—3239,
Fernverkehr: Nollendorf 3212—3228, 3231, 3232
PSch.: Berlin 85062. Drahtanschrift: Kohlenausgleich Berlin
Abteilung für Elektrizität, Gas und Wasser: Berlin W 62, Kielganstraße 2,
F.: Wie oben bei der Hauptstelle. Drahtanschrift: Kraftlichtkohle Berlin
Abteilung Aus- und Einfuhr: Berlin W 62, Kielganstraße 2
F.: Nollendorf 3197, 3198. Drahtanschrift: Kohlenausfuhr bzw. Kohleneinfuhr Berlin

Der Reichskommissar für die Kohlenverteilung bewirtschaftet die im Deutschen Reich vorhandenen Kohlen einschließlich Ein- und Ausfuhr. Ferner regelt er die Erzeugung, Fortleitung und den Verbrauch von Elektrizität und Gas sowie von Dampf, Druckluft, Heiß- und Leitungswasser.

Reichskommissar: Stutz, GBgR.
Vertreter: Keil, GORgR.

Außenstellen:

Amtliche Verteilungsstellen:
für schlesische Steinkohle in Berlin NW 52, Alt Moabit 118. F.: Moabit 1232, 9497 bis 9499, 9970, 9971. Drahtanschrift: Schlekohle Berlin. PSch.: Berlin 87535.
für Ruhrkohle in Essen, Frau-Berta-Krupp-Str. 4. F.: 8290—8292. Drahtanschrift: Reichskohle Essen.
für die Steinkohlengruben des Aachener Reviers in Kohlscheid (Bez. Aachen). F.: Aachen 1264. Drahtanschrift: Verteilungsstelle Kohlscheid.

---

* Über Außenhandelsstellen siehe unter B. Selbstverwaltungskörper, S. 114.

für die Braunkohlenwerke rechts der Elbe in Berlin NW 7, Reichstagsufer 10. F.: Zentrum 16131. Drahtanschrift: Brikettausgleich Berlin.
für den mitteldeutschen Braunkohlenbergbau in Halle a. S., Magdeburger Str. 66. F.: 7971. Drahtanschrift: Hauptkohle.
für den Kohlenbergbau im rechtsrheinischen Bayern in München, Ludwigstr. 16. F.: 25980. Drahtanschrift: Kohlenverteilung München.
für die Steinkohlenzechen des Deisters und seiner Umgebung in Hannover, Brühlstr. 1. F.: Nord 7046, 7047. Drahtanschrift: Kohle Hannover.
Kohlenausgleich Dresden, Bismarckplatz 1. F.: 25801. Drahtanschrift: Kohlenausgleich Dresden.
Kohlenausgleich Mannheim, Parkring 27—29. F.: 7951—7956. Drahtanschrift: Kohlenausgleich Mannheim.
Der Bevollmächtigte des Reichskommissars für die Kohlenverteilung beim Reichskommissariat für die besetzten rheinischen Gebiete (Oberbergrat Jordan) in Coblenz, Castorpfaffenstr. 21. F.: 400, 401, 3069, 2335, 2336.
Zechenkontrolle in Essen. F.: 6760.

16. Reichskommissar für die Eisenwirtschaft

(Düsseldorf, Stahlhof)
F.: 947, 5611. Drahtanschrift: Reichseisenkommissar

Der Reichskommissar ist nach der Verordnung zur Regelung der Eisenwirtschaft vom 1. April 1920 (RGBl. S. 435) ausführendes Organ des Reichswirtschaftsministeriums für den Bereich der Eisenwirtschaft (Eisen- und Stahlerzeugung), zugleich Kommissar des Reichswirtschaftsministeriums beim Eisenwirtschaftsbund und Reichsbevollmächtigter der Außenhandelsstelle für Eisenwirtschaft.

Reichskommissar: Lennheim, RgBmstr. a. D.

17. Reichskommissar für Eisen- und Metallverarbeitung

(Berlin W 15, Kurfürstendamm 193/194 im Dienstgebäude
des Reichswirtschaftsministeriums)
F.: Stadtverkehr: Steinplatz 6490—6498, 6940—6949, 13100—13110
Fernverkehr: Steinplatz 12981—12983
PSch.: Berlin 75684

Der Reichskommissar ist ausführendes Organ des Reichswirtschaftsministeriums für den Bereich der Eisen und Metall verarbeitenden Industrie, insbesondere zur Durchführung der Notstandsaktion aus der Demobilmachungszeit.

Reichskommissar: Dr.-Ing. Koenemann

18. Reichskommissar für Metallwirtschaft

(Berlin W 15, Kurfürstendamm 193/194 im Dienstgebäude
des Reichswirtschaftsministeriums)
F.: Stadtverkehr: Steinplatz 6490—6498, 6940—6949, 13100—13110
Fernverkehr: Steinplatz 12981—12983

Der Reichskommissar bearbeitet laufende Geschäfte der Metallwirtschaft, die vom früheren Reichsministerium für wirtschaftliche Demobilmachung bzw. der früheren Kriegsrohstoffabteilung des Preußischen Kriegsministeriums übernommen worden sind.

Reichskommissar: Adler, s. Reichswirtschaftsministerium

19. Delegierte des Reichswirtschaftsministeriums für die Bergbaugebiete

a) Delegierter des Reichswirtschaftsministeriums für den Kohlenbergbau Ost: Obergrat Fischer in Breslau, Viktoriastr. 108 III. F.: Ring 7602.
b) Delegierter des Reichswirtschaftsministeriums für den Kohlenbergbau West: Bergrat Köhne in Essen, Polizeipräsidium. F.: 7332.

20. Reichsstelle für Textilwirtschaft

(Berlin W 30, Viktoria-Luise-Platz 8)
F.: Nollendorf 5843—5849. PSch.: Berlin 81564. Drahtanschrift: Reichstextil

Zur Abhilfe wirtschaftlicher Schädigungen auf dem Textilgebiet in der Übergangswirtschaft laut VO. vom 27. Juni 1918 (RGbl. S. 671) errichtet, hat die Reichsstelle für Textilwirtschaft als dem Reichswirtschaftsministerium unterstellte Behörde die Reichswirtschaftsstellen für die verschiedenen Gebiete der Textilwirtschaft* bei der Erfüllung ihrer Aufgaben zu überwachen, anzuleiten und zu gemeinsamer Arbeit zusammenzufassen.

Vorsitzender: Just, WGR.

21. Reichsstelle für Zement

(Berlin W 15, Kurfürstendamm 193/194 im Dienstgebäude des Reichswirtschaftsministeriums)
F.: Stadtverkehr: Steinplatz 6490—6498, 6940—6949, 13100—13110
Fernverkehr: Steinplatz 12981—12983

Die Reichsstelle hat die Überwachung der Ausführung der Bundesratsverordnungen über Zement und über Beschränkungen des Absatzes und der Erzeugung von Zement vom 29. Juli 1916 (RGbl. S. 633), vom 24. November 1916 (RGbl. S. 1294) und vom 25. Januar 1917 (RGbl. S. 74).

Reichskommissar: Ministerialrat Wessig, GRgR., Reichswirtschaftsministerium
Geschäftsführer: Regierungsbaumeister Neddersen

22. Reichslederstelle

(Berlin SW 68, Friedrichstr. 209)
F.: Zentrum 11538. Drahtanschrift: Lederkontrolle

Der Reichslederstelle liegt die Erhebung der Abgabe vom Wertzuwachs für Leder gemäß den Verordnungen vom 30. Oktober 1919 (RGbl. S. 1837) und vom 26. Februar 1920 (RGbl. S. 264) ob.

Leiter: Regierungsrat Brandes, Reichswirtschaftsministerium

23. Reichsausschuß für die holzverarbeitende Industrie

(Berlin W 35, Potsdamer Straße 113)
F.: Lützow 4581—4583

Der Reichsausschuß setzt sich zusammen aus Vertretern der Arbeitgeber und Arbeitnehmer der holzverarbeitenden Industrie, des Handwerks und des Handels sowie aus Mitgliedern der entsprechenden Verbraucherverbände und aus Vertretern des vorläufigen Reichswirtschaftsrats. Den Vorsitz führt das Reichswirtschaftsministerium. Der Reichsausschuß ist ständiger Beirat der Behörden in fachlichen Fragen grundsätzlicher Art, die das Gebiet der holzverarbeitenden Industrie betreffen.

Geschäftsführer: Baum

---

* Über Reichswirtschaftsstellen vgl. S. 113.

B. Selbstverwaltungskörper

Reichskohlenrat, Berlin W 62, Wichmannstr. 19. F.: Nollendorf 3200, 3212. Drahtanschrift: Reichskohlenrat, Berlin.
Reichskohlenverband, Berlin W 62, Wichmannstr. 19. F.: Stadtverkehr: Nollendorf 3200—3211, 3234—3239; Fernverkehr: Nollendorf 3212—3233. Drahtanschrift: Reichskohle.
Reichskalirat, Berlin SW 11, Dessauer Str. 28/29. F.: Lützow 6558—6559. Drahtanschrift: Reichskalirat, Berlin.
Kaliprüfungsstelle und Kalilohnprüfungsstelle erster Instanz, Berlin SW 11, Königgrätzer Str. 97. F.: Lützow 1296, 1297. Drahtanschrift: Kaliverteilung, Berlin.
Kaliberufungsstelle und Kalilohnprüfungsstelle zweiter Instanz, Berlin SW 11, Dessauer Str. 28/29. F.: Lützow 6558, 6559. Drahtanschrift: Kaliberufung, Berlin.
Landwirtschaftlich-technische Kalistelle, Berlin SW 11, Dessauer Str. 28/29. F.: Lützow 6558, 6559. Drahtanschrift: Kalipropaganda, Berlin.
Eisenwirtschaftsbund, Düsseldorf, Stahlhof. F.: 7601—7615 (Stahlwerksverband). PSch.: Essen 5725. Drahtanschrift: Eisenwirtschaft.
Wirtschaftsverband für Rohteer und Teererzeugnisse, Berlin NW 6, Schiffbauerdamm 15. F.: Norden 2524, 2525. PSch.: Berlin 88873. Drahtanschrift: Teerwirtschaft.
Schwefelsäureausschuß G.m.b.H., Berlin W 35, Genthiner Str. 33. F.: Kurfürst 6266. Drahtanschrift: Schwefelinhalt.
Reichskuratorium für Wirtschaftlichkeit in Industrie und Handwerk. Berlin NW 7, Friedrichstraße 93, II. F.: Zentrum 6900. PSch.: Berlin 117098.
Reichskuratorium zur wissenschaftlichen Förderung der Textilindustrie. Berlin W 30, Viktoria-Luise-Platz 8. F.: Nollendorf 5843—5849.

Reichswirtschaftsstellen*

Reichswirtschaftsstelle für Wolle, Berlin W 8, Mohrenstr. 10. F.: Zentrum 9940, 12480 bis 12482. Drahtanschrift: Reiwostelle.
Reichswirtschaftsstelle für Baumwolle, Berlin SW 19, Leipziger Str. 76. F.: Zentrum 7030. 11811, 11812, 11816. Drahtanschrift: Reichsbaumwolle.
Reichswirtschaftsstelle für Seide, Berlin W 62, Maaßenstr. 36. F.: Nollendorf 4691, 4692. Drahtanschrift: Seidenschaft.
Reichswirtschaftsstelle für Kunstspinnstoffe und Stoffabfälle, Berlin SW 19, Leipziger Str. 76. F.: Zentrum 6983—6985. Drahtanschrift: Rückfaser.
Reichswirtschaftsstelle für Flachs, Berlin SW 19, Krausenstr. 25—28. F.: Zentrum 11000, 11003, 7734, 7735, 11169, 11686. Drahtanschrift: Flachswirtschaft.
Reichswirtschaftsstelle für Hanf, Berlin W 56, Werderstr. 3/4. F.: Zentrum 12582. Drahtanschrift: Reichshanf.
Reichswirtschaftsstelle für Jute, Berlin W 62, Maaßenstr. 36. F.: Nollendorf 4691, Lützow 2013. Drahtanschrift: Reichsjute.
Reichswirtschaftsstelle für Hartfaser, Berlin SW 11, Hedemannstr. 6. F.: Lützow 909. Drahtanschrift: Hartfaserstelle.
Reichswirtschaftsstelle für Ersatzspinnstoffe, Berlin SW 11, Hedemannstr. 6. F.: Nollendorf 4691, 4692. Drahtanschrift: Spinnersatz.
Reichswirtschaftsstelle für Kunstseide und Stapelfaser, Berlin W 8, Krausenstr. 2. F.: Zentrum 5416, 5417. Drahtanschrift: Stapelfaser.

* Vgl. Reichsstelle für Textilwirtschaft S. 112.

Außenhandelsstellen und andere Ein- und Ausfuhrbewilligungsstellen

A. Es bestehen für die einzelnen Wirtschaftszweige folgende Außenhandelsstellen und Außenhandelsnebenstellen:

1. Chemie, Berlin W 10, Matthäikirchstraße 9. F.: Lützow 3644 bis 3646.
Nebenstellen:
a) Anorganische Chemie (Ma)
b) Holzdestillation (Mb)
c) Stickstoff und Karbid (Mc)
d) Teerfarben (Md)
e) Sprengstoffe und Pulver (Me)
f) Chemisch-Pharmazeutische Industrie (Mf)
g) Mineralfarben (Mg)
h) Chemisch-technische Artikel (Mi)
i) Phosphate
k) Stickstoffdüngemittel
l) Leim und Gelatine
(a–l:) Berlin W 10, Mattäikirchstraße 9. F.: Lützow 3644—3646.
m) Drogen (Mk), Hamburg, Admiralitätsstraße 46. F.: Elbe 6129.
n) Harze, Hamburg 36, Kaiser-Wilhelm-Straße 8. F.: Elbe 6129.

2. Kautschuk, Berlin W 35, Potsdamer Straße 111. F.: Nollendorf 3640—3641.

3. Holzverarbeitende Industrie, Berlin W 8, Kronenstraße 8/9. F.: Zentrum 2074; Abteilung: Verpackungen, Berlin W 8, Unter den Linden 20. F.: Zentrum 12843. Holzbau, Berlin W 35, Potsdamer Str. 113. F.: Lützow 4581—4583.

Nebenstellen:

a) Bleistifte, Nürnberg, Hauptmarkt 25 III. F.: 4461.
b) Korkindustrie, Berlin W 15, Kurfürstendamm 193/194 im Dienstgebäude des Reichswirtschaftsministeriums, Zimmer 345. F.: Stadtverkehr: Steinplatz 6490 bis 6498, 6940—6949, 13100—13110; Fernverkehr: Steinplatz 12981—12983.

4. Lederwirtschaft, Berlin C 2, Burgstraße 7. F.: Zentrum 10991, 11177.

Außenabteilungen:
a) Rauchwaren, Leipzig, Tröndlinring 2. F.: 12083—12087.
b) Portefeuillewaren, Offenbach a. M., Kaiserstr. 55.
c) Schuhwaren und Ausgabestelle, Frankfurt a. M., Handelskammer. F.: Römer 360—365.

5. Metallwirtschaft (Metallwirtschaftsbund), Berlin W 35, Potsdamer Str. 122a/122b. F.: Nollendorf 1163—1166, 3014.

Geschäftsstellen:

a) A: Aluminium und Blei mit ihren Ausgangsprodukten, Legierungen und Halbfabrikaten, Berlin W 10, Viktoriastr. 12. F.: Nollendorf 3015—3016.
b) B: Zink und zinkische Materialien, deren Ausgangsprodukte, Legierungen und Halbfabrikate, Berlin NW 6, Albrechtstraße 11. F.: Norden 9948.
c) C: Zinn, Nickel, Silber, Gold, Platin und Platinmetalle, Wismut, Wolfram, Chrom, Vanadium, Molybdän und sonstige nicht genannte Metalle, deren Ausgangsprodukte, Legierungen und Halbfabrikate sowie Ferrolegierungen mit Ausnahme von Ferrosilizium, Ferromangan und Ferrophosphor, Berlin W 35, Potsdamer Straße 122a/122b. F.: Nollendorf 1163—1166, 3014.
d) D: Kupfer, seine Ausgangsprodukte, Legierungen und Halbfabrikate sowie Kupfervitriol, Berlin W 10, Viktoriastr. 12. F.: Nollendorf 3015, 3016.
e) F: Schmuckwarenindustrie, Pforzheim, Handelskammer. F.: 200, 204.

f) G: Halbfabrikate in Kupfer, Messing, Aluminium, Nickel der rheinisch-westfälischen Firmen, Köln, Ursulakloster 1. F.: A 4567.
g) H: Technische Platinartikel, Hanau, Stadtschloß 3. F.: 95.
h) Goldwaren und goldplattierte Waren, in besonderen Fällen (so bei Mischsendungen) auch vergoldete Waren:
Für Pforzheim und das übrige Deutsche Reich mit Ausnahme von Hanau, Oberstein/Idar und Schwäbisch Gmünd: Reichsbankstelle Pforzheim. F.: 630.
Nur für Oberstein/Idar: Reichsbanknebenstelle Oberstein. F.: 171.
Nur für Schwäbisch Gmünd: Reichsbanknebenstelle Schwäbisch Gmünd. F.: 392.
i) Silberwaren und silberplattierte Waren, aushilfsweise (so bei Mischsendungen) auch versilberte Waren:

Je für ihre Bezirke:
Reichsbankdirektorium (Auslandsstelle), Berlin SW 19, Kurstraße 38. F.: Zentrum 9570—9576, 9996, 12612—12618 (Hausapparate 41, 42).
Reichsbankhauptnebenstellen: Bremen. F.: Roland 8445; München. F.: 27346; Nürnberg. F.: 10075, 10076.
Reichsbankstellen: Düsseldorf. F.: 106, 1342; Pforzheim. F.: 630.
Reichsbanknebenstellen: Hanau. F.: 88; Heilbronn/N. F.: 368; Oberstein/Idar. F.: 171; Schwäbisch Gmünd. F.: 302.
k) Blattgold und Blattsilber:
Für Deutschland mit Ausnahme der beiden nachgenannten Bezirke: Reichsbankhauptstelle: Nürnberg. F.: 10075, 10076.

Nur für ihre Bezirke:
Reichsbankhauptstelle: Dresden. F.: 25915.
Reichsbankstelle: Augsburg. F.: 65.

6. Papierfach, Charlottenburg 2, Neue Grolmanstraße 5/6. F.: Wilhelm 7200—7203.
Nebenstellen:

a) Papierindustrie, Charlottenburg 2, Neue Grolmanstraße 5/6. F.: Wilhelm 7200 bis 7203.
b) Papierwaren, Abt. H., Berlin W 9, Linkstraße 22. F.: Kurfürst 4588, Lützow 9341. Papierwaren, Abt. L., Charlottenburg 2, Neue Grolmanstraße 5/6. F.: Wilhelm 7200—7203.
c) Buchgewerbe, Leipzig, Hospitalstraße 11, Buchhändlerhaus, Portal III, F.: 11655. Buchgewerbe, Zweigstelle, Berlin W 66, Wilhelmstraße 45 III. F.: Zentrum 10812.

7. Steine und Erden, Charlottenburg 2, Knesebeckstraße 74. F.: Steinplatz 7323—7325.
Nebenstellen:
a) Feinkeramik, Berlin W 30, Luitpoldstraße 25. F.: Kurfürst 8500.
b) Glas, Berlin W 57, Göbenstraße 10. F.: Lützow 5855.
c) Grobkeramik, Berlin NW 7, Friedrichstraße 93. F.: Stadtverkehr: Zentrum 6900—6924; Fernverkehr: Zentrum 14175, 14176.
d) Zement, Kalk, Gips, Traß und sonstige Bindemittel, Charlottenburg 2, Knesebeckstraße 74. F.: Steinplatz 7323—7325, 4340.
e) Natursteine, Linz a. Rh., Am Gestade 2. F.: 147.

8. Eisen- und Stahlwaren, Elberfeld, Schloßbleiche 4—6. F.: 1061, 1062, 5266, 883.

9. Eisen- und Stahlerzeugnisse, Berlin W 9, Linkstraße 25 III. F.: Nollendorf 3664 bis 3668.

10. Eisenwirtschaft, Düsseldorf, Stahlhof. F.: 947, 5611, 8814.

11. Elektrotechnik, Berlin W 10, Corneliusstraße 3. F.: Nollendorf 2992—2994, 4435 bis 4436.

12. Eisenbahnwagen, Charlottenburg 2, Bleibtreustraße 20. F.: Steinplatz 14171, 14172.

13. Schnitz- und Formerstoffe und Knöpfe, Berlin SW 68, Schützenstraße 63. F.: Zentrum 12814, 12815.

14. Faserstoffe, Haare, Borsten und Stuhlrohr, Hamburg 8, Gröningerstraße 10. F.: Merkur 6150—6153.

Unterstellen:
a) Leipzig, Handelskammer, Tröndlinring 2. F.: 12083—12087.
b) Nürnberg, Hauptmarkt 25. F.: 1508. (Württemberg, Baden, Bayern.)

15. Flechtwaren, Berlin W 35, Lützowstraße 107. F.: Lützow 5213, 5439.

16. Schiffe, Berlin NW 40, Kronprinzenufer 19. F.: Zentrum 6521, 6620.

17. Exporthandel, Berlin W 35, Genthiner Straße 34. F.: Nollendorf 4683, 3421; Lützow 3995.

18. Spielwaren, Nürnberg, Deinstraße 16 I. F.: 1508.

19. Bereich der deutschen Gießereien, Berlin W 15, Pfalzburger Straße 72a. F.: Pfalzburg 2400, 3137.

20. Fahrzeugindustrie, Berlin W 8, Unter den Linden 12 I. F.: Zentrum 7905, 7937, 12898.
Fahrzeugindustrie, Zweigstelle, Stuttgart, Gymnasiumstraße 1.

21. Maschinenbau, Charlottenburg 2, Bismarckstraße 109. F.: Steinplatz 14279—14286.

22. Musikinstrumente, Berlin W 35, Schöneberger Ufer 36. F.: Nollendorf 8189, Kurfürst 2389.

23. Metallerzeugnisse, Berlin W 10, Tiergartenstraße 31. F.: Lützow 418, 8479, 4578; Nollendorf 4620.
Metallerzeugnisse, Zweigstelle, Stuttgart, Gymnasiumstraße 1.

24. Öle und Fette, Berlin NW 40, Fürst-Bismarck-Straße 2. F.: Hansa 1534, 1535.
Öle und Fette, Vertretung, Stuttgart, Olgastraße 55, F.: 11403.

25. Zigarettenindustrie, Dresden-A. 1, Ostraallee 6. F.: 17150, 17226, 17452.

26. Tabakgewerbe, Bremen, Martinistraße 33—35. F.: Roland 8118, 8166.

27. Feinmechanik und Optik, Berlin-Lankwitz, Kaulbachstraße 6—8. F.: Lichterfelde 173 Zweigstelle, Stuttgart, Gymnasiumstraße 1.

28. Filme, Berlin SW 48, Friedrichstraße 250. F.: Lützow 1624.

29. Rohholz und Erzeugnisse der Sägeindustrie, Berlin SW 11, Königgrätzer Straße 100a. F.: Kurfürst 6517—19, 6826, Nollendorf 1015, 3955, 4805.

30. Benzin, Benzol
31. Leuchtöle
32. Paraffin, Kerzen, Erdwachs, Ceresin und Montanwachs

} Berlin NW 7, Am Weidendamm 1a. F.: Zentrum 9520.

Besondere Außenhandelsnebenstellen bestehen für folgende Gebiete:

1. Steinkohlenteer
2. Feinerzeugnisse der Steinkohlenteerdestillation

} Berlin NW 6, Schiffbauerdamm 15. F.: Norden 2524, 2525.

B. Die folgenden Stellen haben für ihr Gebiet die Befugnis zur Erteilung von Ein- und Ausfuhrbewilligungen:

Kali: Reichskalirat, Berlin SW 11, Dessauer Straße 28/29. F.: Lützow 6558, 6559. Drahtanschrift: Reichskalirat, Berlin.

Kohlen: Reichskommissar für die Kohlenverteilung, Abteilung Aus- und Einfuhr, Berlin W 62, Kielganstraße 2. F.: Nollendorf 3197, 3198. Drahtanschrift: Kohlenausfuhr bzw. Kohleneinfuhr Berlin.

Textilien: Reichsstelle für Textilwirtschaft, Auslandsabteilung, Berlin W 30, Viktoria-Luise-Platz 8. F.: Nollendorf 5818—5849. PSch.: Berlin 13743. Drahtanschrift: Auslandstextil.

Auswärtige Nebenstellen:
Stuttgart, Königstraße 33. F.: 1709.
Leipzig, Zentralstraße 3. F.: 4445.

Mineralöle: Bevollmächtigter für die Aus -und Einfuhrbewilligung von Mineralölen, Berlin NW 7, Am Weidendamm 1a. F.: Zentrum 9520.

Kakao: Kakaowirtschaftsstelle, Einfuhrausschuß, Berlin W 9, Potsdamer Platz 3. F.: Lützow 6636, 6637, 6487.

Geschäftsverteilungsplan des Reichswirtschaftsministeriums vom 1. 1. 1922 (Überblick)*

Reichsminister Schmidt
Staatssekretär Dr. Hirsch
Abt. I Allg. Wirtschaftsfragen, Mittelstandspolitik, Statistik
(7 Sektionen) [I/5 erweitert am 27. 11. 1922]
Abt. II Wirtschaftl. Angelegenheiten von Industrie, Bergbau und Handel. Wirtschaftsfragen des Friedensvertrages, Außenhandelskontrolle
II A (6 Sektionen)
II B (4 Sektionen)
[spater zusammen 13 Sekt.]
Abt. III Verwaltung, Verkehr
(4 Sektionen)
Abt. IV A Außenhandelskontrolle, Wirtschaftspolitik gegenüber den Ententeländern und dem Osten
(6 Sektionen)
Abt. IV B Zollpolitik, Revision des deutschen Zolltarifs, Wirtschaftspolitik gegenüber den Nichtententestaaten und den überseeischen Ländern
(8 Sektionen)

Geschäftsverteilungsplan des Reichswirtschaftsministeriums vom 5. 11. 1923 (Überblick)**

Reichsminister v. Raumer
Staatssekretär Dr. Trendelenburg
Dem Staatssekr. unterstellt: Nachrichtendienst, Personalien

* BA R 7/4 fol. 13—23. — Hier Auszug; ungedruckt.
** BA R 7/4 fol. 246—258. — Hier Auszug; ungedruckt.

Abt. I	Wirtschaftl. Angelegenheiten von Industrie, Bergbau und Handel, Mittelstandspolitik (9 Referate)
Abt. II A	Allg. Wirtschaftsfragen, wirtschaftl. Unternehmungsfragen, Preispolitik, Kredithilfe im besetzten Gebiet
Abt. II B	Wirtschaftsfragen des Versailler Vertrags, Finanz- und Steuerfragen, Außenhandelskontrolle, Statistik (8 Referate)
Abt. III	Verwaltung, Verkehr (4 Referate)
Abt. IV	Außenhandels- und Zollpolitik (8 Referate)

Geschäftsverteilungsplan des Reichswirtschaftsministeriums [1924]*

(Berlin W 10, Viktoriastraße 34.)

Das Reichswirtschaftsministerium bearbeitet die wirtschaftspolitischen Angelegenheiten des Reichs, soweit sie nicht besonderen Ministerien, wie dem Reichsministerium für Ernährung und Landwirtschaft, dem Reichsverkehrsministerium und dem Reichsarbeitsministerium, übertragen sind.

Reichsminister: Hamm (seit 1. 12. 1923)
Staatssekretär: Dr. Trendelenburg.
Ministerial-Bürodirektor: Feder, GRchR.

Dem Staatssekretär unmittelbar unterstellt: Haushaltssachen, Personalsachen; allgemeine Beamten-, Angestellten- und Arbeiterfragen; Mittelstandsfragen, besonders des Handwerks und des Handels.

Referenten: Ministerialräte Dr. Freiherr von Massenbach / Dr. Hoppe / Ministerial-Bürodirektor Feder, GRchR. / Oberregierungsrat Dr. Tettenborn.

Zwecks enger Fühlungnahme mit dem Handwerk besteht ein Handwerkerbeirat, der sich aus je 6 Vertretern der Arbeitgeber und Arbeitnehmer und aus einem Vertreter der gewerblichen Genossenschaften zusammensetzt.

Abteilung I.

Aufgabenkreis: Wirtschaftliche Berufsvertretung; wirtschaftliche Unternehmensformen; Kartellwesen, Kartellgericht; Justitiariat; Kohlenwirtschaft; Energiewirtschaft; Preispolitik; Preisprüfungswesen; Fragen der kaufmännischen Organisation; Wucherbekämpfung; Konjunkturfragen; wirtschaftliche Seite der Sozialpolitik; Hilfskasse für gewerbliche Unternehmungen; Genossenschaftswesen; Verbraucherangelegenheiten; Privatversicherungswesen; Maß- und Gewichtswesen; Devisengesetzgebung; Währung; Geld-, Bank- und Börsenwesen; finanzielle Beziehungen zum Ausland; wirtschaftliche Seite des Handelsrechts, des Finanz- und Steuerwesens sowie der Arbeiter- und Wanderungsfragen; Statistik; Wirtschaftsfragen des Versailler Vertrages; Schweizer Goldhypotheken; Wirtschaftsfragen der besetzten rheinischen Gebiete und des Saargebiets; Nachrichtenwesen; Presse.
Veröffentlichungen:
„Mitteilungen für Preisprüfungsstellen". Erscheinen einmal monatlich.
Direktor: Ministerialdirektor Dr. Schäffer.

Abteilung II.

Aufgabenkreis: Handels- und Zollpolitik; Seeschiffahrt.

---

* Handbuch für das Deutsche Reich 1924. 42. Jg. Berlin 1924. (Auszug)

Zur Beratung über Zolltariffragen besteht ein Zolltarif-Ausschuß, der sich aus Vertretern der beteiligten Reichsministerien, der Länderregierungen und des Wirtschaftslebens zusammensetzt.

Veröffentlichungen:
1. „Deutsches Handels-Archiv".
2. „Internationales Signalbuch".
3. „Amtliche Liste der deutschen Seeschiffe".
4. „Handbuch für die deutsche Handelsmarine".
5. „Entscheidungen des Oberseeamts und der Seeämter des Deutschen Reichs".
6. „Nautisches Jahrbuch".

Direktor: Ministerialdirektor Dr. von Schoenebeck.

Geschäftsbereich

A. Behörden und Reichsstellen behördlichen Charakters

1. Statistisches Reichsamt

(Berlin W 10, Lützowufer 6—8.)

Das Statistische Reichsamt hat

1. das auf Grund von Gesetzen oder auf Anordnung der Reichsregierung für die Reichsstatistik zu liefernde Material zu sammeln, zu prüfen, technisch und wissenschaftlich zu bearbeiten und die Ergebnisse geeignetenfalls zu veröffentlichen;
2. auf Anordnung der Reichsregierung statistische Nachweisungen aufzustellen und über statistische Fragen gutachtlich zu berichten.

Zur Begutachtung der auf Grund der Wertanmeldung ermittelten Durchschnittswerte tritt nach Bedarf beim Statistischen Reichsamt ein Beirat für Handelsstatistik zusammen, der aus Sachverständigen der Landwirtschaft, der Industrie und des Handels besteht.

Veröffentlichungen:
1. Statistik des Deutschen Reichs. Erste Reihe, Bd. I—LXIII (1873—1883); fortgesetzt als: Neue Folge, Bd. 1—149 (1884—1903); fortgesetzt ohne Zusatz „Neue Folge" Bd. 150 f. (1903 f.).
2. Vierteljahrshefte zur Statistik des Deutschen Reichs. Erscheinen seit 1892.
3. Monatliche Nachweise über den auswärtigen Handel Deutschlands. Erscheinen seit 1892.
4. Statistisches Jahrbuch für das Deutsche Reich. Erscheint seit 1880.
5. Zeitschrift „Wirtschaft und Statistik". Erscheint seit Januar 1921.
6. Statistik der Güterbewegung auf deutschen Eisenbahnen. Erscheint seit 1909.

Präsident: Dr. Wagemann, GRgR., Professor der Staatswissenschaften an der Universität Berlin.

2. Reichsschiffsvermessungsamt

(Berlin SW 61, Gitschiner Straße 97—103.)

Das Reichsschiffsvermessungsamt beaufsichtigt die Vermessung der Seeschiffe und die Eichung der Binnenschiffe auf der Elbe, der Weser, den Wasserstraßen östlich der Elbe und dem Dortmund-Ems-Kanal. Außerdem fertigt es die Meßbriefe für die in Preußen und Lübeck vermessenen Schiffe, soweit sie in ein Schiffsregister eingetragen werden sollen, aus.

3. Reichsaufsichtsamt für Privatversicherung

(Berlin W 15, Ludwigkirchplatz 3/4.)

Das Reichsaufsichtsamt für Privatversicherung beaufsichtigt nach dem Gesetz vom 12. Mai 1901 über die privaten Versicherungsunternehmungen (Reichsgesetzbl. S. 139) die inländischen privaten Versicherungsunternehmungen, deren Geschäftsbetrieb nicht auf das Gebiet eines deutschen Landes beschränkt ist und die ausländischen Versicherungsunternehmungen, die durch Vertreter, Bevollmächtigte, Agenten oder sonstige Vermittler innerhalb des Deutschen Reichs Geschäfte treiben. Außerdem ist ihm durch besondere Verordnungen gemäß § 3 Abs. 1 a.a.O. die Aufsicht über private Versicherungsunternehmungen, deren Geschäftsbetrieb sich auf Bayern, Hessen, Mecklenburg-Strelitz, Lippe oder Schaumburg-Lippe beschränkt, übertragen.

Zur Erleichterung des Geschäftsverkehrs des Amtes mit den beaufsichtigten Unternehmungen bestehen in Bayern am Sitz der Kreisregierungen besondere Kommissare.

Zur Mitwirkung bei der Aufsicht und zur Teilnahme an den wichtigeren Entscheidungen ist bei dem Amt ein Versicherungsbeirat aus Sachverständigen des Versicherungswesens gebildet.

Veröffentlichungen: „Veröffentlichungen des Reichsaufsichtsamts für Privatversicherung“, erscheinen zwei- bis dreimal im Jahre. Verlag: Walter de Gruyter u. Co., Berlin
Präsident: Scharmer, GORgR.

4. Reichswirtschaftsgericht

(Charlottenburg 5, Witzlebenstraße 4—10.)

Das Reichswirtschaftsgericht ist gemäß § 2 der Verordnung über das Reichswirtschaftsgericht vom 21. Mai 1920 (Reichsgesetzbl. S. 1167) für die ihm durch Gesetz übertragenen Entscheidungen zuständig.

I. Auf Grund der Gesetze, die zur Erfüllung der dem Reiche im Versailler Vertrag auferlegten Verpflichtungen erlassen worden sind, ist das Reichswirtschaftsgericht zur Entscheidung der Streitigkeiten berufen, die sich bei der Anwendung dieser Gesetze und der zu deren Ausführung erlassenen Verordnungen ergeben.

II. Das Reichswirtschaftsgericht ist ferner zuständig für die Festsetzung des Übernahmepreises für die zur Durchführung der Kriegs- und Übergangswirtschaft enteigneten Gegenstände und für die Entscheidung gewisser Streitigkeiten, die sich im Verfolg von Enteignungen und Beschlagnahmen ergeben.

III. Im Bereiche der allgemeinen Wirtschaft ist dem Reichswirtschaftsgericht

1. die Entscheidung von Streitigkeiten über die Höhe der Entschädigung im Falle der Enteignung von Roheisen, Schrott und von Erzeugnissen der Eisenindustrie,
2. die Entscheidung über das Rechtsmittel der Beschwerde gegen Maßnahmen der Verwaltung, die bei der Regelung des Verkehrs mit unedlen Metallen getroffen worden sind (Versagung der Großhandelserlaubnisse, Untersagung des Gewerbebetriebes),
3. die Entscheidung über das Rechtsmittel der Berufung gegen Schiedssprüche, die die Abänderung solcher Abmachungen betreffen, die zur Lieferung von elektrischer Arbeit, Gas und Leitungswasser verpflichten,
4. die Festsetzung des Umfanges der durch die Postverwaltung einzelnen Luftfahrtunternehmen zur Beförderung von Postsendungen auferlegten Verpflichtung und der hierfür zu leistenden Vergütung übertragen worden.

IV. Schließlich liegt dem Reichswirtschaftsgericht noch die Entscheidung über Beschwerden gegen Entscheidungen der auf Grund des Reichsunruheschädengesetzes errichteten Ausschüsse ob.

Das Reichswirtschaftsgericht entscheidet in der Regel in der Rechtsmittelinstanz, in einigen Fällen auch in erster und einziger Instanz.

Auf Grund der Verordnung vom 18. Februar 1920 und gemäß § 3 der Verordnung über das Reichswirtschaftsgericht kann das Reichswirtschaftsgericht auch bei gewissen anderen, vorstehend nicht erwähnten wirtschaftlichen Streitigkeiten durch Vereinbarung der Parteien für zuständig erklärt werden.

Präsident: Dr. Lucas.

5. Kartellgericht

(Charlottenburg 5, Witzlebenstraße 4—10,
im Dienstgebäude des Reichswirtschaftsgerichts.)

Das Kartellgericht ist durch die Verordnung gegen Mißbrauch wirtschaftlicher Machtstellungen vom 2. November 1923 (RGBl. I S. 1067) bei dem Reichswirtschaftsgericht errichtet worden. Es entscheidet in der Hauptsache auf Antrag des Reichswirtschaftsministerius oder des Reichsministers für Ernährung und Landwirtschaft darüber,

ob ein Kartellvertrag oder Kartellbeschluß wegen Gefährdung der Gesamtwirtschaft oder des Gemeinwohls für nichtig zu erklären oder eine bestimmte Art der Durchführung eines derartigen Vertrags oder Beschlusses zu untersagen ist;

ferner auf Antrag eines Beteiligten darüber,

ob die von einem Kartellmitglied auf Grund des § 8 der Kartellverordnung ausgesprochene Kündigung zulässig ist.

6. Reichsoberseeamt

(Berlin W 10, Viktoriastraße 34, im Dienstgebäude des Reichswirtschaftministeriums).

Das Reichsoberseeamt ist die oberste Spruchbehörde in Seeunfallsachen. Es entscheidet bei Beschwerden gegen die Sprüche der Seeämter darüber, ob einem Seeschiffer, einem Seesteuermann oder dem Maschinisten eines Seedampfers die Befugnis zur Ausübung seines Gewerbes zu entziehen ist (Gesetz, betreffend die Untersuchung von Seeunfällen, vom 27. Juli 1877).

7. Reichskommissare bei den Seeämtern

Die Reichskommissare werden für die einzelnen Seeämter vom Reichswirtschaftsminister bestellt. Sie sind befugt, den Verhandlungen des Seeamts beizuwohnen, die Akten einzusehen, Anträge, besonders auf Entziehung der Befugnis zum Gewerbebetriebe zu stellen und, falls der Vorsitzende des Seeamts die Einleitung einer Untersuchung ablehnt, bei dem Reichswirtschaftsminister die Anordnung einer Untersuchung zu beantragen. In Beschwerdefällen wohnen sie mit entsprechenden Befugnissen den Verhandlungen des Reichsoberseeamts bei.

8. Reichsprüfungsinspektoren

Die Reichsprüfungsinspektoren werden nach Anhörung des Reichsrats durch den Reichspräsidenten ernannt und haben darüber zu wachen, daß die vom Reiche erlassenen Vorschriften über die Prüfung der Seeschiffer, der Seesteuerleute, der Schiffsingenieure und der Seemaschinisten befolgt und überall gleichmäßige Anforderungen an die Prüflinge gestellt werden.

9. Technische Kommission für Seeschiffahrt

(Berlin W 10, Viktoriastraße 34, im Dienstgebäude des Reichswirtschaftsministeriums.)

Die Technische Kommission für Seeschiffahrt hat

1. dem Reichswirtschaftsminister auf Erfordern Gutachten über Seeschiffahrtsangelegenheiten zu erstatten,
2. auf eigenen Antrieb Vorschläge zur Verbesserung der zur Zuständigkeit des Reichswirtschaftsministeriums gehörenden Seeschiffahrtseinrichtungen zu machen.

Auf Antrag anderer Behörden oder Personen darf die Kommission nur mit Genehmigung des Reichswirtschaftsministers Gutachten abgeben.

10. Börsenausschuß

(Berlin W 10, Viktoriastraße 34, im Dienstgebäude des Reichswirtschaftsministeriums.)

Der Börsenausschuß ist gemäß § 3 des Börsengesetzes (Bekanntmachung vom 27. Mai 1908 — RGBl. S. 215 —) als Sachverständigenorgan zur Begutachtung über die durch dieses Gesetz der Beschlußfassung des Reichsrats überwiesenen Angelegenheiten gebildet. Die Mitglieder (z. Z. 40) wählt der Reichsrat in der Regel auf fünf Jahre, und zwar die Hälfte auf Vorschlag der Börsenorgane, die andere Hälfte unter angemessener Berücksichtigung der Landwirtschaft und der Industrie. Für jedes Mitglied wird in gleicher Weise ein Stellvertreter gewählt. Den Vorsitzenden wählt der Börsenausschuß für jede Wahlperiode aus seiner Mitte.

11. Berufungskammer in Börsenehrengerichtssachen

(Berlin W 10, Viktoriastraße 34, im Dienstgebäude des Reichswirtschaftsministeriums.)

Die Berufungskammer entscheidet gemäß § 17 des Börsengesetzes (Bekanntmachung vom 27. Mai 1908 — RGBl. S. 215 —) über Berufungen gegen Entscheidungen der Börsenehrengerichte (§ 10 des Börsengesetzes). Den Vorsitzenden und seinen Stellvertreter bestimmt der Reichsrat. Die Beisitzer und ihre Stellvertreter wählt der Börsenausschuß aus seinen auf Vorschlag der Börsenorgane berufenen Mitgliedern.

12. Berufungskommission für das Ordnungsstrafverfahren wegen verbotenen Börsenterminhandels.

(Berlin W 10, Viktoriastraße 34, im Dienstgebäude des Reichswirtschaftsministeriums.)

Die Berufungskommission entscheidet gemäß § 74 des Börsengesetzes (Bekanntmachung vom 27. Mai 1908 — RGBl. S. 215 —) über Berufungen gegen Entscheidungen der Kommissionen, die bei den dem Handel mit Getreide oder Erzeugnissen der Getreidemüllerei dienenden Börsen errichtet sind. (§ 73 des Börsengesetzes). Die Berufungskommission wird vom Reichsrat gebildet und entscheidet in einer Besetzung von sieben Mitgliedern einschließlich des Vorsitzenden.

13. Reichskommissar für Aus- und Einfuhrbewilligung.

(Berlin W 15, Lietzenburger Straße 18.)

Der durch Erlaß des Staatssekretärs des Innern vom 11. Februar 1916 geschaffene Reichskommissar hat nach den Verordnungen vom 16. Januar 1917 (RGBl. S. 41) in der Fassung vom 22. März 1920 (RGBl. S. 337) und vom 20. Dezember 1919 (RGBl. S. 2128) die Handhabung der Außenhandelskontrolle zu regeln und zu überwachen. Soweit der Reichskommissar für Aus- und Einfuhrbewilligung nicht selbst die Ein- und Ausfuhrbewilligung erteilt, werden sie von den nachstehend aufgeführten Außenhandelsstellen, die seiner Aufsicht unterstehen, erteilt. [4: für Filme, Grobkeramik, Öle u. Fette, Textilwirtschaft, sämtl. in Berlin].

14. Reichskommissar für die Kohlenverteilung.

Der Reichskommissar für die Kohlenverteilung bewirtschaftet die im Deutschen Reich vorhandenen Kohlen einschließlich Ein- und Ausfuhr. Ferner regelt er die Erzeugung, Fortleitung und den Verbrauch von Elektrizität und Gas sowie von Dampf, Druckluft, Heiß- und Leitungswasser.

15. Kommissar für Devisenerfassung.
(Berlin NW 7, Am Weidendamm 1 a.)

Der Kommissar ist durch Verordnung des Reichspräsidenten über Devisenerfassung vom 7. September 1923 (Reichsgesetzbl. I S. 865) bestellt worden. Ihm liegt ob die Prüfung der Devisenbewegungen bei Banken, Industrie- und Handelsfirmen, die Kontrolle der Ablieferung der Ausfuhrdevisen, die Durchführung der Verordnung des Reichspräsidenten über die Ablieferung ausländischer Vermögensgegenstände vom 25. August 1923 (Reichsgesetzbl. I S. 833) und die Ermittlung und Ahndung von Zuwiderhandlungen gegen die Bestimmungen der Devisengesetzgebung.

B. Selbstverwaltungskörper.

Reichskohlenrat,
Reichskohlenverband,
Reichskalirat,
Kaliprüfungsstelle und Kalilohnprüfungsstelle erster Instanz,
Kaliberufungsstelle und Kalilohnprüfungsstelle zweiter Instanz,
Landwirtschaftlich-technische Kalistelle.
[Sämtlich in Berlin]

Geschäftsverteilungsplan des Reichswirtschaftsministeriums [1929]*

Reichswirtschaftsminister: Dr. Curtius, MdR. (seit 20. 1. 1926)
Staatssekretär: Dr. Trendelenburg.

A. Verwaltung

Aufgabenkreis: Allgemeine Angelegenheiten (Haushalts-, Personal- und Organisationsangelegenheiten des Ministeriums und der nachgeordneten Behörden).
Leiter: Ministerialrat Dr. Freiherr von Massenbach.

Abteilung I

Aufgabenkreis: Kartell- und Organisationswesen (Monopole); Ermittelung von Selbstkosten; Preispolitik; Konjunkturfragen; wirtschaftliche Auswirkungen der Sozialpolitik; Verbraucher- und Konsumgenossenschaftsfragen; besondere wirtschaftliche Verhältnisse einzelner Gebietsteile des Reichs (ausschließlich Ostpreußen); privates Versicherungswesen; Währungsfragen; Geld-, Bank- und Börsenwesen; allgemeine Fragen des Geldmarktes und des Kreditbedürfnisses der Wirtschaft; Kreditmaßnahmen

* Handbuch für das Deutsche Reich 1929. 44. Jg. Berlin 1929. (Auszug)

für die Ausfuhr; Exportkreditversicherung; wirtschaftliche Auswirkungen der Steuern; Statistik; Wirtschaftsenquête; wirtschaftliche Berufsvertretung; Reichswirtschaftsrat; Reichswirtschaftgericht; Wirtschaftsfragen des Versailler Vertrages und der ergänzenden internationalen Vereinbarungen; Völkerbund und andere internationale wirtschaftliche Organisationen; Wirtschaftsfragen der besetzten rheinischen Gebiete und des Saargebiets; Brennstoff-, Energie- und Torfwirtschaft; Nachrichtenwesen; Presse.
Direktor: Ministerialdirektor Dr. Schäffer.

Abteilung II

Aufgabenkreis: Handels- und Zollpolitik; Wirtschaftliche Fragen der einzelnen Fachgebiete der inneren Wirtschaft mit Ausnahme der Brennstoff-, Energie- und Torfwirtschaft; Ostpreußen. Nachrichtenwesen; wirtschaftliche Auslandsnachrichten; Außenhandelskontrolle; Sammlung und Verwertung der Vorschriften des Auslandes auf dem Gebiete der Außenhandelsregelung; Verkehrsfragen; Maß- und Gewichtswesen; Rationalisierung; Normung; Typisierung; Handels- und Zollpolitik betreffende Fragen des Völkerbundes; Reichskommissar für das Ausstellungs- und Messewesen (s. S. 125); Reichskommissar für Aus- und Einfuhrbewilligung, Abwicklungsstelle.
Veröffentlichungen:
„Deutsches Handels-Archiv".
Direktor: Ministerialdirektor Dr. Posse.

Abteilung III

Aufgabenkreis: Mittelstandsfragen; Handwerk; Einzelhandel; Gewerbeordnung; gewerbliche Genossenschaften.
Direktor: Ministerialdirektor Dr. Reichardt.

Geschäftsbereich

1. Statistisches Reichsamt
(Berlin W 15, Kurfürstendamm 193/194)

2. Reichsaufsichtsamt für Privatversicherung

3. Reichswirtschaftsgericht

Veröffentlichungen:
„Entscheidungen des Reichswirtschaftsgerichts und des Kartellgerichts".

4. Kartellgericht

5. Börsenausschuß

6. Berufungskammer in Börsenehrengerichtssachen

7. Berufungskommission für das Ordnungsstrafverfahren wegen verbotenen Börsenterminhandels

8. Reichskommissar für Aus- und Einfuhrbewilligung — Abwicklungsstelle —
(Berlin W 9, Potsdamer Str. 10/11)

Die Abwicklungsstelle bearbeitet die wenigen noch aufrechterhaltenen Aus- und Einfuhrverbote. Vgl. die beiden V. über die Einfuhr und Ausfuhr von Waren vom 12. Dez. 1925 (Deutscher Reichsanzeiger Nr. 295 vom 17. Dez. 1925).

9. Reichskohlenkommissar
(Berlin W 15, Ludwigkirchplatz 3/4)

10. Reichskommissar für das Handwerk und das Kleingewerbe
(Berlin W 10, Viktoriastr. 34 — im Dienstgebäude des Reichswirtschaftsministeriums)

Der Reichskommissar bearbeitet alle in den Geschäftsbereich des Reichswirtschaftsministeriums fallenden Fragen des Handwerks und des Kleingewerbes.
Reichskommissar: Dr. Reichardt, MinDir. im Reichswirtschaftsministerium.

11. Reichskommissar für das Ausstellungs- und Messewesen
(Berlin W 10, Viktoriastr. 34 — im Dienstgebäude des Reichswirtschaftsministeriums)

Zusammenfassende Wahrung der allgemeinen Interessen des Reichs bei gewerblichen und landwirtschaftlichen Ausstellungen und Messen im Inland und bei Beteiligung des Reichs an Ausstellungen und Messen im Ausland. Dem Reichskommissariat ist ein Ausschuß beigegeben, der aus Vertretern der Reichsressorts und der Länder besteht.

12. Selbstverwaltungskörper
[wie 1924]

Geschäftsverteilungsplan des Reichswirtschaftsministeriums [1931]*

Reichswirtschaftsminister: Prof. Dr. Warmbold

A. Verwaltung

Leiter: Ministerialrat Dr. Freiherr von Massenbach.

Abteilung I

Leiter: Ministerialdirektor Dr. Heintze.

Abteilung II

Veröffentlichungen:
„Deutsches Handels-Archiv"
Leiter: Ministerialdirektor Dr. Posse.

Abteilung III

Leiter: Ministerialdirektor Dr. Reichardt.

Geschäftsbereich

1. Statistisches Reichsamt

2. Reichsaufsichtsamt für Privatversicherung

3. Reichswirtschaftsgericht

4. Kartellgericht

5. Börsenausschuß

6. Berufungskammer in Börsenehrengerichtssachen

* Handbuch f. d. Dt. Reich Jg. 45, 1931. (Auszug). — Geschäftsverteilung der Abt. I—III auch in: P. Adloff: Das Reichswirtschaftsministerium. Jur. Diss. Jena 1931, S. 8—17.

7. Reichskommissar für Aus- und Einfuhrbewilligung
— Abwicklungsstelle —
Reichskommissar für das Bankgewerbe
(seit 23. 9. 1931)
(Berlin W 56, Jägerstr. 21)

8. Reichskohlenkommissar
(Berlin W 15, Pariser Str. 44)

9. Reichskommissar für das Handwerk und das Kleingewerbe

10. Reichskommissar für das Ausstellungs- und Messewesen

11. Reichskommissar für das Zündwarenmonopol
(Berlin W 10, Viktoriastr. 34, im Dienstgebäude des Reichswirtschaftsministeriums)

Der vom Reichswirtschaftsministerium ernannte Reichskommissar übt gemeinsam mit dem vom Reichsfinanzministerium ernannten Reichskommissar die Reichsaufsicht über die Deutsche Zündwaren-Monopolgesellschaft aus.
Reichskommissar: Dr. Mulert, MinRat im Reichswirtschaftsministerium.

12. Selbstverwaltungskörper
[wie 1924]

Übersicht über die Tätigkeit des Reichswirtschaftsministeriums im Rechnungsjahr 1929

Reichswirtschaftsministerium A. Nr. 748/30. Berlin im März 1930.*

I. Wirtschaftsarbeit des Völkerbundes

Die Arbeiten des Völkerbundes, die die Beseitigung von Handelshemmnissen und die Anbahnung einer wirtschaftlichen Kooperation der Nationen bezwecken, waren im Jahre 1929 in der Hauptsache nur soweit erfolgreich, als es sich um technische Vorarbeiten handelte. Im übrigen ist in den *wirtschaftlichen Arbeiten* des *Völkerbundes* ein *Stillstand eingetreten*, gegen Ende des Berichtjahres sind sogar *Rückschläge* zu verzeichnen gewesen.

Vereinheitlichung der Zollnomenklatur

Die technischen Vorarbeiten des Völkerbundes auf wirtschaftlichem Gebiet betrafen zunächst die Vereinheitlichung der Zollnomenklatur. Hier hat der Unterausschuß von Sachverständigen für eine große Zahl von Warengruppen eine Muster-Zollnomenklatur aufgestellt. Bei der Bedeutung dieses in Genf unternommenen Versuchs zur Herstellung einer Übereinstimmung in den Zolltarifen erscheint eine genauere Darstellung der Arbeitsweise des Nomenklaturausschusses zweckmäßig.

Auch im vergangenen Jahr war das Reichswirtschaftsministerium stark mit der Fortführung der Vorarbeiten für den Entwurf eines internationalen Zolltarifschemas befaßt. Ein Mitglied des Ministeriums** gehört dem mit der Ausarbeitung beauftragten, aus Sachverständigen von 7 Ländern (Deutschland, Frankreich, Italien, Belgien,

---

* R 43 I/925, fol. 172 bis 243 (BA). — ** GORR Flach.

Tschechoslowakei, Ungarn und der Schweiz) gebildeten Ausschuß an. Die Arbeiten waren durch eine deutsche, der Weltwirtschaftskonferenz im Mai 1927 vorgelegte Denkschrift angeregt, in welcher auf die Unzuträglichkeiten hingewiesen wurde, die sich aus der Verschiedenheit des Aufbaues der Zolltarife der einzelnen Länder ergeben. Das Bedürfnis zur Vereinheitlichung des Aufbaues bestehe einmal für die Zwecke der Handelsstatistik, für welche das Brüssler Schema nur einen ungenügenden Rahmen bilde. Die Vereinheitlichung der Tarife bedeute ferner eine Erleichterung der Handelsvertragsverhandlungen und sei unbedingt erforderlich, um einen objektiven Vergleich der Zollhöhe in den einzelnen Ländern zu ermöglichen. Bei dieser und späteren Gelegenheiten wurde außerdem von vielen Seiten anerkannt, daß die Arbeiten die notwendige technische Grundlage seien, auf Grund deren eine Verständigung internationaler Art über die Zollhöhe stattfinden könne. Ganz wesentliche Vorteile würde aber eine derartige Vereinheitlichung für den internationalen Warenaustausch haben.

Nachdem die Weltwirtschaftskonferenz sich diesen Gedankengängen angeschlossen hatte, trat der Ausschuß im August 1927 in Tätigkeit und stellte zunächst — ebenfalls auf Grund eines deutschen Vorschlags — den Entwurf eines Rahmens für die Nomenklatur auf, welcher in systematischer Weise die Abschnitt- und Kapiteleinteilung für die künftige Nomenklatur nebst einer allgemeinen Inhaltsangabe der einzelnen Kapitel enthielt. Dieser Entwurf, der im Jahre 1928 mit den deutschen Wirtschaftskreisen erörtert worden war, ist von den Sachverständigen in 2. Lesung im Juni 1928 festgestellt worden. Im Herbst 1928 haben die Beratungen über die Ausfüllung des Rahmens durch Einfügung der einzelnen Tarifstellen (Positionen) begonnen und bereits dazu geführt, daß von den vorgesehenen 84 Kapiteln 46 Kapitel in erster, zum Teil auch schon in zweiter Lesung fertiggestellt sind. Die einzelnen Kapitel sind jeweils nach den ersten Lesungen mit den Kreisen der Landwirtschaft, der Industrie und des Handels erörtert worden.

Der Grundgedanke des Entwurfs besteht darin, daß jede Ware in allen Tarifen an derselben Stelle zu finden sein soll. Bei der Aufstellung des Entwurfs ist in erster Linie auf die Bedürfnisse der Länder mit Gewichtszöllen Rücksicht genommen worden, weshalb der Tarif eine feinere Ausgestaltung erfahren mußte, als es die Bedürfnisse der Länder erfordern, die lediglich Wertzölle erheben. Da die wirtschaftlichen Interessen und die Bedürfnisse nach mehr oder weniger feiner Ausgestaltung des Tarifs in den einzelnen Ländern verschieden sind, muß der Entwurf eine gewisse Elastizität haben. Die Hauptpositionen sind so gewählt, daß sie grundsätzlich in den Tarifen aller Länder erscheinen sollen, dagegen ist bei den Unterpositionen vorgesehen, daß sie von den Ländern, die keine Unterteilung benötigen, zusammengelegt werden können. Unbenommen ist es jedem Lande, die Tarifstellen nach den eigenen Bedürfnissen weiter unterzuteilen. Auf Grund eines Beschlusses der Völkerbundsversammlung und des Wirtschaftsausschusses des Völkerbundes sollen die Arbeiten möglichst soweit gefördert werden, daß sie vor der nächsten Völkerbundsversammlung abgeschlossen sind.

Tarifsysteme und Handelsvertragsmethoden

Bezüglich der Tarifsysteme und Handelsvertragsmethoden hat der Wirtschaftsausschuß des Völkerbundes in Ausführung der Empfehlungen der Weltwirtschaftskonferenz eine Denkschrift gefertigt, die der Generalsekretär des Völkerbundes den einzelnen Regierungen zur Äußerung zugeleitet hat. Diese Denkschrift erörtert die Grundprinzipien der gegenwärtigen Handelspolitik und stellt einheitliche Grundsätze über Zolltarifsysteme, Handelsvertragsmethoden und das Recht der Meistbegünstigung auf. Die Richtlinien für die Handelspolitik betreffen sowohl das sogenannte angelsächsische System der „autonomen Tarife“ als auch das in Kontinental-Europa vorherrschende System der „Verhandlungstarife“. Den Schluß dieser Denkschrift bildet eine Musterformel für die Meistbegünstigungsklausel, die künftigen Handelsverträgen zugrundegelegt werden soll.

Zollabbau

Was die Empfehlungen der Weltwirtschaftskonferenz über den Zollabbau anlangt, so hat der beratende Wirtschaftsausschuß des Völkerbundes festgestellt, daß die Höhe der Zollsätze im ganzen etwa die gleiche geblieben sei wie im Jahre 1928. Unter dem Druck der öffentlichen Meinung, die sich aus Anlaß der Weltwirtschaftskonferenz gebildet habe, seien die Zollerhöhungen zwar zum Stillstand gekommen, man könne aber nicht sagen, daß ein Zollabbau eingetreten sei. Auch die Völkerbundsversammlung hat bestätigt, daß trotz einiger Anstrengungen, die hier und da unternommen wurden, kein entscheidender Schritt in der Richtung des Abbaues der Handelshemmnisse gemacht worden sei. Kollektivverträge über einen allgemeinen Zollabbau sind nicht abgeschlossen worden, und auch die Arbeiten über die Kollektivverträge zum Zwecke eines gruppenweisen Zollabbaues (Aluminium, Zement u. dergl.) haben bisher zu keinem Ergebnis geführt. Der von der Weltwirtschaftskonferenz empfohlene autonome Zollabbau ist deutscherseits insofern durchgeführt worden, als das Gesetz über Zolländerungen vom 22. Dezember 1929 (Reichsgesetzbl. I S. 227 ff.) zahlreiche Zollermäßigungen enthält. Auch in der Gesetzgebung anderer Staaten finden sich vereinzelte Ansätze zu einem autonomen Zollabbau.

Behandlung der Ausländer

Die Völkerbundeskonferenz über die Behandlung der Ausländer, die im November 1929 in Paris tagte und die Behandlung zugelassener Ausländer, gewisse Steuerfragen und Maßnahmen gegen den indirekten Protektionismus zum Gegenstand hatte, ist ohne materielles Ergebnis auf ein Jahr vertagt worden. 47 Staaten, darunter 4 Nichtmitgliedstaaten des Völkerbundes, waren auf der Konferenz vertreten. Eine Einigung konnte nicht erzielt werden, weil die Delegierten der meisten Staaten einer liberalen Regelung des Rechts der Ausländer und der ausländischen Gesellschaften widerstrebten und hauptsächlich darauf bedacht schienen, Bindungen ihrer Regierungen auf dem Gebiete der Ausländerbehandlung zu vermeiden.

Ein- und Ausfuhrverbote

Auch das Ergebnis der Völkerbundskonferenz über das Inkraftsetzen des internationalen Übereinkommens zur Abschaffung der Ein- und Ausfuhrverbote und -beschränkungen vom 8. November 1927 war wenig befriedigend. Die von 29 Staaten gezeichnete internationale Konvention war nur von 18 Staaten ratifiziert worden, und zwar von 11 Staaten, darunter von Deutschland, unter der Bedingung, daß auch Polen und die Tschechoslowakei ratifizieren. Da jedoch diese beiden Staaten nicht zur Genehmigung zu bewegen waren, ist die Konvention am 1. Januar 1930 von 11 Staaten, darunter von Deutschland, nur unter einer auflösenden Bedingung in Kraft gesetzt worden. Hiernach werden die Staaten, die das Inkraftsetzen der Konvention von dem Beitritt Polens und der Tschechoslowakei abhängig gemacht haben, von ihren Verpflichtungen wieder frei, wenn bis zum 31. Mai 1930 der Beitritt Polens und der Tschechoslowakei nicht erfolgt ist. Auch die Staaten, die ohne Bedingung ratifiziert haben, können im Jahre 1931 von ihren Verpflichtungen gelöst werden, sofern die Zahl der Mitgliedsstaaten der Konvention weniger als 18 beträgt.

Während somit das Schicksal der internationalen Konvention über Ein- und Ausfuhrverbote noch ungewiß ist, konnte auf dem Sondergebiete der Ausfuhr von Häuten und Knochen eine Übereinkunft erzielt werden, nach der die im Juli 1928 unterzeichneten internationalen Übereinkommen zwischen 17 Signatarmächten, darunter Deutschland, unabhängig von dem Hauptabkommen am 1. Oktober 1929 in Kraft traten. Hiernach wurden die noch bestehenden Ausfuhrverbote für Häute und Felle und für Knochen aufgehoben, desgleichen die Ausfuhrzölle und Ausfuhrabgaben für

---

* Die Konvention ist daraufhin gescheitert.

Häute und Felle; dagegen wurden die Ausfuhrabgaben für Knochen und Leimleder lediglich auf Höchstbeträge beschränkt.

Zollfrieden

Im September 1929 hat die X. Völkerbundesversammlung erneut auf die Notwendigkeit hingewiesen, die Beschlüsse der Weltwirtschaftskonferenz von 1929 zur Durchführung zu bringen und auf einen englisch-französisch-belgischen Antrag hin empfohlen, einen 2—3jährigen Zollfrieden abzuschließen und während seiner Geltungsdauer ein Programm weiterer Maßnahmen zu verwirklichen. Die zur Schaffung des Zollfriedens und zur Aufstellung eines Programms für weitere Verhandlungen einberufene Vorkonferenz, die vom 17. Februar bis 24. März in Genf getagt hat, war von 27 europäischen Staaten beschickt. Die deutsche Delegation stand unter der Führung des Reichswirtschaftsministers. Ein Zollfriedensabkommen, wie es die Völkerbundsversammlung empfohlen und der Wirtschaftsausschuß des Völkerbundes entworfen hatte, ist auf der Konferenz nicht zustande gekommen. An seiner Stelle ist jedoch das Handelsabkommen vom 24. März 1930, das von den bestehenden zweiseitigen Handelsverträgen ausgeht, ausgearbeitet und bereits von 11 europäischen Staaten unterzeichnet worden. Nach ihm verpflichten sich die Vertragsstaaten, die bestehenden Handelsverträge nicht vor dem 1. April 1931 zu kündigen. Diejenigen Staaten, die mit Deutschland Tarifabreden in Handelsverträgen getroffen haben, sind danach nicht in der Lage, die bestehenden Zollabreden durch Kündigung zu beseitigen. Lediglich vertragliche Änderungen bleiben möglich. Diejenigen Staaten, die keine Tarifabreden kennen, und zwar England, Dänemark, Norwegen, die Niederlande und Portugal, verpflichten sich, Schutzzölle nicht zu erheben oder neu einzuführen. Hinsichtlich der autonomen Zölle der ersteren und hinsichtlich der Finanzzölle der letzteren Staatengruppe ist eine Regelung nur insofern erfolgt, als Erhöhungen dieser Zölle den Staaten, die sich für geschädigt erachten, das Recht geben, das Abkommen zu kündigen. Für die erstere Staatengruppe besteht ferner die Pflicht — von dringenden Fällen abgesehen — Zollerhöhungen den anderen Staaten aufzuzeigen und sich auf Verhandlungen über eine gütliche Verständigung einzulassen. Das Abkommen soll bis zum 1. November 1930 ratifiziert werden. Zwischen 1. und 15. November 1930 soll eine Konferenz einberufen werden, die über die Inkraftsetzung entscheidet. Ferner ist ein Programm für weitere Verhandlungen aufgestellt worden, mit dessen Durchführung vor Ablauf des Handelsabkommens begonnen werden soll.

II. Zollgesetzgebung und Handelspolitik

Gesetz über Zolländerungen

Nach eingehenden Beratungen im Vorläufigen Reichswirtschaftsrat, im Reichsrat und im Reichstag wurde das *Gesetz über Zolländerungen* vom 22. Dezember 1929 (Reichsgesetzbl. I S. 227 ff.) verabschiedet. Aus seinem Inhalt ist aus dem Arbeitsgebiet des Reichswirtschaftsministeriums folgendes hervorzuheben:

Die Gültigkeitsdauer der sogenannten Zolltarifnovelle (Gesetz über Zolländerungen vom 17. August 1925, Reichsgesetzbl. I S. 261), die am 31. Dezember 1929 ablief, ist auf unbestimmte Zeit verlängert worden. Die Zollsenkungsaktion (Anlage 5 des Entwurfs eines Gesetzes zur Ausführung der Empfehlungen der Weltwirtschaftskonferenz — Reichstagsdrucksache Nr. 589 von 1928 —) wurde mit einigen Abänderungen in die Zollnovelle vom 22. Dezember 1929 eingearbeitet. Im übrigen enthält das Gesetz neben verschiedenen technischen Verbesserungen und Ergänzungen des Zolltarifs entsprechend einer früheren Anregung des Reichstags eine Erhöhung der autonomen Zollsätze für Lederschuhwerk. Außerdem wurden im Hinblick auf die voraussichtliche Aufhebung des Einfuhrverbots für Aluminium, die gemäß den noch zu erwähnenden Genfer Vereinbarungen geplant ist, neue Zollsätze für das bisher zollfreie Rohaluminium und eine entsprechende Erhöhung der Zölle für Aluminiumhalbfabrikate vorgesehen. Diese Maßnahme war erforderlich, weil eine von Deutschland ausgehende internationale Aktion zur allgemeinen Beseitigung oder Begrenzung der Aluminiumzölle nicht zum Ziele geführt hatte und es nicht erträglich schien, die deutsche Aluminiumindustrie nach Wegfall des schärfer wirkenden Einfuhrverbots ohne Schutz zu lassen. Die Aluminiumzölle sind jedoch noch nicht in Kraft gesetzt worden.

Einer lebhaften Erörterung im Reichsrat und im handelspolitischen Ausschuß des Reichstags wurde die Frage unterzogen, ob auch über die erwähnten Fälle hinaus industrielle Zollsätze neu eingeführt oder erhöht werden sollten. Einem Beschlusse des Reichskabinetts gemäß haben die Vertreter des Reichswirtschaftsministeriums in diesen Verhandlungen den Standpunkt eingenommen, daß eine Zollerhöhung bei Positionen untunlich sei, die in Handelsverträgen gebunden oder herabgesetzt worden sind. Maßgebend für eine solche Haltung ist die Erwägung gewesen, daß derartige Zollerhöhungen, wenigstens wenn sie wirksam gemacht werden sollten, eine Gefahr für die im allgemeinen nicht ungünstig zu beurteilenden Handelsverträge im Gefolge haben müßten.

Inzwischen ist im Handelspolitischen Ausschuss des Reichstags ein Beschluß gefaßt worden, in dem die Reichsregierung um Prüfung der zur Zollvorlage gestellten Anträge unter Einholung eines Gutachtens des Vorläufigen Reichswirtschaftsrats gebeten wird. Der Reichswirtschaftsrat hat die Verhandlungen inzwischen aufgenommen.

Grundsätze der Handelspolitik

Für die Handelspolitik des Jahres 1929, an der wie früher das Reichswirtschaftsministerium in stärkstem Maße beteiligt war, sind die beiden Grundsätze maßgebend gewesen,

1. in die schon bestehenden Handelsverträge, insbesondere nach Westen und Südwesten, keine oder höchstens solche Änderungen hineinzutragen, zu deren Aufnahme die Lage der deutschen Wirtschaft und die Gesetzgebung unabweislich zwangen, und
2. das auf diese Weise im allgemeinen abgeschlossene Netz der Handelsverträge auch nach dem Osten und Südosten hin auszubauen.

Es kann nicht bestritten werden, daß die Aufrechterhaltung der nach Auffassung der Reichsregierung bewährten Handelspolitik, für deren Erfolge auch die Zahlen der handelsstatistischen Entwicklung heranzuziehen sind, infolge der in Deutschland insbesondere auf landwirtschaftlichem Gebiet bestehenden ökonomischen Schwierigkeiten und infolge der von den gesetzgebenden Körperschaften seit der Mitte des Jahres 1929 gefaßten zollpolitischen Beschlüsse nur mit Mühe gelungen ist.

Im einzelnen ergibt sich die Entwicklung und der Stand der handelspolitischen Beziehungen Deutschlands mit den anderen Staaten am Ende des Jahres 1929 aus der als besondere Beilage beigefügten ausführlichen Darstellung. Ergänzend ist von besonders bemerkenswerten Ergebnissen in Handelsvertragsverhandlungen das Folgende hervorzuheben:

Britisches Reich

Der deutsche Außenhandel mit dem Britischen Weltreich hat den Umfang der letzten Vorkriegsjahre noch nicht erreicht. Namentlich die Ausfuhr deutscher Erzeugnisse, wenngleich sie in den letzten Jahren eine langsam steigende Tendenz zeigte, bleibt sowohl gegenüber dem Mutterlande als auch gegenüber den britischen Dominions, vornehmlich Indien, Australien und Kanada, hinter dem vorkriegszeitlichen Volumen noch zurück. Alle Bestrebungen, den deutschen Export nach diesen kaufkräftigen Ländern zu heben, werden mit Aufmerksamkeit verfolgt und nach

Kräften unterstützt. Die Bedeutung der Märkte des britischen Weltreichs für den deutschen Außenhandel erhellt schon daraus, daß das britische Weltreich am Welthandel mit etwa 25 v. H. beteiligt ist, und daß seine Märkte teilweise zu den kaufkräftigsten Märkten der Welt gehören.

Der deutsche Handelsvertrag mit der Südafrikanischen Union vom 1. September 1928 ist von dem südafrikanischen Parlament nach harten parlamentarischen Kämpfen genehmigt worden, so daß er im Juni 1929 in Kraft getreten ist. Die deutschen Versuche, mit Kanada, dem Australischen Bunde und Neuseeland zu Handelsverträgen zu kommen, sind weiter ergebnislos geblieben. Dagegen ist es nach mehrjährigen Verhandlungen gelungen, mit dem Irischen Freistaat einen Vertragsentwurf zu vereinbaren, der noch der Genehmigung der beiderseitigen Regierungen bedarf.*

Klagen der deutschen Exporteure über die Zollbehandlung, namentlich über die Handhabung der englischen Seidenzölle durch die englische Zollverwaltung und über die Höhe und die Handhabung der australischen Zölle, werden nach wie vor in größerem Umfange laut und werden nach Möglichkeit weiter verfolgt.

Finnland

Mit *Finnland* mußten in der zweiten Hälfte des Jahres 1929 Verhandlungen geführt werden, um die neuen, durch Gesetz vom 3. Juli 1929 (Reichsgesetzbl. I S. 128) festgelegten autonomen Sätze für Butter und Rahm auch gegenüber diesem Staate und damit indirekt gegenüber den meistbegünstigten Ländern zur Wirkung zu bringen. Das Abkommen, in das die neuen autonomen Zollsätze eingearbeitet sind, ist am 25. November 1929 abgeschlossen worden und unterliegt zur Zeit der Beschlußfassung des Reichstags. Den finnischen Reichstag hat es bereits mit Erfolg durchlaufen.**

Frankreich

Im vergangenen Jahre sind folgende handelspolitischen Vereinbarungen mit *Frankreich* abgeschlossen worden:

Durch einen deutsch-französischen Notenwechsel vom 10. Juni 1929 wurde die allgemeine Meistbegünstigung auch auf den Warenverkehr zwischen Deutschland und Indochina ausgedehnt, nachdem der indochinesische Einfuhrzolltarif grundsätzlich auf den Stand des mutterländischen (französischen) Tarifs gebracht und für gewisse vom mutterländischem Tarif ausgenommene Erzeugnisse ein neuer indochinesischer Spezialzolltarif geschaffen worden war.

In einem weiteren deutsch-französischen Notenwechsel vom 27. Juli 1929 verzichtete Frankreich auf die im deutsch-französischen Handelsabkommen vereinbarte Bindung des deutschen Mehlzolles und gewährte auf den Gebiete der Kunstspinnfasern einige Zollerleichterungen, wofür ihm deutscherseits eine Ausdehnung der zollbegünstigten Einfuhr für Weintrauben und eine Ermässigung des Einfuhrzolles für Austern zugestanden wurde.

Italien

Mit *Italien* wurden im Herbst 1929 Verhandlungen über die Beseitigung von zolltechnischen Schwierigkeiten geführt, die in der Praxis der deutschen Ausfuhr aufgetreten waren. Sie führten in der Mehrzahl der Fälle zu einem das deutsche Interesse befriedigenden Ergebnis.

Die am 7. Dezember 1929 mit sofortiger Wirkung in Kraft getretenen italienischen Zollerhöhungen für zahlreiche Positionen des italienischen Zolltarifs, von denen auch wichtige deutsche Ausfuhrwaren betroffen wurden, erhöhten die Zahl der italienischen Zollerhöhungen, die seit Abschluß des deutsch-italienischen Handelsvertrages vom Jahre 1925 vorgenommen worden sind, auf rund 250. Hierdurch und durch den

---

* Die Genehmigung erfolgte kurz darauf.

** Das Abkommen wurde mit geringen Änderungen angenommen.

ebenfalls seitdem eingetretenen Kampf gegen den Bezug ausländischer Waren, die sogen. battaglia economica, ist naturgemäß die Basis dieses Vertrages zum Nachteil Deutschlands verschoben worden. Die Reichsregierung beabsichtigt deshalb mit Italien Verhandlungen zu führen, um das nach ihrer Auffassung gestörte Gleichgewicht wieder herzustellen.

Niederlande

Mit den Niederlanden schweben Verhandlungen über die Kohleneinfuhr nach Deutschland sowie über deutsche Zollzugeständnisse für Kabel und Hohlglas, die nach der Vereinbarung vom 14. Februar 1928 in Aussicht genommen waren. Die Verhandlungen sind noch nicht abgeschlossen.

Österreich

Die seit längerer Zeit ruhenden Handelsvertragsverhandlungen mit Österreich sind wieder aufgenommen worden.

Polen

Die Handelsvertragsverhandlungen mit Polen dauerten auch im Jahre 1929 an und führten im März dieses Jahres zum Abschluß eines Wirtschaftsabkommens. Wie bisher hat sich das Reichswirtschaftsministerium bei allen Entscheidungen für Lösungen eingesetzt, die das Zustandekommen des Vertrags ermöglichen sollten.

Das Ende 1927 abgeschlossene und Anfang 1929 erneuerte Abkommen mit Polen über den Holzverkehr ist bis Ende 1930 verlängert worden.

In Durchführung der bisherigen Kampfmaßnahmen gegen Polen wurden zahlreiche Einzelanträge behandelt.

Randstaaten

Mit den Randstaaten haben besondere Verhandlungen nicht stattgefunden, jedoch war insbesondere gegenüber Lettland die Behandlung von Anträgen handelspolitischer Natur erforderlich, die die Erleichterung der Einfuhr lettischer Waren nach Deutschland zum Gegenstand hatten und zum Teil auch durch die Erhöhung des deutschen Butterzolls hervorgerufen waren.

Rumänien

Die im Januar 1930 eingeleiteten Handelsvertragsverhandlungen mit Rumänien zum Zweck der Beseitigung des jetzigen vertragslosen Zustandes sind noch nicht abgeschlossen. Die „de facto-Meistbegünstigung“, die Deutschland im Verkehr mit Rumänien bisher genoß, ist infolge eines neuen rumänischen Gesetzes bis zum 1. Mai 1930 gewährt worden.

Schweden

Der Handelsvertrag mit Schweden war zum 15. Februar 1930 gekündigt worden, um für diesen Zeitpunkt die Befreiung von der in diesem Vertrage erfolgten Bindung der deutschen Zölle für Getreide, Vieh und Fleisch sicherzustellen. Durch das am 30. November 1929 abgeschlossene Zusatzabkommen sind die Bindungen teilweise aufgehoben, teilweise sind neue Vereinbarungen über diese Zölle getroffen worden.

Der alte Handelsvertrag bleibt infolgedessen mit den in dem neuen Zusatzabkommen getroffenen Änderungen in Kraft. Auf diese Weise ist die ungestörte Weiterentwicklung des Warenaustausches mit Schweden, der im Jahre 1928 mit über 180 Mill. RM zugunsten Deutschlands aktiv war, gewährleistet.

Schweiz

Mit der Schweiz wurden im Jahre 1929 zwei Zusatzabkommen geschlossen, die neben anderen Vereinbarungen die Aufhebung der Bindung für die deutschen Lederschuhzölle und die Einschränkung der für die Einführung eines deutschen Aluminiumzolles vorgesehenen Bindung enthielten.

Spanien

Gegenüber Spanien ist infolge der Hinausschiebung der spanischen Zolltarifrevision eine Änderung der handelspolitischen Beziehungen zunächst nicht zu erwarten. Die Tätigkeit des Reichswirtschaftsministeriums beschränkte sich daher in der Hauptsache darauf, in Einzelfällen den Auswirkungen des spanischen Protektionismus nachzugehen und ihnen entgegenzutreten.

Tschechoslowakei

Die im Sommer 1926 eingeleiteten Handelsvertragsverhandlungen mit der Tschechoslowakei sind auch im Jahre 1929 nicht weiter gekommen. Nach Überarbeitung und Ergänzung des gesamten Materials haben im Juni des abgelaufenen Jahres Verhandlungen mit der tschechoslowakischen Delegation stattgefunden, die aber nur von kurzer Dauer waren und sich im wesentlichen auf eine Klarstellung der bisherigen Ergebnisse beschränkten. Mit einer Wiederaufnahme der Verhandlungen dürfte erst zu rechnen sein, wenn feststeht, ob und in welchem Umfange die Tschechoslowakei eine Revision ihres Zolltarifs vornehmen wird.
Sonderverhandlungen sind Ende des Jahres durch die Gesandtschaft in Prag geführt worden, um für die Einfuhr deutscher Bücher nach der Tschechoslowakei Erleichterungen zu schaffen. Gegen Konzessionen auf anderen Gebieten ist eine den deutschen Interessen entsprechende Verständigung zustande gekommen.

Türkei

Mit der Türkei sind am 4. Januar 1930 Handelsvertragsverhandlungen eingeleitet worden mit dem Ziele, einen Handelsvertrag auf dem Fuße der Meistbegünstigung unter Erwirkung von Tarifzugeständnissen abzuschließen. Der neue Vertrag soll an die Stelle des Handelsvertrages vom 12. Januar 1927 treten, der von der Türkei wegen des Ablaufs des Lausanner Vertrages vom 24. Juli 1923 und wegen der Einführung eines neuen türkischen Einfuhrzolltarifs zum 3. Februar 1930 gekündigt worden ist.

Argentinien

Der Abschluß des englisch-argentinischen Abkommens (d'Abernon-Abkommen) hat zur Folge gehabt, daß aus den Kreisen der deutschen Industrie vielfach der Wunsch geäußert wurde, Deutschland möge mit Argentinien ein ähnliches Abkommen vereinbaren. Vorbereitende Verhandlungen mit Industriebanken und Getreideimporteuren sind aufgenommen worden.

Haiti

Zwischen der haitianischen und der deutschen Regierung ist am 10. März ein Handelsvertrag unterzeichnet worden, der, ohne Tarifabreden zu enthalten, auf dem Grundsatz der Meistbegünstigung aufgebaut ist. Der Vertrag regelt auch die Fragen der Niederlassung und der Schiffahrt in der üblichen Weise.

Mexiko

Der Handelsvertrag mit Mexiko ist seit dem Ende des Jahres 1928 außer Kraft; die Verhandlungen über den Abschluß eines neuen Vertrages sind noch nicht zu einem Ergebnis gekommen.

III. Exportförderung

Das Gebiet der Exportförderung hat im Laufe des Jahres 1929 die weitgehende Aufmerksamkeit des Reichswirtschaftsministeriums erfahren.

Auslandsnachrichtendienst

In gemeinschaftlicher Arbeit mit dem Auswärtigen Amt wurde, soweit es die beschränkten finanziellen Mittel erlaubten, der amtliche wirtschaftliche Nachrichten- und Auskunftsdienst sachlich gefördert und ausgebaut. Die Entwicklung dieses amtlichen Dienstes, dessen Trägerin nunmehr die Zentralstelle für Außenhandel als gemeinsames Referat des Reichswirtschaftsministeriums und des Auswärtigen Amts ist, ist in einer Denkschrift dargestellt, die dem Reichstag als Drucksache Nr. 1696 vorliegt. Auf diese wird hier verwiesen.

Reichsgarantien zur Exportförderung

Daneben war das Reichswirtschaftsministerium bemüht, im Rahmen der für das Rechnungsjahr 1929 erteilten Garantieermächtigung in Höhe von 175 Millionen Reichsmark und unter Ausnutzung der aus den Vorjahren noch zur Verfügung stehenden restlichen Garantiemöglichkeiten auf eine Steigerung der Ausfuhr hinzuwirken, die möglichst zahlreichen Wirtschaftskreisen zugute kommen soll. Dabei werden, wie im letztjährigen Bericht (Seite 19) dargelegt wurde, zwei verschiedene Wege eingeschlagen; einerseits wird das gegenüber der Vorkriegszeit erheblich gewachsene Kreditrisiko des Ausfuhrgeschäfts den Firmen zu einem angemessenen Teil abgenommen, andererseits wird versucht, die durch Krieg und Inflation geschwächte Kapitalbasis der Exportunternehmungen zu stärken. Die Verknappung des deutschen Kapitalmarkts brachte es mit sich, daß den zuletzt erwähnten Bemühungen ein geringerer Erfolg beschieden war als der auf Grund der Erfahrungen der letzten Jahre weitgehend ausgebauten Abdeckung der Kreditrisiken.

Exportkreditversicherung

Die Exportkreditversicherung, die der teilweisen Abbürdung von Exportrisiken dient, wird im Zusammenwirken mit der Privatversicherung betrieben. Die Ausfallgarantien des Reichs werden gleichsam als Rückversicherung zur Verfügung gestellt.

Insgesamt sind gegenwärtig Garantien in Höhe von 75 Millionen Reichsmark für die Exportkreditversicherung festgelegt und zwar

15 Mill. RM für den Plan A,
5 Mill. RM für den Plan B,
20 Mill. RM für den Plan C,
35 Mill. RM für den Fonds für Geschäfte mit ausländischen Regierungen.

Als Träger der Exportkreditversicherung war bis zum August 1929 neben der Hermes-Kreditversicherungsbank A.G. die Frankfurter Allgemeine Versicherungs A.G. in Frankfurt a. M. tätig. Nach dem Zusammenbruch dieser Gesellschaft ist nunmehr die ganze Exportkreditversicherung auf den Hermes übergegangen. Eine Gefährdung der Ansprüche der Versicherungsnehmer konnte dadurch vermieden werden, daß der gesamte Bestand der Frankfurter Allgemeinen Versicherung A. G. an Exportkreditversicherungen von der Allianz und Stuttgarter-Verein A.G. übernommen und der Hermes-Kredit-Versicherungsbank A.G. übertragen wurde.

Die Exportkreditversicherung nach Plan A, die eine Versicherung des deutschen Exporteurs gegen Uneinbringlichkeit von Forderungen aus Warenlieferungen an ausländische Firmen vorsieht, hat sich weiterhin zufriedenstellend entwickelt. Der Jahresumsatz ist von 60 auf 80 Mill. RM gestiegen, wobei allein auf das letzte Quartal 25 Mill. RM entfallen. Die Zahl der Bündelverträge hat sich seit Juni 1928 von 73 auf 236 erhöht. Die Zahl der ausländischen Kunden, die innerhalb der Exportkreditversicherung geprüft und gedeckt worden sind, ist in derselben Zeit von 22 000 auf 57 000 gestiegen. Der Schadensverlauf war normal, so daß die Garantiefonds des Reichs nicht in Anspruch genommen wurden, die Schäden vielmehr aus den vereinnahmten Prämien beglichen werden konnten.

Diese günstige Entwicklung und die bisherigen Erfahrungen ermöglichten eine Reihe von Verbesserungen der Einrichtung, die von der Großen Kommission im Dezember 1929 gutgeheißen wurden.

In Hinsicht auf den bisherigen günstigen Verlauf der Exportkreditversicherung konnte die selbständige Entscheidungsbefugnis der Hermes und der für Anträge auf Deckungen im Rahmen von Bündelverträgen eingesetzten Ausschüsse erweitert werden. Von dieser Maßnahme ist eine Vereinfachung und Beschleunigung des Verfahrens zu erwarten. Ferner konnte das vom Reich allein zu tragende Katastrophenrisiko auf eine Reihe bisher nicht vorgesehener Fälle von Katastrophen ausgedehnt werden.

Neben den bisher für Plan A vorgesehenen Garantien in Höhe von 10 Mill. RM wurde von seiten des Reichswirtschaftsministeriums im Einvernehmen mit dem Reichsfinanzministerium ein Sondergarantiefonds in Höhe von 5 Mill. RM bereitgestellt. Es gibt Grenzfälle, bei denen volkswirtschaftlich durchaus erwünschte Exporte vorliegen, gegen die hinsichtlich des kaufmännischen Rufs des ausländischen Schuldners und der bisherigen Geschäftsabwicklung keine Bedenken zu erheben sind, deren Versicherung aber für den Hermes als privates Versicherungsunternehmen wegen des geringen Eigenkapitals des ausländischen Schuldners oder aus sonstigen Gründen nicht oder doch nur bis zu einer gewissen Höhe tragbar wäre. Durch den bereitgestellten Sonderfonds soll die Möglichkeit geschaffen werden, in solchen Fällen zu helfen. Hinter dem Sonderfonds übernehmen private Rückversicherungsgesellschaften einen weiteren Betrag von 2 Mill. RM. Die Vergebung von Garantien aus diesem Fonds erfolgt durch das Reichswirtschaftsministerium im Einvernehmen mit dem Reichsfinanzministerium.

Die Hermes-Kreditversicherungsbank, die seit dem Zusammenbruch der Frankfurter Allgemeinen Versicherungs-A.G. allein die Exportkreditversicherung betreibt, ist naturgemäß genötigt, den an sie in erhöhtem Maß herantretenden Ansprüchen gegenüber größere Zurückhaltung zu üben. Es erwies sich daher als notwendig, ihr eine Reihe von Erleichterungen zu gewähren.

Über Plan B der Exportkreditversicherung, welcher die das Auslandsgeschäft finanzierende Bank — nicht den Exporteur selbst — gegen einen Ausfall durch Insolvenz der Lieferfirma versichert, wurden Deckungen weiterhin nur in geringem Umfange beantragt und gewährt. Es wurde u. a. ein größeres Projekt zur Schiffbarmachung eines südamerikanischen Stroms im Werte von rd. 5 Mill. RM in Deckung genommen.

Bei Plan C der Exportkreditversicherung, der ausschließlich für Ausfuhrgeschäfte nach Rußland bestimmt ist, wurden zur Entlastung des Hermes und um diese Versicherungen mit den für längerfristige Russengeschäfte gewährten Garantien — welche allein vom Reich und den Ländern vergeben werden — in Einklang zu bringen, gewisse Änderungen mit der Hermes Kreditversicherungsbank A. G. vereinbart. In Zukunft sollen über Plan C nur noch kurzfristige Geschäfte, bei denen mindestens 60 % des Fakturenwertes nach 9 Monaten fällig sind, versichert werden und zwar ohne Rücksicht auf den Gegenstand der Lieferungen. Die Prämie ist erheblich herabgesetzt und den für die Russengarantien geltenden Sätze möglichst angeglichen worden. Der Garantiefonds wurde von 10 auf 20 Mill. RM erhöht.

Geschäfte mit ausländischen Regierungen

Bei der Versicherung größerer Aufträge ausländischer Regierungen hat sich erwiesen, daß die mit solchen Geschäften verbundenen Risiken sowohl hinsichtlich der Höhe des Fakturenbetrages als auch hinsichtlich der Länge der Laufzeit für eine private Kreditversicherungsgesellschaft in vielen Fällen nicht tragbar sind. Es sollen daher in Zukunft für Liefergeschäfte an ausländische Regierungen, bei denen der Lieferwert mehr als 5 Millionen RM und die Laufzeit des Kredits mehr als 2 Jahre betragen, durch das Reichswirtschaftsministerium (bei Geschäften, die landwirtschaftliche Produkte und Produktionsmittel zum Gegenstand haben, durch das Reichsernährungsministerium) im Einvernehmen mit dem Reichsminister der Finanzen und unter Mitwirkung des Auswärtigen Amts Reichsgarantien ohne Beteiligung der Versicherungsgesellschaft vergeben werden. Für diese Garantien sind etwa die gleichen Bedingungen wie für die Exportkreditversicherung größerer Auslandsaufträge vorgesehen. Die Geschäftsführung hinsichtlich der Vergebung dieser Garantien ist der Deutschen Revisions- und Treuhand-A. G. in Berlin übertragen worden. Eine größere Anzahl von Anträgen liegt bereits vor. Es liegt in der Natur dieser Liefergeschäfte großen Umfanges, daß die Verhandlungen mit den ausländischen Warenabnehmern sich meist sehr lange, oft jahrelang hinziehen, ehe der Liefervertrag abgeschlossen werden kann. Zwei Geschäfte, über die bereits seit langem verhandelt worden ist und für die eine Exportkreditversicherung in Aussicht genommen war, sind in letzter Zeit zum Abschluß gelangt. Es handelt sich hierbei um ein Lokomotivengeschäft eines deutschen Konsortiums nach Rumänien im Werte von 15 Millionen RM und um Lieferungen zum Bau eines Stahl- und Walzwerks in Angora im Werte von rd. 17 Millionen RM. Der endgültige Abschluß weiterer derartiger Geschäfte scheint unmittelbar bevorzustehen.

Krediteinrichtungen für Exporteure

Unter Ausnutzung der Garantieermächtigung wurden auch im Rechnungsjahr 1929 deutschen Exportfirmen Kredite gewährt. Bei der ersten langfristigen Kreditaktion, die im Jahre 1927 durchgeführt und im vorjährigen Bericht (Seite 24) eingehend dargestellt wurde, war es dem Reichsfinanzministerium möglich gewesen, den kreditverteilenden Banken eine Liquiditätsgarantie zu gewähren, ihnen also damit einen jederzeitigen Rückgriff auf die Reichshauptkasse zu gestatten. Dadurch waren die Banken in der Lage, ihrerseits kurzfristig aufgenommene Gelder für die Kredite zu verwenden. Da das Reichsfinanzministerium im laufenden Rechnungsjahr eine solche Liquiditätsgarantie mit Rücksicht auf die Kassenlage des Reichs ablehnen mußte, bestand die Notwendigkeit, die für die Ausleihung an Exporteure erforderlichen langfristigen Gelder durch Verhandlungen mit Kreditgebern zu beschaffen, die infolge der allgemeinen Geldknappheit nicht zu einem voll befriedigenden Ergebnis führten. Für eine von der Reichs-Kredit-Gesellschaft A. G. in Berlin abgewickelte Kreditaktion

(Berliner Kreditaktion) konnte nur die Bereitstellung von etwa 3,6 Millionen RM erwirkt werden, eines Betrages, der zu den Antragssummen in auffälligem Mißverhältnis steht. Daneben ist im Rechnungsjahr 1929 noch eine besondere *Hamburger* Aktion vornehmlich für den Hamburger Exporthandel geschaffen worden. Die Hamburgische Bank von 1923 Aktiengesellschaft in Hamburg hat — unter Garantie des Reichs — von der Reichsversicherungsanstalt für Angestellte einen Kredit von 5 Millionen RM aufgenommen. Sowohl für die Berliner wie für die Hamburger Kreditaktion ist die Laufzeit des Kredits auf zehn Jahre bemessen und der Kreis der Anwärter auf die Exportkredite in der Weise umgrenzt worden, daß nur deutsche Exportfirmen berücksichtigt werden, die gegenwärtig nach ihren wirtschaftlichen und finanziellen Verhältnissen und der Gestaltung ihrer Betriebe in der Lage sind, nach Zurverfügungstellung der Kredite den Export in erhöhtem Maße zu fördern und mit der weiteren Maßgabe, daß die Tätigkeit dieser Unternehmungen geeignet sein muß, die deutschen Auslandsbeziehungen zu stärken, insbesondere die gefährdeten Auslandsmärkte für den deutschen Handel zu erhalten; dabei kommen nur solche deutsche Unternehmungen in Frage, die in Deutschland Sitz oder Niederlassung haben und sich in überwiegendem Maße mit dem Export deutscher und solcher Waren befassen, bei deren Herstellung ein möglichst hohes Maß an deutscher Arbeitskraft aufgewendet ist.

Berliner Kreditaktion

Innerhalb der *Berliner* Kreditaktion wird der Kredit in Form eines festen Bankkredites eingeräumt, der mit 2 % über dem jeweiligen Reichsbankdiskontsatz, mindestens jedoch mit 8 % zu verzinsen ist. Die Rückzahlung des Kredits hat in 8 gleichen Jahresraten zu erfolgen; die erste Rate ist am 30. Juni 1932, jede weitere am 30. Juni des folgenden Jahres zu entrichten. Nach dem Stande vom 31. Dezember 1929 sind insgesamt 316 Anträge mit einer Antragssumme von etwas über 40 Millionen RM eingereicht worden; 17 Anträgen war am Stichtage durch Bewilligung einer Gesamtkreditsumme von etwa 2,1 Millionen RM stattgegeben worden, während 237 Anträge abgelehnt waren und 29 Anträge noch offenstanden. Die verhältnismäßig sehr große Zahl der Ablehnungen findet nicht zuletzt ihre Erklärung darin, daß unter den antragstellenden Firmen sich zahlreiche sowohl nach ihrer finanziellen Grundlage wie ihrer Exporttätigkeit für die Kreditaktion völlig ungeeignete Firmen befinden. Soweit die antragstellenden Firmen, denen ein Kredit zugesprochen ist, liquidations-, ausgleichs- oder gewaltgeschädigt sind, konnte auf Grund des im Haushaltsgesetz vorgesehenen Zinsverbilligungsbetrages eine Verbilligung des normalen Zinssatzes um bis zu 3 % des Kreditbetrages zugestanden werden, soweit der Zinssatz hierdurch nicht unter 6 1/2 % sinkt. Diese Zinsverbilligung gilt allerdings nur für die ersten 5 Jahre der Kreditlaufzeit, so daß in der zweiten Hälfte der Laufzeit des Kredites von allen Exportfirmen der volle Zinssatz zu leisten ist.

Hamburger Kreditaktion

Die *Hamburger* Kreditaktion hat gegenüber der Berliner Kreditaktion die Besonderheit, daß das Reich für Ausfälle nicht in vollem Umfange aufkommt, sondern sie der Hamburgischen Bank von 1923 nur in Höhe von 85 % erstattet, während die restlichen 15 % von der Hamburgischen Bank, deren Aktien sich im Besitze Hamburger Wirtschaftskreise befinden, getragen werden müssen. Der Kredit gelangt zum Satze von 98 % zur Auszahlung und ist mit 3 1/2 % über Reichsbankdiskont, mindestens mit 8 1/2 % zu verzinsen, jedoch mit der Maßgabe, daß in den ersten 5 Jahren der Kreditlaufzeit das Reich zur Verbilligung des Zinssatzes einen Beitrag von jährlich 3 % der Kreditsumme zur Verfügung stellt, sofern dadurch der Zinssatz nicht unter 6 1/2 % sinkt. Diese Zinsverbilligung kommt sämtlichen Exporteuren, die innerhalb der Hamburger Kreditaktion überhaupt zum Zuge kommen, zugute, weil satzungsgemäß der Kreis der Anwärter gegenüber der Berliner Aktion dahin eingeschränkt ist, daß *nur* liquidations-, ausgleichs- und gewaltgeschädigte Exportfirmen Berücksichtigung finden können. Am 31. Dezember 1929 waren Kredite in Höhe von etwa 1/2 Million RM ausgeliehen. Ob nach diesen Krediten eine der ausgeworfenen Gesamtkreditsumme entsprechende Nachfrage sich bemerkbar machen wird, läßt sich mit Sicherheit nicht voraussagen. Für alle Fälle ist auf Anregung des Reichswirtschaftsministeriums in dem Vertrage mit der Reichsversicherungsanstalt für Angestellte vorgesehen, daß die letzten 3 Millionen RM des sich auf 5 Millionen RM belaufenden und im Abstande von jeweils drei Monaten in Raten von 1 Million RM abrufbaren Kreditbetrages auf übereinstimmenden Antrag der Hamburgischen Bank und der Reichs-Kredit-Gesellschaft unter Zustimmung des Reichswirtschaftsministeriums und des Reichsfinanzministeriums zu denselben Bedingungen statt der Hamburgischen Bank der Reichs-Kredit-Gesellschaft zu leihen sind; möglicherweise wird also die Berliner Kreditaktion im Laufe des Sommers 1930 noch eine Auffüllung ihrer Mittel erfahren.

Dollartrassierungskredite

Neben diesen langfristigen Krediten wurden im Rechnungsjahr 1929 auch weitere Kredite auf wechselmäßiger Grundlage (Dollartrassierungskredite) mit einer Laufzeit von 2 Jahren durch Vermittlung der Reichs-Kredit-Gesellschaft zur Verfügung gestellt. Diese schon im Bericht über das Vorjahr (S. 26) gekennzeichnete Aktion ist im Rechnungsjahre 1929 zum Abschluß gebracht worden. Nach dem Stande vom 15. Januar 1930 sind 20 Anträge günstig beschieden worden; die bereitgestellte Kreditsumme belief sich am Stichtage auf etwas über 1,5 Millionen Dollar.

Sowohl in Ansehung der langfristigen wie der zweijährigen Kredite liegt die Entscheidung über die Anträge in den Händen eines Ausschusses, in dem das Reichswirtschaftsministerium, das Reichsfinanzministerium und das Auswärtige Amt vertreten sind.

Kreditaktion 1927

Schließlich wurde die Abwicklung der Kreditaktion des Jahres 1927 im Rechnungsjahre 1929 weiter beobachtet. Leidet mußte in einigen Fällen von dem Rechte auf vorzeitige Kündigung des Kredits wegen bedrohlicher Veränderung der Wirtschaftslage des Kreditnehmers Gebrauch gemacht werden. Ob und in welchem Ausmaße das Reich hierbei endgültig Verluste erleidet, läßt sich mit einiger Sicherheit noch nicht angeben, da dies in der Regel von einer noch offenstehenden Verwertung von Sicherheiten oder überhaupt davon abhängt, ob es dem Schuldner gelingt, eine gesunde wirtschaftliche Grundlage seines Unternehmens wieder herzustellen.

300 Millionen-Kredit für Rußland

Die Abwicklung des sog. 300 Millionenkredits für deutsche Lieferungen zur Einrichtung und zum Ausbau industrieller Anlagen in Rußland hat sich auch im vergangenen Jahr reibungslos vollzogen. Die Zahlungen der Russen aus dem Kredit sind bisher stets pünktlich erfolgt. Von den Lieferungen waren für etwa 160 Mill. zweijährige Kredite gegeben (leichte Installationen); diese sind bis Ende März 1929 vollständig zurückgezahlt worden. Aus den vierjährigen Krediten, die sich auf etwa 176 Mill. belaufen (schwere Installationen), sind seither weitere Rückzahlungen eingegangen und zwar bis Ende Dezember 1929 43,7 Mill. RM. Bis Ende März 1930 sind weitere Rückzahlungen in Höhe von etwa 15 Mill. RM zu erwarten. Die Haftung des Reichs aus den garantierten Geschäften belief sich Ende Dezember 1929 noch auf 36,3 Mill. RM.

Seit der Verausgabung des 300 Mill.-Kredits ist eine besondere Garantieaktion für Geschäfte mit Rußland nicht mehr erfolgt. Der Handelsverkehr mit Rußland vollzieht sich aber zu einem erheblichen Teil auf Kreditbasis. Insbesondere verlangen die russischen Stellen für die Lieferung von Maschinen und anderen Fabrikeinrichtungen langfristige Kredite. Erfahrungsgemäß werden ihnen solche langen Zahlungsziele bei Bestellungen in anderen Ländern vielfach gewährt, zum Teil mit staatlicher Unterstützung. Um die deutsche Wirtschaft im Wettbewerb auf dem russischen Markt, auf dem Deutschland seit Jahren an erster Stelle steht, nicht in den Hintergrund drängen zu lassen, erschien es daher erwünscht, aus den für die Förderung des Exports zur Verfügung stehenden Garantiemitteln in stärkerem Maße das Rußlandgeschäft zu fördern.

Ausfallgarantien für Russengeschäfte

Aus diesem Grunde wurde die Exportkreditversicherung nach Plan C, wie an anderer Stelle geschildert, weiter ausgebaut. Daneben wurde die Förderung der Ausfuhr landwirtschaftlicher Produkte und Produktionsmittel, für die dem Reichsministerium für Ernährung und Landwirtschaft Garantiemittel zur Verfügung gestellt wurden, weiter verfolgt. Da sich für die Exportkreditversicherung nur Geschäfte mit mittleren Fristen (gegenwärtig bis zu 9 Monaten) eignen und für die Lieferung von Fabrikeinrichtungen meist längere Fristen gewährt werden müssen, wurde die Gewährung von Ausfallgarantien seit Beginn des Jahres 1929 allmählich auch auf Lieferungen für industrielle Zwecke ausgedehnt.

Das Verfahren für die Garantiegewährung wurde dem bei der Verwendung des 300 Mill.-Kredits seinerzeit geübten angeglichen. Die Entscheidung über die Bewilligung einer Garantie liegt bei einem interministeriellen Ausschuß, in dem neben den beteiligten Reichsministerien auch die Länder vertreten sind, aus deren Gebiet die Lieferungen erfolgen. Neben der Garantie des Reichs, die im Höchstfall 35 % des kreditierten Kaufpreises beträgt, tritt regelmäßig eine Garantie des beteiligten Landes. Insgesamt darf die Garantie der öffentlichen Hand 60 % nicht übersteigen. Die Garantie wird vor allem dann bewilligt, wenn durch den Abschluß des Geschäfts ein Unternehmen in die Lage versetzt werden soll, seine Geschäftsbeziehungen zu Rußland weiter aufrecht zu erhalten oder seinen Betrieb vor drohender Einschränkung oder Stillegung zu bewahren.

Mit Hilfe der Garantie ist es gelungen, die russischen Bestellungen in Deutschland, insbesondere auf dem Gebiet der Landmaschinen, der Metallbearbeitungsmaschinen, der elektrischen und chemischen Einrichtungen und der Schiffe, gegenüber dem vorangegangenen Jahr nicht unwesentlich zu steigern. Insgesamt wurden industrielle Lieferungen im Wert von rd. 100 Mill. RM während des Jahres 1929 durch eine Ausfallgarantie gefördert. Dabei wurde Wert darauf gelegt, daß die Garantie der öffentlichen Hand nicht dazu benutzt wird, in der Kreditfrage der russischen Seite weiter entgegenzukommen als wirtschaftlich gerechtfertigt erscheint.

Die Garantien sichern die Lieferfirmen nicht nur in Höhe des Garantiesatzes gegen Verluste bei einer Zahlungsverweigerung des russischen Bestellers. Sie erleichtern und verbilligen auch die gerade bei russischen Geschäften recht schwierige und kostspielige Finanzierung. Durch Verhandlungen mit Bankkreisen wurde erreicht, daß ein Konsortium, das sich seinerzeit für die Finanzierung der Lieferungen aus dem 300 Mill.-Kredit gebildet hatte, auch jetzt wieder Mittel im beschränkten Umfang für Geschäfte flüssig machte, deren anderweitige Finanzierung auf Schwierigkeiten stieß.

IV. Reparationsfragen.

Sachverständigen-Konferenz in Paris

Angesichts der großen Bedeutung, die das Reparationsproblem für die Entwicklung des gesamten deutschen Wirtschaftslebens besitzt, war das Reichswirtschaftsministerium an den das ganze Jahr hindurch dauernden Reparationsverhandlungen an führender Stelle beteiligt. – Nachdem es zunächst unter Hinzuziehung von Kräften des Statistischen Reichsamts an der Zusammenstellung des umfangreichen, für die Sachverständigenverhandlungen erforderlichen Materials mitgewirkt hatte, fiel ihm während der Dauer dieser Verhandlungen in Paris vom Februar bis Juni 1929 neben dem Reichsfinanzministerium die Aufgabe zu, das von Paris fortlaufend eingehende Verhandlungsmaterial zu prüfen und zu verarbeiten und andererseits den Sachverständigen die von ihnen gewünschten Unterlagen und Anregungen jeweilig zur Verfügung zu stellen. Ein Beamter des Reichswirtschaftsministeriums war den deutschen Sachverständigen während der Dauer der Verhandlungen als Verbindungsmann beigegeben.

In den Monaten Juni und Juli schlossen sich die Arbeiten für die Durchdringung und Verwertung der im Sachverständigenbericht gemachten Vorschläge und für die Vorbereitung der politischen Verhandlungen an.

Erste Haager Konferenz

An der ersten Haager Konferenz nahm der damalige Reichswirtschaftsminister persönlich mit mehreren Beamten des Ministeriums teil.

Bei den anschließenden Arbeiten der verschiedenen von der Haager Konferenz eingesetzten Organisationskomitees war das Reichswirtschaftsministerium gleichfalls vertreten. Seine Beamten wirkten insbesondere bei den Verhandlungen des Organisationskomitees für die Bank für Internationalen Zahlungsausgleich in Baden-Baden sowie des Unterausschusses für die Liquidierung der Vergangenheit und des Sachlieferungsausschusses in Paris mit. Das von der Reichsregierung in den Unterausschuß zur Anpassung des Bankgesetzes zu entsendende Mitglied wurde vom Reichswirtschaftsministerium gestellt. Ebenso wurden Vertreter des Reichswirtschaftsministeriums zu den seit November in Paris schwebenden Saarverhandlungen zugezogen.

Zweite Haager Konferenz

An der im Januar 1930 folgenden zweiten Haager Konferenz nahm der Reichswirtschaftsminister persönlich als Delegierter unter Hinzuziehung mehrerer Beamter des Ministeriums teil. Ihr schlossen sich die für die Einbringung der nach den Haager Vereinbarungen zu erlassenden Gesetze erforderlichen Arbeiten an, bei denen das Reichswirtschaftsministerium die Federführung für die Novelle zum Bankgesetz hatte.

Saarlandverhandlungen

Nachdem Deutschland und Frankreich durch einen auf der ersten Haager Konferenz im September v. Js. getroffenen Notenwechsel die alsbaldige Eröffnung von Verhandlungen über eine vorzeitige Rückgliederung des Saargebiets an das Deutsche Reich vereinbart hatten, wurden nach mehrmaliger Verschiebung am 21. November 1929 Verhandlungen zwischen Delegationen beider Länder in Paris eröffnet. Diese Verhandlungen, die nach einer Unterbrechung über das Weihnachtsfest im Januar wieder aufgenommen wurden, haben bisher noch zu keinerlei positiven Ergebnissen geführt, vielmehr stehen sich die beiderseitigen Auffassungen noch ziemlich unvermittelt gegenüber. An den Verhandlungen nimmt ein Vertreter des Reichswirtschaftsministeriums teil. Sie erstrecken sich in erster Linie auf die Behandlung der Saargruben und auf zollpolitische Fragen. Zur Vorbereitung der Verhandlungen über die Rückgliederung der saarländischen Kohlenwirtschaft in das Deutsche Reich hat das Ministerium in enger Zusammenarbeit mit den zuständigen Reichs- und Länderressorts eingehendes Material beigesteuert. Der deutsche Standpunkt geht dahin, daß die Gruben wieder wie früher in Staatsbesitz überführt werden müssen. Die Wünsche der Franzosen zielen vor allem auf eine Sicherung ihres Kohlenbezuges für die lothringische Eisenindustrie ab. Auf zollpolitischem Gebiet fordert Frankreich die Aufrechterhaltung des gegenwärtigen wirtschaftlichen Regimes mindestens bis zum Jahre 1935 und nach dieser Zeit noch weitgehende wirtschaftliche Vergünstigungen für seinen Warenverkehr mit dem Saargebiet. Der deutsche Standpunkt geht dagegen dahin, daß dem Deutschen Reich die volle politische und wirtschaftliche Souveränität im Saargebiet sobald als möglich wieder zugestanden werden müsse und daß lediglich für eine Übergangszeit Zollvergünstigungen für die Einfuhr französischer Waren gewährt werden sollten.

Zu diesen, die Kräfte aller beteiligten Beamten in erster Linie in Anspruch nehmenden Aufgaben traten die laufenden Arbeiten auf dem Reparationsgebiet, wie die Stellungnahme zu den wichtigeren Sachlieferungsverträgen, die Durchführung der Gesetze über die Industrie-Obligationen usw.

Industriebelastung

Im Rechnungsjahr 1929 wurden die 12. und 13. Durchführungsverordnung zum Aufbringungsgesetz erlassen. Nachdem die 11. Durchführungsverordnung vom 3. Januar 1929 den Betrag der Jahresleistungen auf 7,5 vom Tausend des aufbringungspflichtigen Betriebsvermögens festgesetzt hatte, konnte dieser Satz durch die 12. Durchführungsverordnung vom 28. Juni 1929 für den zweiten Teilbetrag des Jahres um 20 % herabgesetzt werden, da das tatsächliche Aufkommen der Vermögenssteuer ergeben hatte, daß die Aufrechterhaltung des seinerzeit auf Grund vorsichtiger Schätzungen ermittelten Umlegungsschlüssels zu einem Überschuß führen würde. Die 13. Durchführungsverordnung vom 9. Januar 1930 setzte den Betrag der Jahresleistungen für das Kalenderjahr 1930 auf 6,5 vom Tausend des aufbringungspflichtigen Betriebsvermögens fest.

V. Konjunkturpolitik und wirtschaftliche Notmaßnahmen

Konjunktur- und Saisonausgleich durch öffentliche Aufträge

Im Sinne des vom vorl. Reichswirtschaftsrat im Jahre 1928 angenommenen Antrages *Baltrusch*, auf das im letztjährigen Bericht (S. 30) näher eingegangen wurde, war das Reichswirtschaftsministerium — im Einvernehmen mit dem Reichsarbeitsministerium — auch in diesem Jahre bemüht, die öffentlichen Aufträge zum Ausgleich von Konjunktur- und Saisonschwankungen heranzuziehen. Als wichtigste vorbereitende Maßnahme erschien es notwendig, eine Übersicht über Art und Umfang sowie über die zeitliche und örtliche Verteilung der öffentlichen Vergebungen zu erlangen. Es wurde erreicht, daß die Reichsressorts seit dem 1. Januar 1929, die Länder (mit Ausnahme Hamburgs und Bremens) seit dem 1. April 1929 unter Verwendung einer für diese Zwecke aufgestellten Fragekarte dem Statistischen Reichsamt monatlich die erfolgten Vergebungen melden. In Verhandlungen mit den kommunalen Spitzenorganisationen ist inzwischen auch die Mitwirkung des Deutschen Städtetages, des Deutschen Landkreistages und des Verbandes der preußischen Provinzen ab 1. April 1930 sichergestellt worden. Die in Angriff genommenen Arbeiten versprechen einen umso besseren Erfolg, je umfassender der Kreis der Beteiligten ist. Es wird deshalb daran gedacht, die zu erfassenden Aufträge auch noch auf die Vergebungen der gemischt-wirtschaftlichen Unternehmungen auszudehnen. Das vom Statistischen Reichsamt aufbereitete Material wird seit Aufnahme der Meldungen monatlich gesammelt dem Reichswirtschaftsministerium und Reichsarbeitsministerium sowie der Reichsanstalt für Arbeitsvermittlung und Arbeitslosenversicherung zur Auswertung zugeleitet.

Zur Erörterung der praktischen Möglichkeiten des Konjunktur- und Saisonausgleichs wurde eine Ministerialkommission gebildet, in der außer dem Reichswirtschaftsministerium und dem Reichsarbeitsministerium, die Reichsbeschaffungsressorts, die Reichsbahn, der Reichssparkommissar, die Reichsanstalt für Arbeitsvermittlung und Arbeitslosenversicherung, die größeren Länder sowie die kommunalen Spitzenorganisationen vertreten sind. Diese Kommission trat im Dezember 1929 zum ersten Male zusammen. Der Versuch, angesichts der schlechten Konjunkturlage eine Vorverlegung und Verstärkung der öffentlichen Aufträge seitens der Beschaffungsstellen zu erreichen, scheiterte jedoch an der gegenwärtig besonders schwierigen Finanzlage aller in Betracht kommenden Stellen.

Neben die zentrale Einflußnahme soll eine rege lokale Bearbeitung treten. Als geeignetste Träger dieser Arbeiten erschienen die Landesarbeitsämter. Sie wurden durch gemeinsamen Erlaß des Reichsarbeitsministers und des Reichswirtschaftsministers vom 28. Juni beauftragt, Verbindung mit den Beschaffungsbehörden ihres Bezirks aufzunehmen und bei diesen auf eine Berücksichtigung der in dem oben genannten Gutachten des vorl. Reichswirtschaftsrats ausgesprochenen Grundsätze hinzuwirken.

Die bei den genannten Arbeiten gewonnenen Erfahrungen sollen auch für die einzelnen Industriezweige ausgewertet werden. Im vergangenen Jahre war es die Stein-Industrie, deren Notlage zu einer Erörterung der Hilfsmöglichkeiten zusammen mit den für eine Abnahme in Frage kommenden Beschaffungsstellen und den Organisationen der Arbeitgeber und Arbeitnehmer Veranlassung gab. Die Bemühungen des Ministeriums, das bei den Beschaffungsstellen vor allem auch die Berücksichtigung deutschen Materials anregte, fanden Verständnis.

Zur Beseitigung von Hemmungen, die den beabsichtigten Konjunktur- und Saisonausgleich durch eine unelastische Haushaltsgebarung entgegenstehen, wurden mit dem Reichsfinanzministerium Verhandlungen mit dem Ziel aufgenommen, die Berücksichtigung konjunkturpolitischer Maßnahmen in weitergehendem Maße als bisher möglich zu machen.

Unterstützung von Notstandsgebieten

Außer für den zeitlichen Ausgleich der konjunkturellen und jahreszeitlichen Schwankungen kommen die öffentlichen Aufträge in hohem Maße auch für einen örtlichen Ausgleich in Betracht, wenn es sich darum handelt, Gebieten, die sich in besonders schwieriger Wirtschaftslage befinden, durch Hinleitung öffentlicher Aufträge Arbeitsmöglichkeiten zu schaffen. Das Ministerium hat mit Anregungen, die es den Beschaffungsressorts in dieser Richtung gegeben hat, stets Verständnis und — nach dem Maße des bei diesen noch verfügbaren Auftragsvolumen — praktische Unterstützung gefunden. Außer dem Eintreten für Ostpreußen und für Teile von Schlesien ist insbesondere auf die Verhandlungen über die Notlage von Stettin und Kiel hinzuweisen, in denen — zum Teil über die Frage einer zusätzlichen Vergebung öffentlicher Aufträge weit hinausgreifend — die Möglichkeiten einer wirtschaftlichen Hilfe für diese Städte zusammenfassend erörtert wurden.

Hilfsmaßnahmen für den Siegerländer Erzbergbau

Mit Rücksicht auf die im Vorbericht (S. 33) erwähnten Absatzstockungen und Arbeiterentlassungen im Siegerländer Erzbergbau wurde zusammen mit den Ländern Preußen und Hessen und im Benehmen mit den beteiligten Reichsressorts eine neue Hilfsaktion vom 1. April 1929 ab ins Leben gerufen. Seitdem wird eine Staatsbeihilfe bis zur Höhe von zusammen 0,50 RM auf die Tonne geförderten und abgesetzten Erzes geleistet. Außerdem hat die Deutsche Reichsbahn-Gesellschaft für die Dauer der staatlichen Beihilfe auf dem Wege der Rückvergütung die Erzfrachten auf den Friedensstand zuzüglich Beförderungssteuer gesenkt. Auch die Rheinisch-Westfälischen Elektrizitätswerke haben durch einen Vorzugsstromtarif zu einer Verbilligung der Selbstkosten beigetragen. Für die Einhaltung der an die Gewährung der Staatsbeihilfe geknüpften Voraussetzungen ist eine besondere Kontrollstelle unter Leitung des Bergrevierbeamten für Siegen-Burbach eingerichtet worden. Die seit dem 1. April 1929 laufenden Hilfsmaßnahmen haben dazu geführt, daß die Belegschaften der Gruben des Notstandsgebietes weiter beschäftigt werden konnten. Die Förderung hat sich seit Beginn der Maßnahmen um etwa 10 % gehoben und übersteigt damit die vorgesehene Höchstgrenze von monatlich 250 000 t, für die die Beihilfe gezahlt wird. Die Hilfsmaßnahmen haben der Ausscheidung unrentabler Erzgruben bisher nicht entgegengestanden, sie werden sich daher auch weiterhin günstig auswirken. Ihre Fortführung im Rechnungsjahr 1930 ist als unbedingt notwendig zu bezeichnen.

Ostpreußenhilfe

Im Hinblick auf die besondere Notlage im Osten ist in gleicher Weise wie im vergangenen Jahre auch für 1929 ein Betrag von 1 Million RM zum Zwecke der Verringerung des Disagios der von der Landesbank der Provinz Ostpreußen auszugebenden Pfandbriefe im Haushaltsplan im Rahmen des Ostprogramms eingesetzt worden. Der Erlös dieser Pfandbriefe soll im wesentlichen für die Beleihung auf industrielle Unternehmungen Verwendung finden.

Schichau-Sanierung

Die im letzten Tätigkeitsbericht (S. 36) bereist erwähnte Sanierung der Schichau-Unternehmungen in Elbing und Danzig ist im laufenden Berichtsjahre durchgeführt worden, nachdem Ende Mai 1929 der Gesetzentwurf über die Sanierung dieser Betriebe vom Reichstag angenommen worden ist. Auf Grund der der Reichsregierung erteilten Ermächtigung sind die Betriebe aus der Hand der damaligen Inhaber übernommen und in eine zu diesem Zweck gegründete G.m.b.H. eingebracht worden. Da für diese Transaktion alle Vorbereitungen getroffen waren, hat die G.m.b.H. sehr bald nach Verabschiedung des Sanierungsgesetzes ihren Geschäftsbetrieb aufnehmen können. Trotzdem ließ sich die Ingangsetzung der sehr umfangreichen Betriebe, die über ein Jahr fast gänzlich stillgelegen hatten, nur sehr allmählich bewerkstelligen. In den letzten Monaten ist es der Leitung des Unternehmens gelungen, namhafte Aufträge hereinzuholen, die einer größeren Zahl von Arbeitern auf längere Zeit Beschäftigung bieten werden. Die gründliche Durchorganisation des Betriebes und seiner Arbeitsmethoden, sowie die Aufnahme einiger bisher nicht betriebener Produktionszweige lassen weitere Fortschritte auf dem Wege der Sanierung erhoffen.

Uniongießerei und Komnick A. G.

Zwei andere ostpreußische Betriebe, die Uniongießerei in Königsberg und die Automobilfabrik Komnick A. G. in Elbing, — nächst Schichau die größten Unternehmungen der eisenverarbeitenden Industrie in Ostpreußen — waren ebenfalls in wirtschaftliche Schwierigkeiten geraten und hatten sich an das Reich und Preußen um Hilfe gewandt. Auch in diesen Fällen hatte das Reichswirtschaftsministerium die Aufgabe zu prüfen, ob und in welcher Weise eine Stillegung dieser Betriebe, deren Aufrechterhaltung im grenz- und arbeitsmarktpolitischen Interesse liegt, vermieden werden könnte. Die Verhandlungen hierüber stehen vor dem Abschluß.

Diese Subventionen lassen sich, ebenso wie die bereits durchgeführten früheren, natürlich aus *rein wirtschaftlichen* Gründen nicht rechtfertigen.

Niederschlesischer Bergbau

Nachdem die im vorjährigen Tätigkeitsbericht (S. 34) erwähnte Kreditaktion zugunsten der Niederschlesischen Bergbau A.-G. zum Abschluß gekommen war, sind andere niederschlesische Bergwerksunternehmungen an das Reichswirtschaftsministerium mit der Bitte um Kredithilfe herangetreten. Es waren dies die Bergwerksverwaltung des Fürsten von Pleß in Waldenburg, sowie die Neuroder Kohlen- und Tonwerke und die Wenzeslausgrube. Die Verhandlungen mit der letzteren haben schon vor längerer Zeit mit dem Ergebnis geendet, daß das Unternehmen auf eine Kredithilfe des Reiches verzichtet hat. Auch die Neuroder Kohlen- und Tonwerke haben bereits vor einigen Monaten erklärt, sie sähen sich nicht in der Lage, die vom Reichswirtschaftsministerium gestellten Beedingungen zu erfüllen, so daß die mit ihnen geführten Verhandlungen ebenfalls erledigt sind.

Dagegen sind die Kreditverhandlungen mit der Bergwerksverwaltung des Fürsten von Pleß noch in der Schwebe. Bei ihnen handelt es sich in der Hauptsache um 2 Punkte. Einmal muß im volkswirtschaftlichen Interesse vermieden werden, daß durch die Kreditgewährung an die Pleß'schen Bergbaubetriebe, deren Einbeziehung in die Niederschlesische Bergbau A.-G. seinerzeit nicht zu erreichen war, ein unwirtschaftlicher Wettbewerb zwischen diesen beiden Unternehmungen gefördert wird. Sodann muß zur Sicherung des unter Reichs- und Staatsgarantie zu gewährenden Teilkredits der Nachweis gefordert werden, daß die Aufbringung des Gesamtbetrages, der zur Durchführung des von der Pleß'schen Bergbauverwaltung vorgesehenen Rationalisierungsprogrammes notwendig ist, unbedingt feststeht. Eine Klärung dieser beiden Punkte ist bisher nur zum Teil gelungen, obwohl das Reichswirtschaftsministerium die Angelegenheit im Interesse des Waldenburger Reviers mit Nachdruck verfolgt.

Den zahlreichen weiteren beim Reichswirtschaftsministerium eingegangenen Kreditgesuchen, die ein leider nur zu beredtes Zeugnis von dem Notstande einzelner Wirtschaftszweige ablegten, konnten entsprechend der wiederholten Stellungnahme des Haushaltsausschusses des Reichstags nicht nähergetreten werden. Es kann auch nach der Auffassung des Reichswirtschaftsministeriums nicht vertreten werden, daß aus allgemeinen Steueraufkommen fließende Mittel einzelnen Unternehmungen im Wege des Kredits hingegeben werden. Nur in vereinzelten Fällen, in denen, wie bei den genannten ostpreußischen Unternehmungen, zur Begründung der Kreditanträge allgemeine Gesichtspunkte, wie etwa solche der Grenzpolitik oder des Arbeitsmarktes, angeführt werden, ist in eine Prüfung der Anträge eingetreten worden.

Die Überwachung des Verlaufs sowie die Abwicklung der in den früheren Rechnungsjahren bereits eingeleiteten Kreditaktionen wurde im Berichtsjahre unter Hinzuziehung der deutschen Revisions- und Treuhand A.-G. und der in die Organe der einzelnen Unternehmungen entsandten Vertrauensleute der öffentlichen Hand fortgesetzt.

VI. Geld-, Bank- und Versicherungswesen

Änderung des Bank-Gesetzes

Als federführendes Ressort für die Angelegenheiten der Notenbanken hat das Reichswirtschaftsministerium bereits während der Beratungen des Youngkomitees das Material für eine durch den Plan der Sachverständigen notwendig werdende Änderung des Bankgesetzes beschafft und eingehende Vorschläge hierfür vorbereitet. An dem schließlich zustande gekommenen Entwurf zur Änderung des Bankgesetzes, der von dem Unterausschuß Reichsbank des im Youngplan vorgesehenen Organisationskomitees angenommen wurde, hat das Reichswirtschaftsministerium maßgebend mitgearbeitet. Die Änderung der Verteilung des Reingewinns der Reichsbank zugunsten des Anteils des Reiches, das künftige Schicksal der Golddiskontbank und ferner die Änderung des Rentenbankliquidationsgesetzes bildeten den weiteren Gegenstand sehr eingehender Erörterungen.

Depot- und Depositengesetz

Als Ersatz für das zunächst nur als Übergangsmaßnahme für die Nachkriegs- und Inflationszeit gedachte, am 31. Dezember 1929 abgelaufene Gesetz über Depot- und Depositengeschäfte befindet sich eine auf die Dauer berechnete Regelung in Vorbereitung. Der aufgestellte Entwurf lockert die Bedingungen für die Aufnahme des Betriebs von Depot- und Depositengeschäften im allgemeinen, bringt indes eine verschärfte Kontrolle gegenüber den sogenannten Zwecksparеinrichtungen, und stellt die Zulassung und den Betrieb der Bausparkassen auf eine völlig neue rechtliche Grundlage. Der Betrieb der Bausparkassen, für die in dem abgelaufenen Gesetz besondere Bestimmungen nicht vorgesehen waren, soll künftig der Zulassung durch das Reichsaufsichtsamt für Privatversicherung bedürfen und dessen ständiger Beaufsichtigung unterliegen.

Wirtschaftsgesetze

Das Reichswirtschaftsministerium hat ferner laufend in zahlreichen Fällen, in denen das Reichsjustizministerium federführend ist, bei der Vorbereitung gesetzgeberischer Maßnahmen auf dem Gebiete der Wirtschaftsgesetzgebung mitgewirkt, um dabei die Belange der Wirtschaft zur Geltung zu bringen. In dieser Hinsicht seien genannt das Hypothekenbankgesetz, das Bankdepotgesetz und vor allem das Handelsgesetzbuch bezüglich der Aktienrechtsreform. Gleiches gilt auch für das Gebiet der Aufwertungsgesetzgebung, bei dem besondere Maßnahmen zur Überwindung des für den 31. Dezember 1931 vorgesehenen Fälligkeitstermins erforderlich erscheinen.

Realkreditwesen

Im Jahre 1927 haben die Bodenkreditinstitute dem Reichswirtschaftsministerium gegenüber Verpflichtungen übernommen, durch die verhindert werden sollte, daß einzelne Bodenkreditinstitute ohne genügende Berücksichtigung der Belange der Wirtschaft den Zins der Pfandbriefe heraufsetzten und damit kreditverteuernd wirken. Trotz des schwachen Absatzes in Pfandbriefen und anderer verwandter Schuldverschreibungen und der sich daraus erklärenden Neigung, das Abkommen zu umgehen, ist von keinem Institut ein 8 % übersteigender Pfandbrief herausgebracht worden. Durch eine neuerliche Verhandlung mit den Realkreditinstituten ist weiterhin die Bindung an dieses Abkommen sichergestellt.

Die im Benehmen mit dem Reichswirtschaftsministerium geführten Verhandlungen der öffentlich-rechtlichen und privaten Bodenkreditinstitute in der Frage der Bonifikation haben zu einer weitgehenden Verständigung geführt. Ob es freilich angesichts der Absatzschwierigkeiten in Pfandbriefen gelingen wird, das Abkommen in seiner jetzigen Form zu erhalten, ist abzuwarten.

Schweizer Goldhypotheken

Die auf Grund des Gesetzes vom 23. Juni 1923 — Reichsgesetzbl. 1923 II S. 284 — zur Durchführung der deutsch-schweizerischen Staatsabkommen über schweizerische Goldhypotheken eingeleiteten Verfahren sind weiter abgewickelt worden. Meinungsverschiedenheiten über die Auslegung der Abkommen haben sich zwischen den schweizerischen Gläubigern und den deutschen Schuldnern hinsichtlich der Frage der Fälligkeit der anstelle der ehemaligen Goldhypotheken eingetragenen Frankengrundschulden ergeben. Nach den Bestimmungen der Staatsabkommen werden die Frankengrundschulden 1930 fällig; falls aber zu diesem Zeitpunkt die Mark in der Schweiz auf 65 ctms oder darunter stehen sollte, tritt die Fälligkeit erst im Jahre 1935 ein. Während die schweizerischen Gläubiger diese Bestimmung dahin auslegen, daß die Fälligkeit 1930 gegeben ist, vertritt die deutsche Seite die Ansicht, daß die Frankengrundschulden erst 1935 fällig werden. Verhandlungen, die über diese Frage zwischen den Parteien in Anwesenheit von Vertretern der beiderseitigen Regierungen stattgefunden haben, haben bisher zu einer Einigung nicht geführt. Ein von der deutschen Seite gegen eine der Gläubigerbanken erhobener Feststellungsprozeß ist in erster Instanz im Sinne der von der deutschen Seite vertretenen Auffassung entschieden worden.

Ausländische Vorkriegsanleihen

Hinsichtlich der Regelung der noch im deutschen Besitz befindlichen notleidenden ausländischen Vorkriegsanleihen, die im Reichswirtschaftsministerium federführend behandelt werden, sind im Berichtsjahr nur geringe Fortschritte erzielt worden. Soweit es sich um Schuldner in den ehemaligen Feindstaaten handelt, war Zurückhaltung erkennbar, weil die Schuldner, die sich auf das angebliche Liquidationsrecht ihrer Staaten auf Grund des Versailler Vertrages beriefen, eine Generalbereinigung dieser Frage gemäß den Empfehlungen des Pariser Sachverständigenausschusses zu ihren Gunsten erhofften. Nach Abschluß der Haager Konferenz ist jedoch zu erwarten, daß für eine ganze Reihe von Anleihen besonders Jugoslawiens, Portugals und der Städte Sofia und Bukarest eine befriedigende Lösung erreicht werden wird. Für die Regelung der Anleihen der beiden genannten Städte ist bereits Verhandlungsbereitschaft zugesagt. Nach Ratifizierung des deutsch-polnischen Aufwertungsabkommens von 1928 auch durch den polnischen Landtag wird die hierin geregelte Abfindung deutscher Inhaber polnischer, früher österreich-ungarischer Staatsanleihen sowie polnischer Kommunalanleihen und Pfandbriefe durchgeführt werden. Auch mit der ungarischen Regierung ist im Berichtsjahr ein Abkommen über auf Mark lautende Staatskassenscheine, sowie über im Vertrage von Trianon nicht geregelte Rückstände gewisser ungarischer Vorkriegsanleihen getroffen worden, das 1930 durchgeführt werden soll und etwa 10 Millionen RM den Anleihegläubigern bringen wird.

Die seit langem schwebenden Verhandlungen mit Finnland wegen finnischer Vorkriegsanleihen haben zu einem Ergebnis noch nicht geführt, auch ist es nicht gelungen, die tschechoslowakische Regierung zu einem Entgegenkommen bei der Abfindung der Gläubiger von Mark-, Silber- und Valutaanleihen, und die griechische Regierung zu einer Aufhebung der Anullierung der deutschen Stücke der Saloniki-Monastir Eisenbahn-Obligationen zu bewegen. Da es sich um sehr erhebliche Werte handelt, die auch für unsere Zahlungsbilanz von Wichtigkeit sind, wird das Reichswirtschaftsministerium in enger Fühlungnahme mit den Vertretern der deutschen Gläubiger wie bisher die deutschen Interessen zur Geltung zu bringen suchen.

Reform des Privatversicherungsgesetzes

Der Zusammenbruch der Frankfurter Allgemeinen Versicherungs-Aktiengesellschaft gab dem Ministerium Veranlassung zu wiederholten Verhandlungen mit dem Vorstand der Gesellschaft, den im Aufsichtsrat vertretenen Banken und zuletzt auch mit Vertretern ausländischer Gläubiger. Es wurde dabei versucht, die dem Kredit Deutschlands außerordentlich abträgliche Angelegenheit einer möglichst beschleunigten Lösung im gütlichen Einvernehmen aller Beteiligten entgegenzuführen. Die auf Beseitigung der Konkursgefahr gerichteten Maßnahmen des Reichsaufsichtsamts für Privatversicherung wurden in geeigneter Weise unterstützt. Die aus Anlaß dieses Vorgangs getroffenen Feststellungen haben die Notwendigkeit ergeben, das Gesetz über die privaten Versicherungsunternehmungen in verschiedener Hinsicht einer Änderung zu unterziehen. Es muß insbesondere sichergestellt werden, daß die Versicherungsunternehmungen in ihrem gesamten Geschäftsbetrieb einer regelmäßigen wirksamen Kontrolle durch unabhängige Stellen unterworfen werden und daß das Reichsaufsichtsamt für Privatversicherung die ihm obliegenden örtlichen Revisionen in ausreichendem Maße vornehmen kann. Die hierüber mit den beteiligten Wirtschaftskreisen und mit Sachverständigen gepflogenen Verhandlungen haben bereits zu einem vorläufigen Gesetzentwurf geführt, der einer nochmaligen Überarbeitung unterzogen werden soll, sobald sich die in der gleichen Richtung gehenden Bestrebungen auf dem Gebiete der Aktienrechtsreform besser übersehen lassen. Bei näherer Betrachtung der Dinge hat sich immer mehr herausgestellt, daß die Mißstände, die zu dem Zusammenbruch der Frankfurter Allgemeinen Versicherungsgesellschaft führten, mehr unter den allgemeinen Gesichtspunkten des Aktienrechts, als unter denen der besonderen Verhältnisse des Versicherungsrechts gewürdigt werden müssen.

Privates Versicherungswesen

Auch im übrigen fiel dem Reichswirtschaftsministerium, zu dessen Geschäftsbereich das Reichsaufsichtsamt für Privatversicherung gehört, auf dem Gebiet des privaten Versicherungswesens im Berichtsjahr eine reiche Betätigung zu. Neben den Arbeiten, die sich für das Ministerium aus seiner Stellung als Aufsichtsinstanz über dieses Amt ergaben, lag dem Ministerium vor allem die Mitwirkung bei der Durchführung des Aufwertungsverfahrens, insbesondere auch gegenüber ausländischen, im Deutschen Reich zum Geschäftsbetrieb zugelassenen Versicherungsunternehmungen ob. In dem Entwurf eines Gesetzes zur Änderung der Gewerbeordnung wurde auf eine Ausgestaltung des § 56 Abs. 5 Ziff. 12 (Gewerbebetrieb im Umherziehen) zugunsten der die Abonnentenversicherung betreibenden beaufsichtigten Versicherungsunternehmungen hingewirkt. In den Wettbewerb zwischen privaten Versicherungsunternehmungen und öffentlichen Versicherungsanstalten wurde durch Fühlungnahme mit den Länderregierungen vermittelnd eingegriffen. Mehrfach wurde auf die Beseitigung veralteter landesrechtlicher Bestimmungen auf dem Gebiet des Feuerversicherungswesens (zu vergl. § 121 Vers. Aufs. Ges.) hingewirkt.

Die Bemühungen deutscher Versicherungsgesellschaften um Zulassung im Ausland wurden in weitestgehender Weise gefördert. Bei der Neugestaltung unserer Handelsbeziehungen zum Ausland wurden die Interessen der Privatversicherung unterstützt. Schließlich konnte das Reichswirtschaftsministerium deutschen Lebensversicherungsunternehmungen bei der Abwicklung ihres ausländischen Geschäfts behilflich sein. So z. B. auf Grund des mit Italien geschlossenen Abkommens vom 1. September 1927 und des mit Frankreich bezüglich des elsaß-lothringischen Geschäfts geschlossenen Abkommens vom 8. Dezember 1927. Das Schiedsgerichtsverfahren zwischen Deutschland und Polen über die Fortführung des Geschäftsbetriebs der Versicherungsgesellschaften im oberschlesischen Abstimmungsgebiete (Artikel 4 § 5 des Genfer Abkommens) hat seinen endgültigen Abschluß dadurch gefunden, daß 2 deutschen Versicherungsunternehmungen die Zulassung zum Geschäftsbetrieb in Polnisch-Oberschlesien erteilt worden ist.

Ein Bericht über die Tätigkeit des Reichsaufsichtsamts für Privatversicherung für das Jahr 1929 ist als Anlage 1 beigefügt.

VII. Handel und Gewerbe

Handwerks-Novelle

Auf dem Gebiete von Handel und Gewerbe sind vor allem die in dem letzten Jahresbericht (S. 44) erwähnten gesetzgeberischen Arbeiten zur Revision des Handwerksrechts abgeschlossen worden. Zur Ausführung der Handwerks-Novelle vom 11. Februar 1929 wurden unter dem 25. April 1929 die Verordnung über die Einrichtung und Anlegung der Handwerksrolle und unter dem 16. Mai 1929 die Wahlordnung für die Wahlen der Mitglieder der Handwerkskammern erlassen. Die den Handwerkskammern obliegenden Arbeiten zur Anlegung der Handwerksrolle sind soweit gefördert, daß nach Beseitigung eines unerwartet eingetretenen Hindernisses durch das Gesetz vom 1. März 1930 (Reichsgesetzbl. I S. 31) durch Verordnung vom 4. März 1930 (Reichsgesetzbl. S. 33) die Rolle als angelegt erklärt werden konnte (Artikel IX § 2 der Handwerks-Novelle). Im Anschluß hieran wird mit Zustimmung des Reichsrats der Zeitpunkt bestimmt werden, bis zu dem die Wahlen der Handwerkskammern nach Maßgabe des neuen Wahlrechts zu erfolgen haben. Das Reichswirtschaftsministerium wirkt darauf hin, daß diese Neuwahlen bis zum Herbst 1930 durchgeführt werden.

Die bei der Einführung der Handwerks-Novelle und ihrer Ausführungsbestimmungen hervorgetretenen zahlreichen Zweifelsfragen sind in mündlichen Verhandlungen und in einem umfangreichen Schriftwechsel mit den Ländern und dem Handwerks- und Gewerbekammertag geklärt worden.

Schankstättengesetz

Weitere wichtige, noch im Gange befindliche gesetzgeberische Arbeiten betreffen die Titel II–V der Gewerbeordnung. Hier ist zunächst der Entwurf des Schankstättengesetzes zu erwähnen, der dem Reichstag seit Juli 1928 vorliegt, und nunmehr im volkswirtschaftlichen Ausschuß durchberaten worden ist. In zahlreichen Eingaben und Beschwerden, die dem Reichswirtschaftsministerium sowohl von Seiten der Landesregierungen wie von privaten Organisationen zugegangen sind, wird die baldige Beratung und Verabschiedung dieses Entwurfs immer dringender verlangt, da durch die nun schon Jahre hindurch schwebende Gesetzgebung eine sowohl für die Verwaltungspraxis wie für das Gewerbe allmählich unerträglich gewordene Unsicherheit entstanden ist.

Reform der Gewerbeordnung

Der von der Reichsregierung im Herbst 1928 verabschiedete Entwurf eines Gesetzes zur Änderung der Titel II–V der Gewerbeordnung ist durch einen weiteren Entwurf zur Änderung der §§ 16 ff. (lästige Anlagen) der Gewerbeordnung ergänzt worden, den das Kabinett im Mai 1929 verabschiedet hat und in dem eine Neuordnung des Verzeichnisses der lästigen Anlagen und eine gewisse Beschleunigung des Genehmigungsverfahrens vorgeschlagen wird. Beide Gesetzesentwürfe sind im Berichtsjahr in zahlreichen Sitzungen der zuständigen Ausschüsse des vorl. Reichswirtschaftsrats und des Reichsrats eingehend durchberaten und von beiden Körperschaften unter grundsätzlicher Billigung ihres Inhaltes verabschiedet worden. Unter Berücksichtigung der sich aus den Beschlüssen des Reichsrats ergebenden Änderungen und Ergänzungen sind die beiden Gesetzentwürfe zu einem einheitlichen Entwurf verarbeitet worden, der dem Reichstag vorliegt.

Berufsausbildungsgesetz

Der Entwurf eines Berufsausbildungsgesetzes, der gemeinschaftlich mit dem Reichsarbeitsministerium ausgearbeitet wurde, ist im Laufe des vergangenen Sommers vom Reichsrat verabschiedet und unter dem 29. Juli 1929 dem Reichstag zur Beschlußfassung vorgelegt worden (Reichstagsdrucksache 1303). Der 9. Ausschuß des Reichstags, dem die Gesetzesvorlage überwiesen wurde, hat neuerdings die Beratungen des Entwurfs aufgenommen, dem gerade in der gegenwärtigen Zeit eine besondere Bedeutung zukommt, und der eine brauchbare, den Besonderheiten der einzelnen Wirtschaftsstände Rechnung tragende Grundlage für die Heranbildung des gewerblichen Nachwuchses schaffen will.

Schutz von Berufsbezeichnungen

Wie aus der Vorlage der Reichsregierung hervorgeht, hat der Reichsrat zu dem Entwurf eine Entschließung gefaßt, in der die Reichsregierung ersucht wird, gleichzeitig mit dem Inkrafttreten des Berufsausbildungsgesetzes eine Regelung der Befugnis zur Führung der Bezeichnung „Baumeister" und „Baugewerksmeister" zu treffen. Auch der Reichstag hat, wie bereits im März 1928 so am 7. Juni 1929 erneut eine Entschließung angenommen, durch welche die Reichsregierung ersucht wird, das Recht zur Führung der Berufsbezeichnung Baumeister für das gesamte Reichsgebiet einheitlich zu regeln. Auf der anderen Seite hat der vorläufige Reichswirtschaftsrat, den der Reichswirtschaftsminister um ein Gutachten darüber gebeten hatte, wie die Befugnis zur Führung des Meistertitels in Verbindung mit einer Bezeichnung, die auf eine Tätigkeit im Baugewerbe hinweist (§ 133 Abs. 2 G.O.), zweckmäßig zu regeln sei, die Auffassung vertreten, daß eine einheitliche Regelung der Berufsbezeichnung

Baumeister nicht angebracht sei. Um den Entschließungen des Reichsrats und des Reichstags Rechnung zu tragen, ist gleichwohl im Reichswirtschaftsministerium der Referentenentwurf einer Baumeisterverordnung ausgearbeitet worden, der zur Zeit den Gegenstand von Verhandlungen mit den Ländern bildet.

Nach Verabschiedung dieser Gesetzesentwürfe wird es möglich sein, die auch im abgelaufenen Berichtsjahr weiter geförderten Vorarbeiten zur allgemeinen Revision der Gewerbeordnung auf breiterer Grundlage als bisher fortzuführen.

Zugabewesen und Ausverkaufswesen

Die zahlreichen Klagen über die in den letzten Jahren sowohl in den Kreisen der Erzeuger wie in Kreisen des Handels üblich gewordenen Zugaben haben dazu geführt, daß das Reichswirtschaftsministerium gemeinsam mit dem Reichsjustizministerium den vorl. Reichswirtschaftsrat um eine gutachtliche Äußerung darüber ersucht haben, ob und in welchem Umfange die Zugaben als volkswirtschaftlich schädlich anzusprechen sind, und ob gegen die als schädlich erkannten Zugaben besondere gesetzliche Maßnahmen notwendig sind. Der vorl. Reichswirtschaftsrat hat zur Prüfung dieser Frage einen Arbeitsausschuß gebildet, dessen Beratungen mit der Vernehmung zahlreicher Sachverständiger aus allen Kreisen der Wirtschaft eingeleitet und bis heute noch nicht abgeschlossen worden sind.

Weitere Klagen über Mängel des Gesetzes gegen den unlauteren Wettbewerb vom 7. Juni 1909 (Reichsgesetzbl. S. 499) beziehen sich auf Mißstände im Ausverkaufswesen. Auch hier handelt es sich um Erscheinungsformen des Wettbewerbs, deren Beurteilung eine Prüfung verschiedenartiger Wirtschaftsinteressen auf ihren Wert für die Gesamtwirtschaft voraussetzt. Das Reichswirtschaftsministerium ist gemeinsam mit dem für die rechtliche Ausführung federführend zuständigen Reichsjustizministerium gegenwärtig mit der Prüfung befaßt. Von ihrem Ergebnis hängt es ab, ob und gegebenenfalls welche Vorschläge für ein gesetzgeberisches Eingreifen zu machen sind.

Privatwirtschaftliche Betätigung der öffentlichen Hand

Wie schon der Reichswirtschaftsminister in seiner Rede gelegentlich der Beratungen des Reichstags über den Haushalt des Reichswirtschaftsministeriums am 4. Juni v. Js. erwähnt hat, sind die Klagen über das Anwachsen der privatwirtschaftlichen Betätigung der öffentlichen Hand auch in der jüngsten Vergangenheit nicht verstummt, beziehen sich aber vorwiegend auf die privatwirtschaftliche Betätigung der Gemeinden. Im Rahmen der durch das Selbstverwaltungsrecht der Gemeinden gezogenen Grenzen ist das Reichswirtschaftsministerium weiter bemüht gewesen, Abhilfe zu erreichen. Diese Klagen haben zahlreiche Anträge im Reichstag zur Folge gehabt, bei deren Beratung im 8. Ausschuß am Ende des Jahres der Reichskommissar für das Handwerk und das Kleingewerbe einen ausführlichen Überblick über den Fragenzusammenhang, insbesondere im Hinblick auf die entsprechenden Verhältnisse in außerdeutschen Ländern gab.

Der engen Zusammenarbeit mit den wirtschaftlichen Verbänden in Handel und Handwerk wurde auch in dem abgelaufenen Jahre, insbesondere von Seiten des Reichskommissars für das Handwerk und das Kleingewerbe, besondere Aufmerksamkeit entgegengebracht.

Maß- und Gewichtswesen

Auf dem Gebiete des Maß- und Gewichtswesens wurden mit dem Reichsfinanzministerium und der Deutschen Reichsbahngesellschaft erfolgreiche Verhandlungen wegen Änderung der Bestimmungen für Brennereimeßgeräte unter Zollverschluß und wegen Herabsetzung der Beförderungsgebühren für Eichfahrzeuge geführt. In Anpassung an die fortschreitende technische Entwicklung wurden in der Eichgebührenordnung die Bestimmungen über die Verkehrsfehlergrenzen von Meßgeräten abgeändert. Eine weitere Verordnung über Änderung der Eichgebührenordnung, die hauptsächlich die Eichgebühren für Gasmesser auf eine neue Grundlage stellt, soll demnächst dem Reichsrat zugeleitet werden. In Vorbereitung befinden sich weiter eine Vereinbarung mit den Ländern wegen Änderung der Gebührenordnung für eichamtliche Prüfungen und Beglaubigungen, eine Verordnung wegen Zulassung von Meßstöcken und Meßbändern mit englischem Maß im Kaibetrieb, ein Gesetz zur Regelung des Verkehrs mit Flaschen sowie die Einführung der Eichpflicht für Meßwerkzeuge und Meßmaschinen. Die Verhandlungen mit den Ländern wegen Schaffung von Erleichterungen für die Landwirtschaft und die Wirtschaft wurden erfolgreich fortgesetzt. Um die Wünsche nach Verlängerung der Nacheichungsfristen und die Klassen über starke Belastung durch die Eichpflicht beurteilen zu können, wurden die Landesregierungen um Aufstellung einer einheitlichen Statistik vom Jahre 1930 ab ersucht.

VIII. Organisationswesen und Feststellung wirtschaftlicher Tatsachen

Kartellpolitik

Auf dem Gebiete des Kartellwesens und der sonstigen Wettbewerbsregelung durch Private wird das Reichswirtschaftsministerium auf Grund der Verordnung gegen Mißbrauch wirtschaftlicher Machtstellungen vom 2. November 1923 (Reichsgesetzbl. I S. 1067) tätig. Die Verordnung über Auskunftspflicht vom 13. Juli 1923 (Reichsgesetzbl. I S. 723) erleichtert die Durchführung der in Betracht kommenden Aufgaben; zum Teil ermöglicht sie diese erst. Es handelt sich einmal darum, der Regierung den notwendigen Überblick und Einblick in die in Kartell-, Trust- und ähnlicher Form das Wirtschaftsleben beeinflussenden monopolistischen Organisationen und in die Art ihrer Auswirkung und Betätigung zu verschaffen. Im Zusammenhang damit steht die dauernde Beobachtung der Entwicklungstendenzen innerhalb des Organisationswesens. Es wurde Material über Kartelle und Kartellwesen sowohl des Inlands wie des Auslands beschafft und ausgewertet. Besondere Aufmerksamkeit wurde auch der Ausbreitung von Verständigungen der Industrie und des Handels geschenkt, an denen Angehörige mehrerer Staaten beteiligt sind.

Die Arbeiten der Ausschüsse des Völkerbundes und der Internationalen Handelskammer über Fragen des internationalen Kartellwesens wurden verfolgt und, soweit möglich, untersucht.

Das Reichswirtschaftsministerium hat ein Aufsichts- und Eingriffsrecht gegenüber den Kartellen und monopolistischen Einzelunternehmungen. Es hat darüber zu wachen, daß deren Tätigkeit sich nicht zum Schaden der Gesamtwirtschaft und des Gemeinwohls auswirkt, und daß die Bestimmungen der Kart. VO. innegehalten werden. Bei der dabei dem Ministerium erwachsenden Arbeit überwogen bisher zahlenmäßig bei weitem die Fälle, in denen es auf die Beachtung der Vorschrift des § 9 Kart. Vo. hinwirken mußte; nach dieser Bestimmung dürfen auf Grund von Kartellverträgen oder Kartellbeschlüssen ohne Einwilligung des Vorsitzenden des Kartellgerichts Sicherheiten nicht verwertet und Sperren oder Nachteile von ähnlicher Bedeutung nicht verhängt werden. In der Mehrzahl der Fälle konnten auf gütlichem Wege, meist in mündlichen Verhandlungen mit den maßgeblichen Persönlichkeiten der beteiligten Wirtschaftskreise, die tatsächlichen Verhältnisse geklärt und begründete Beschwerden abgestellt werden. In einigen Fällen, die rechtlich zu Zweifeln Anlaß gaben, wurde eine gütliche Beilegung erst erzielt, nachdem sich das Kartellgericht gemäß § 20 Kart. VO. auf Ersuchen des Reichswirtschaftsministeriums gutachtlich geäußert hatte. Nur in Ausnahmefällen mußte beim Kartellgericht beantragt werden, gegen Widerstrebende eine Ordnungsstrafe nach § 17 Kart. Vo. zu verhängen.

Häufig richteten Wirtschaftskreise und Behörden Anfragen an das Reichswirtschaftsministerium auf dem Gebiete des Kartellrechts und Kartellwesens und nahmen seine gutachtliche und beratende Tätigkeit in Anspruch. Mit dem Enquête-Ausschuß fand eine enge Zusammenarbeit statt.

Selbstkostenermittlungen

Mehrfach machten sich auch in diesem Jahre Feststellungen und die Erteilung von Gutachten über die Höhe und die Zusammensetzung der Selbstkosten sowie über die Rentabilität und die allgemeinen Wirtschaftsverhältnisse von Unternehmungen und Wirtschaftszweigen erforderlich. Diese Feststellungen zu treffen, wäre nicht möglich gewesen, wenn dem Reichswirtschaftsministerium nicht eigene, kaufmännisch vorgebildete und für die in Betracht kommenden Aufgaben besonders ausgebildete Kräfte zur Verfügung ständen.

Derartige Untersuchungen und Feststellungen waren notwendig zur Bearbeitung von Beschwerden auf Grund der Kart. VO. zur Vorbereitung von Kartellgerichtsverfahren und zur Erledigung von Anfragen und Ersuchen des Kartellgerichts in anhängigen Sachen. Sie wurden ebenso zur Vorbereitung der Stellungnahme des Ministeriums zu Fragen der allgemeinen Wirtschaftspolitik, insbesondere auch zu Fragen und Anträgen, die in gemeinwirtschaftlichen Selbstverwaltungskörpern behandelt wurden, vorgenommen. Insoweit sind zu nennen Untersuchungen auf dem Gebiete der Braun- und Steinkohle, und zwar ihrer Erzeugung und Verteilung, der Baumwollspinnerei und Weberei, der Zündholz- und Aluminiumwirtschaft, ferner allgemeinen Untersuchungen über Zins- und Rentabilitätsverhältnisse. Auf Ersuchen des Reichsministeriums des Innern wurde eine größere Anzahl Apotheken hinsichtlich ihrer Kostengestaltung und Rentabilität geprüft.

Enquête-Ausschuß

Auch während des vergangenen Jahres verfolgte das Reichswirtschaftsministerium fortlaufend die Arbeiten des Ausschusses zur Untersuchung der Erzeugungs- und Absatzbedingungen der deutschen Wirtschaft (Enquête-Ausschuß), an dessen Sitzungen soweit als möglich die Referenten des Ministeriums teilnahmen. Die Tätigkeit des Ausschusses ist inzwischen soweit fortgeschritten, daß mit dem Abschluß der Arbeiten im Verlaufe dieses Jahres gerechnet werden kann. Wenn die Durchführung der Veröffentlichungen auch noch einige Zeit nach dem 1. April 1930 in Anspruch nehmen wird, so werden jedenfalls Mittel über die für das Etatsjahr 1929 zur Verfügung gestellten hinaus nicht erfordert werden.

In der Anlage 2 wird eine Übersicht über die Arbeiten des Ausschusses im Berichtsjahr beigefügt.

Statistik

Auf verschiedenen Gebieten der Statistik, z. B. dem der Verkehrsstatistik, der Handelsstatistik und der Produktionsstatistik, war entsprechend den Wünschen und Bedürfnissen der Verwaltung und Wirtschaft eine Anpassung der bestehenden Bestimmungen an die geltenden Verhältnisse notwendig. Vorbereitende Verhandlungen für die Durchführung einer nach dem üblichen fünfjährigen Turnus im Jahre 1930 fälligen Volkszählung, mit der eine Berufs- und Betriebszählung verbunden werden sollte, wurden mit den Ländern und den beteiligten Ressorts geführt. Mit Rücksicht auf die Erklärung eines großen Teils der Länder, die Kosten der Volkszählung aus finanziellen Gründen nicht tragen zu können, mußte jedoch von einer Weiterverfolgung der Angelegenheit für das Jahr 1930 abgesehen werden.

Vielfache Besprechungen und volkswirtschaftlich-statistische Arbeiten wurden durch die Vorbereitungen für die Pariser und Genfer Verhandlungen veranlaßt, die zu umfangreichen Aufträgen an das Statistische Reichsamt führten. Nähere Angaben hierüber finden sich in dem als Anlage 3 beigefügten Tätigkeitsbericht des Statistischen Reichsamts.

IX. Sonstige allgemeine Wirtschaftsfragen

Endgültiger Reichswirtschaftsrat

Die Arbeiten an den Gesetzentwürfen über den endgültigen *Reichswirtschaftsrat* wurden fortgesetzt. Die Verhandlungen innerhalb der gesetzgebenden Körperschaften betrafen in erster Linie die Mitgliederzahl sowie die Art der Berufung der Mitglieder. Im Mai 1929 beschloß der Volkswirtschaftliche Ausschuß des Reichstags entsprechend einer Anregung der Reichsregierung sowie einem am 28. März abgegebenen weiteren Gutachten des zuständigen Unterausschusses des vorläufigen Reichswirtschaftsrats, die während der früheren Beratungen auf 165 heraufgesetzte Mitgliederzahl auf 144 zu vermindern. Noch in dem gleichen Monat wurden sich die beteiligten Ausschüsse des Reichsrats über einen Weg schlüssig, auf dem auf der Grundlage des angeführten Beschlusses des Reichstagsausschusses die vom Reichsrat in seinen früheren Verhandlungen geforderte stärkere Berücksichtigung regionaler Gesichtspunkte möglich erscheint. Nachdem in den wichtigen Fragen der Mitgliederzahl und der Berufungsart durch eingehende Verhandlungen weitere Klarheit geschaffen worden ist, darf erwartet werden, daß der nunmehr seit fast zehn Jahren bestehende vorläufige Zustand mit der Verabschiedung der Gesetzesvorlagen durch eine endgültige Regelung in absehbarer Zeit ersetzt wird.

Eine Darstellung der Arbeiten des vorläufigen Reichswirtschaftsrats während des Berichtsjahres enthält die Anlage 4.

Reichswirtschaftsgericht

Über die Dienstaufsicht des Reichswirtschaftsministeriums über das Reichswirtschaftsgericht ist im Berichtsjahr nichts wesentliches mitzuteilen. Der Bericht über die Tätigkeit des Reichswirtschaftsgerichts ist als Anlage 5, der Bericht über die Tätigkeit des bei diesem gebildeten Kartellgerichts als Anlage 6 beigefügt.

Wohnungs- und Siedlungswesen

Auf dem Gebiet des Wohnungs- und Siedlungswesens ist das Reichswirtschaftsministerium in ständiger enger Fühlungnahme mit dem federführenden Reichsarbeitsministerium tätig gewesen. Es hat insbesondere gemeinsam mit diesem Ministerium die Möglichkeiten einer Erleichterung der im Lauf des Berichtsjahres immer schwieriger werdenden Finanzierung der Wohnungsneubauten geprüft und gefördert.

Sozialpolitik und Wirtschaft

Auch an der dem Reichsarbeitsministerium federführend obliegenden Bearbeitung der sozialpolitischen Fragen hat sich bei dem engen Zusammenhang zwischen Wirtschafts- und Sozialpolitik das Reichswirtschaftsministerium beteiligt. Das Reichswirtschaftsministerium hat in ständiger Zusammenarbeit mit dem Reichsarbeitsministerium die sozial-politischen Bestrebungen unter besonderer Berücksichtigung ihrer wirtschaftlichen Auswirkungen aufmerksam verfolgt und an der Lösung auftretender Schwierigkeiten mitgearbeitet.

Hauswirtschaftliche Angelegenheiten

Das im vorigen Jahre errichtete Referat für hauswirtschaftliche Angelegenheiten hat die Verbindung mit den deutschen hausfraulichen Spitzenorganisationen aufgenommen und ausgebaut. Es hat sich auf verschiedenen Arbeitsgebieten des Ministeriums bemüht, die besonderen Gesichtspunkte der Hauswirtschaft zur Geltung zu bringen. Erwähnt sei beispielsweise der Versuch, über Arbeitsziele und Arbeitsweisen der mannigfachen öffentlichen und privaten Stellen, die sich mit der Rationalisierung der Hauswirtschaft befassen, Klarheit zu gewinnen, um Überschneidungen zu vermeiden oder eine Ergänzung etwaiger Lücken der Bearbeitung anzuregen. Die Arbeiten sind noch nicht abgeschlossen. Auch an der Erforschung zweckdienlicher Wohnraum- und Küchengestaltung wurde mitgearbeitet.

Reichskuratorium für Wirtschaftlichkeit

Die Kürzung der im Haushalt des Reichswirtschaftsministeriums bereitgestellten Reichsmittel für das Reichskuratorium für Wirtschaftlichkeit hat den Vorstand und den Finanzausschuss des Reichskuratoriums veranlaßt, die Aufgaben und die Mittelverteilung an die arbeitenden Stellen wesentlich einzuschränken. Die Einführung der Ergebnisse der bisherigen Arbeiten in die Praxis hat dadurch einen besonderen Anstoß bekommen, daß im Dezember 1929 das seit langem geplante Handbuch für Rationalisierung der Öffentlichkeit übergeben werden konnte. Das Handbuch gibt allen Wirtschaftskreisen und behördlichen Stellen Auskunft über alle Fragen der deutschen Rationalisierungsarbeit sowie über Körperschaften, Ausschüsse, Institute und andere Stellen, die Träger dieser Aufgaben sind. Die Arbeit des Ministeriums galt neben der Förderung der Rationalisierung im Inland besonders auch der Verbreitung der deutschen Normungsarbeiten im Auslande. Zu erwähnen sind hier die Zusammenarbeit mit dem Internationalen Rationalisierungsinstitut in Genf, die Fühlungnahme mit den Trägern der Rationalisierungsarbeit in den Vereinigten Staaten, die Übersetzung und Verbreitung deutscher Normen im Ausland und der Austausch von Normen, insbesondere mit amerikanischen Stellen.

Förderung der technisch-wirtschaftlichen Ausbildung im Ausland

Im Jahre 1929 wurde dem Amerika-Werkstudenten-Dienst beim Deutschen Studentenwerk E. V. (früher Wirtschaftshilfe der Deutschen Studentenschaft) ein (verminderter) Reichsbeitrag von 40 000 RM überwiesen. Diese Summe und die früheren Zuweisungen haben die deutsche Werkstudenten-Arbeit in den Vereinigten Staaten stark gefördert. Bisher sind in den Jahren von 1926 bis 1928 insgesamt 166 und im Jahre 1929 53 Werkstudenten ausgereist. Jeder Werkstudent hat nach 2 Jahren zurückzukehren; bis Ende 1928 waren 102, bis Ende 1929 111 zurückgekehrt. Die Arbeit des Amerika-Werkstudenten-Dienstes wurde auf Kanada ausgedehnt, wo jetzt 6 Werkstudenten (Landwirte) untergebracht sind.

Ausstellungen und Messen

Die abgleitende Konjunktur des letzten Jahres hat im Ausstellungs- und Messewesen Deutschlands zu fühlbaren Einschränkungen geführt. Neue Pläne von Stadtverwaltungen oder Privaten sind nirgends aufgetaucht; die bereits geplanten Veranstaltungen sind von den Unternehmern einer Nachprüfung zum Zwecke von Beschränkungen unterzogen worden. Insbesondere gilt dies für die beiden größten Pläne: die Ausstellung „Neue Zeit“ in Köln und die Baufachausstellung in Berlin. Der jetzt festgelegte Umfang beider Veranstaltungen bleibt weit hinter den ursprünglichen kostspieligen Projekten zurück. Von den Messen ist die Frankfurter Messe beseitigt, die Königsberger Messe hat sich mehr und mehr zu einem landwirtschaftlichen Vieh- und Maschinenmarkt gewandelt, die Breslauer Messe ist verstärkt zu dem Vorkriegszustand eines Leinen- und Maschinenmarktes zurückgekehrt. Das Reichskommissariat für Ausstellungen und Messen wird daher in nächster Zukunft kaum nötig haben, auf weitere Einschränkungen zu drängen, im Gegenteil darauf bedacht sein müssen, daß das zur Exportförderung und Ansehensmehrung bedeutsame Mittel der

Ausstellungen und Messen nicht zum Schaden der Gesamtwirtschaft über Gebühr in Verfall gerät.

Von Einzelfragen könnten folgende allgemeines Interesse beanspruchen:

Die im letzten Bericht angekündigten Richtlinien für die Bearbeitung von Ausstellungs- und Messefragen sind vom Reichskabinett verabschiedet und im Reichsministerialblatt Nr. 51 abgedruckt.

Im Dezember 1929 hat der im Protokoll zu dem Internationalen Abkommen betreffs Regelung des internationalen Ausstellungswesens vom 22. November 1928 vorgeschene Ausschuß getagt. Es wurde ein Fragebogen aufgestellt, der den großen Wirtschaftskörpern und Messeorganisationen aller Staaten zur Beantwortung zugeleitet werden soll. Nach Eingang der Antworten wird der Ausschuß erneut zusammentreten. Weiter wurde der Entwurf einer Geschäftsordnung für das Internationale Büro aufgestellt und beschlossen, den Sitz des Büros nach Paris zu legen. Eine endgültige Regelung ist erst möglich, wenn das Abkommen vom 22. November 1928 von mindestens 7 Staaten ratifiziert worden ist. Diese Ratifikationen sind im Sommer 1930 zu erwarten. Deutscherseits liegt das Abkommen zur Zeit den gesetzgebenden Körperschaften zur Annahme vor.

Die Einladung Belgiens zur Teilnahme an den Ausstellungen von Antwerpen und Lüttich sind von der Deutschen Regierung abgelehnt worden.

X. Einzelne Wirtschaftszweige

Energiewirtschaft

Nachdem die Verhandlungen mit den Vertretern der an der Elektrizitätswirtschaft interessierten Kreise ihren Abschluß gefunden haben, sind im Reichswirtschaftsministerium die Entwürfe für die Verordnung, durch welche die Verordnung über die schiedsgerichtliche Erhöhung von Preisen bei der Lieferung von elektrischer Arbeit, Gas und Leitungswasser, vom 1. Februar 1919/9. Juni 1922 aufgehoben werden soll, sowie für die Änderung der Richtlinien des Reichskohlenkommissars aufgestellt worden. Sobald ihre endgültige Fassung feststeht, soll die Verordnung mit einer angemessenen Auslauffrist aufgehoben werden.

Auf Grund der in den einzelnen Bezirken des Reichs aufgestellten Vorarbeiten für einen Elektrizitätsversorgungsplan Deutschlands hat der eine der beiden vom Reichswirtschaftsministerium herangezogenen Generalsachverständigen, Exzellenz v. Miller, sein Gutachten erstattet. Das Gutachten wurde der öffentlichen Kritik unterbreitet. Außerdem wurde die Aktiengesellschaft für deutsche Elektrizitätswirtschaft, in der alle für die Errichtung eines Höchstspannungsnetzes in Betracht kommenden Unternehmungen vertreten sind, gebeten, zu dem Gutachten Stellung zu nehmen.

Die Vorbereitungen für die 2. Volltagung der Weltkraftkonferenz, die im Juni d. Js. in Berlin stattfinden soll und die bedeutendste internationale Veranstaltung seit dem Kriege zu werden verspricht, haben bereits im vorigen Rechnungsjahr begonnen und sind seit längerer Zeit in vollem Gange. Die Arbeiten liegen dem Deutschen Nationalen Komitee der Weltkraftkonferenz ob, in dem auch das Reichswirtschaftsministerium vertreten ist. In den zahlreichen Ausschüssen dieses Komitees, die für die Bearbeitung der einzelnen Gebiete der 2. Weltkraftkonferenz gebildet worden sind, wirken Beamte des Reichswirtschaftsministeriums als des federführenden Reichsressorts mit.

Kohlenwirtschaft

Die Entwicklung der deutschen Kohlenwirtschaft bewegte sich im Jahre 1929 im allgemeinen in aufsteigender Linie. Es ist eine erfreuliche Produktions- und Ausfuhrsteigerung, allerdings verknüpft mit Preisopfern in den bestrittenen Gebieten, zu verzeichnen. Die Preis- und Lohnpolitik bewegte sich infolgedessen in ruhigeren

Bahnen, besonders nachdem unter Billigung des Reichswirtschaftsministeriums den wichtigeren Steinkohlenbezirken die Möglichkeit gegeben war, sich in der Preisgestaltung der jeweiligen Konjunktur besser anzupassen.

Steinkohle

In den einzelnen Steinkohlerevieren wurden die Rationalisierungsmaßnahmen, wenn auch nicht mehr in demselben Maße wie früher, fortgesetzt. Wegen der Hilfsmaßnahmen für das notleidende niederschlesische Revier darf auf die in anderem Zusammenhang gemachten Ausführungen verwiesen werden.

Ferner beschäftigte sich das Reichswirtschaftsministerium eingehend mit den von der Kohlenindustrie vorgebrachtem Eisenbahntarifwünschen. Insbesondere spielte hierbei der Küstenkohlentarif für das Ruhrgebiet, der in erster Linie die Überseeausfuhr erleichtern soll, eine Rolle. Die Verhandlungen über diesen Tarif konnten wegen des Einspruchs der anderen Kohlenreviere bisher noch nicht zum Abschluß gebracht werden.

Die Frage der Gasfernversorgung wurde vom Reichswirtschaftsministerium weiter mit Aufmerksamkeit verfolgt. An dem Zustandekommen der Verträge über die Ferngaslieferungen von Waldenburg nach Hirschberg in Schlesien und der künftigen Beteiligung des Saarreviers an der Versorgung von Süddeutschland hat das Reichswirtschaftsministerium fördernd mitwirken können.

Braunkohle

Auch der Braunkohlenbergbau hatte im allgemeinen eine gute Konjunktur, mitveranlaßt durch den gesteigerten Brikettbedarf im vergangenen harten Winter, zu verzeichnen. Im Verlauf des Jahres mußten verschiedentlich seitens des Reichswirtschaftsministeriums Maßnahmen zur besseren Versorgung bestimmter Gebiete (insbesondere Berlins) und gewisser Verbrauchergruppen ergriffen werden. Die in der Öffentlichkeit vielfach geäußerten Befürchtungen über Versorgungsschwierigkeiten in dem Winter 1929/30, die auch in zahlreichen Anträgen an das Reichswirtschaftsministerium ihren Ausdruck fanden, dürften, nachdem durch Einwirkung des Reichswirtschaftsministeriums eine starke Bevorratung des Handels und soweit möglich auch der Verbraucher stattgefunden hatte, infolge der warmen Witterung gegenstandslos geworden sein. Seit geraumer Zeit machte sich sogar bei den Werken in Mitteldeutschland Absatzmangel, der zu Produktionseinschränkungen und Vergrößerung der Stapelvorräte geführt hat, bemerkbar, während in den Gebieten des Ostelbischen und des Rheinischen Braunkohlensyndikats stets solche Anzeichen von Absatzstockungen erst erheblich später eintraten.

Einem Antrag des Rheinischen Braunkohlensyndikats auf Erhöhung der Verkaufspreise wurde von den Organen der Kohlenwirtschaft stattgegeben. Das Reichswirtschaftsministerium hat von einer Beanstandung dieses Beschlusses abgesehen, da, nachdem das Rheinische Braunkohlenrevier seit Juli 1924 eine Preiserhöhung nicht mehr erhalten hat, aus gemeinwirtschaftlichen Erwägungen kein Anlaß zum Einspruch gegen die Erhöhung der Preise vorlag.

Die Entwicklung der Absatzorganisation im Ostelbischen Braunkohlensyndikat, die in der Öffentlichkeit vielfach Anlaß zur Kritik gab, war Gegenstand wiederholter Erörterungen im Reichskohlenrat unter Beteiligung des Reichswirtschaftsministeriums. Durch Beschluß des Großen Ausschusses des Reichskohlenrates wurde festgestellt, daß die Absatzregelung des Ostelbischen Braunkohlensyndikats seit Geltung der im Juni 1928 vom Reichskohlenrat unter Zustimmung des Reichswirtschaftsministeriums genehmigten Satzung sich in deren Rahmen bewegt und daß diese Regelung nicht gegen das Kohlenwirtschaftsgesetz verstößt. Dessen ungeachtet sah sich das Reichswirtschaftsministerium veranlaßt, in Einzelfällen auf die Beseitigung gewisser Anstände, die sich praktisch in der Entwicklung der Absatzpolitik dieses Syndikates zeigten, hinzuwirken.

Zu erwähnen ist weiter die Einflußnahme des Reichswirtschaftsministeriums auf die Neugründung des Mitteldeutschen Braunkohlensyndikats 1929. Nach dem schließlich erfolgten freiwilligen Zusammenschluß der hauptbeteiligten Bergwerksbesitzer wurden die Werke, die zum freiwilligen Beitritt nicht zu bewegen waren, dem Syndikat durch Verordnung des Reichswirtschaftsministers beigefügt.

An den Beratungen im Reichswirtschaftsrat über den Entwurf eines Bergarbeitsgesetzes und an den Verhandlungen des Enquête-Ausschusses über die Kohlenwirtschaft nahm das Reichswirtschaftsministerium durch sachverständige Vertreter teil.

Internationale Kohlenwirtschaft

Auf dem Gebiet der internationalen Kohlenwirtschaft im Völkerbund wurden die Verhandlungen durch Einberufung von Sachverständigen-Konferenzen der Arbeitgeber allein, sowie der Arbeitgeber gemeinsam mit Arbeitnehmern fortgesetzt. Das Reichswirtschaftsministerium war durch Sachverständige bei allen Verhandlungen vertreten. Schließlich nahm das Reichswirtschaftsministerium durch einen Beauftragten an den Verhandlungen im internationalen Arbeitsamt in Genf über die Frage einer internationalen Regelung der Arbeitszeit, der Arbeitslöhne und der sonstigen Arbeitsbedingungen teil.

Allgemeine Bergwirtschaftsfragen

Die Sichtung und Sammlung des in den Akten der Kriegsgesellschaften vorhandenen Materials über die bergwirtschaftliche Betätigung des Reiches im Bereich der Mittelmächte während der Kriegszeit wurde abgeschlossen. Die Frage der Veröffentlichung des katalogmäßig gesammelten umfangreichen und wirtschaftlich wertvollen Materials wird noch in gemeinsamer Besprechung mit den zuständigen Ministerien behandelt.

Die beim Völkerbund anhängige Frage der Errichtung eines internationalen Instituts für Bergwirtschaft wurde durch Einbringung und Durchsetzung einer entsprechenden Resolution auf dem internationalen Geologenkongreß in Pretoria gefördert.

Unedle Metalle

Das Gesetz über den Verkehr mit unedlen Metallen vom 23. Juli 1926 (Reichgesetzbl. I S. 415) in der Fassung der Gesetze vom 31. März und 21. Dezember 1928 (Reichsgesetzbl. I S. 149 und 412) sollte am 30. Juni 1929 außer Kraft treten. Gelegentlich der letzten Beratung über die Geltungsdauer des Gesetzes hatte der Reichstag in einer Entschließung die Reichsregierung ersucht, alsbald einen Gesetzentwurf vorzulegen, der diejenigen Vorschriften des Gesetzes enthalte, die aufrechterhalten werden müßten und die in die Reichsgewerbeordnung oder in das neue Strafgesetzbuch übergehen sollten. Auf Grund dieser Entschließung arbeitete die Reichsregierung einen Gesetzentwurf aus, in dem die nach ihrer Auffassung aufrechtzuerhaltenden Gesetzesbestimmungen aufgeführt waren, und legte diesen Entwurf nach Zustimmung des Reichsrats dem Reichstag vor. Die Verhandlungen im 8. Ausschuß des Reichstags (Volkswirtschaft) führten zu dem Ergebnis, daß sämtliche Vorschriften des Gesetzes, insbesondere auch die von der Reichsregierung für entbehrlich gehaltene Konzessionspflicht, zunächst aufrechtzuerhalten seien. Durch das Dritte Gesetz zur Verlängerung des Gesetzes über den Verkehr mit unedlen Metallen vom 28. Juni 1929 (Reichsgesetzbl. I S. 121) ist das Gesetz dementsprechend verlängert worden und zwar ohne daß ein Endtermin für seine Geltungsdauer festgesetzt wurde.

Textilwirtschaft

Die schwierige Lage, in der sich fast alle Zweige der deutschen Textilwirtschaft während des Jahres 1929 befanden, verursachte eine gesteigerte Tätigkeit des Reichswirtschaftsministeriums auf diesem Gebiet, da eine sehr große Zahl von industriellen Anträgen auf verschiedene Hilfsmaßnahmen, insbesondere auch Zollerhöhungen, eingingen. Eine besonders eingehende Untersuchung wurde über die wirtschaftliche Lage der deutschen Baumwollindustrie angestellt; ihr Ergebnis ist in dem als Anlage 7 beigefügten Bericht niedergelegt.

Der zur Förderung der Flachswirtschaft ausgegebene Produktionskredit lief auch im Jahre 1929 weiter, Teilbeträge wurden eingezogen. Der Zusammenschluß der Industrie im Flachssyndikat wurde unter Verlängerung des Syndikats weiter ausgebaut.

Umfangreiche Arbeiten ergaben sich auf dem Textilgebiet auch durch die Vorbereitung eines deutschen Entwurfs für die Textilabschnitte des internationalen Zolltarifschemas, die im Frühjahr 1930 von den Sachverständigen des Völkerbundes beraten werden sollen.

Zündholzindustrie

In dem Vorbericht (S. 65) wurde bereits auf die starke Beunruhigung der deutschen Zündholzindustrie durch die Einfuhr großer Mengen russischer Zündhölzer und die Preisunterbietungen bei ihrem Vertrieb hingewiesen. Im Laufe des Jahres 1929 hat diese Einfuhr einen solchen Umfang angenommen, daß es zweifelhaft erscheinen mußte, ob die deutsche Zündholzindustrie weiterhin lebensfähig erhalten und damit der Zweck des im Jahre 1927 erlassenen Gesetzes über die Erlaubnispflicht für die Herstellung von Zündhölzern erreicht werden konnte.

In der zweiten Hälfte des Jahres ist der Reichsregierung von dem schwedischen Zündholztrust eine langfristige Anleihe von 125 Millionen Dollar für den Fall der Einführung eines Zündholzmonopols angeboten worden. Nach langwierigen, unter Beteiligung des Reichswirtschaftsministeriums geführten Verhandlungen ist es zum Abschluß des bekannten Anleihevertrages mit der schwedischen Gruppe und zum Erlaß eines Zündwarenmonopolgesetzes gekommen.

Filmindustrie

Die Einfuhr ausländischer Filme hat sich im vergangenen Jahre im wesentlichen reibungslos abgewickelt. Für das laufende Filmjahr, d. h. für die Zeit vom 1. Juli 1929 bis zum 30. Juni 1930, sind insgesamt 210 Filme für die Einfuhr zugelassen worden. Davon sind 160 Einfuhrbewilligungen wie im Vorjahre auf die inländischen Verbraucher im Verhältnis zu ihrem Verleih deutscher Filme verteilt worden. Die restlichen 50 Filme haben Filmfabrikanten entsprechend ihrem Anteil an der Ausfuhr deutscher Filme erhalten.

Die Einfuhrzahlen für das kommende Filmjahr sind bisher stets bereits im Lauf des Dezember von dem Reichskommissar für Aus- und Einfuhrbewilligung der Industrie bekanntgegeben worden. Für 1930/1931 war dies bisher noch nicht möglich, einmal wegen der Ungewißheit, ob die Genfer Vereinbarungen über Aufhebung der Einfuhrbeschränkungen mit dem 1. Juli 1930 in Kraft treten werden, und ferner wegen der Unübersichtlichkeit des Filmmarktes, die von dem Vordringen des Tonfilms und dem Rückgang des stummen Films verursacht worden ist.

Im Fall der Aufhebung des wirtschaftlichen Filmeinfuhrverbots werden besondere Maßnahmen getroffen werden müssen, um die mit dem deutschen Filmwesen zusammenhängenden kulturellen Belange zu wahren. Die Vorarbeiten hierfür sind in Angriff genommen.

Pflasterstein-Industrie

Die schwierige Lage des Baustoffmarktes und der Pflasterstein-Industrie machte vielfach ein Eingreifen des Reichswirtschaftsministeriums notwendig. Besondere Aufmerksamkeit wurde der Förderung des Absatzes im Inland als auch der Wahrung der Interessen der Industrie bei handelspolitischen Verhandlungen gewidmet.

Holzindustrie

Die Lage der holzverarbeitenden Industrie hat sich im Jahre 1929 weiter erheblich verschlechtert. Die holzverarbeitende Industrie besteht fast ausschließlich aus Klein- und Mittelbetrieben und wird, was die Anzahl der Betriebe anlangt, nur noch durch das Konfektionsgewerbe sowie durch das Nahrungs- und Genußmittelgewerbe übertroffen. Die Industrie leidet in erster Linie darunter, daß ihre wichtigsten Produktionskostenfaktoren, Holz, Arbeitslöhne, soziale und Steuerlasten, ihrer Einwirkung entzogen sind und daß sie besonders mit Kapital- und Kreditschwierigkeiten zu kämpfen hat. In zweiter Linie kommt der immer schärfer werdende Wettbewerb der holzreichen Länder mit billigeren Produktionsbedingungen, insbesondere der Oststaaten und der Tschechoslowakei, sowohl auf den Auslandsmärkten als auch auf dem Inlandsmarkte in Betracht. Alle Bemühungen der Industrie, sich eine Erleichterung der Eisenbahnfrachten zu verschaffen, sind bisher fast ergebnislos geblieben, was für die Industrie umsomehr zu bedauern ist, als gerade ihre Erzeugnisse von den nach dem Kriege erfolgten Frachterhöhungen gegenüber der Vorkriegszeit besonders hart betroffen sind. In ungefähr der gleichen Lage befinden sich die Bürsten- und Pinselindustrie und die Industrien, die Flechtstoffe sowie Schnitz- und Formerstoffe verarbeiten.

Anlage 1

Tätigkeitsbericht des Reichsaufsichtsamts für Privatversicherung

Vor eine besondere Aufgabe wurde das Reichsaufsichtsamt durch den Zusammenbruch der Frankfurter Allgemeinen Versicherungs-Aktien-Gesellschaft im August 1929 gestellt. Erforderlich wurden hierdurch u. a. viele Nachprüfungen bei der Gesellschaft an Ort und Stelle, Senatssitzungen, Teilnahmen an Sitzungen der Verwaltungsorgane der Gesellschaft, der Revisionskommission sowie der Gläubigergruppen. Das Reichsaufsichtsamt hat dabei von vornherein sein Augenmerk darauf gelenkt, die aus dem Zusammenbruch drohenden Schäden mit allen ihm zu Gebote stehenden Mitteln abzuwenden oder wenigstens zu mildern. Es unterstützte daher zunächst mit Nachdruck die Verhandlungen zur Übertragung des gefährdeten Versicherungsbestandes auf die Allianz, um damit einem Weitergreifen der Beunruhigung auf die nicht unmittelbar berührten Versicherungskreise den Boden zu entziehen und die Interessen der bei der Frankfurter Allgemeinen oder ihren Konzern-Gesellschaften Versicherten soweit nur möglich zu wahren. Mit der Übertragung des Bestandes auf die Allianz wurden allein etwa 1 Million Versicherte erfaßt, darunter etwa 20 000 Versicherte, die bereits Schadenfälle erlitten, aber einen Schadensersatz von der Frankfurter Allgemeinen noch nicht erhalten hatten. Durch den Erlaß eines allgemeinen Zahlungsverbots schuf weiter das Reichsaufsichtsamt im Interesse der Gesamtwirtschaft den Boden, der für eine außergerichtliche Bereinigung aller um die Favag schwebenden Fragen allein geeignet war. Besondere Schwierigkeiten erwuchsen hierbei aus dem Mangel einer für einen Zwangsvergleich außerhalb des Konkursverfahrens ausreichenden gesetzlichen Grundlage. Zwar ging die Begründung zu § 94 der Vergleichsordnung von 1927, wonach das Vergleichsverfahren auf beaufsichtigte Versicherungsunternehmungen keine Anwendung zu finden hat, von der Erwägung aus, daß die im Versicherungsaufsichtsgesetz dem Reichsaufsichtsamt zugesprochenen Befugnisse zur Herbeiführung eines Erfolges, wie ihn die Vergleichsordnung bezweckt, ausreichen würde; es hat sich jedoch gezeigt, daß diese Annahme irrig war. Das Reichsaufsichtsamt war daher auf den außerordentlich schwierigen Weg verwiesen, einen Vergleich zu fördern, dem sich nicht nur eine gewisse Mehrheit von Gläubigern, sondern sämtliche Gläubiger anzuschließen haben.

Diese Erfahrungen und andere Feststellungen gelegentlich des Zusammenbruchs der Frankfurter Allgemeinen haben die Notwendigkeit ergeben, das Versicherungsaufsichtsgesetz in einzelnen Punkten, insbesondere auch in der Richtung der Verschärfung der Kontrolle der Versicherungsunternehmungen zu ändern. Mit dieser Änderung soll auch eine Reihe anderer Fragen, die einer gesetzlichen Klärung bedürfen, ihre Erledigung finden.

Auch in anderen Fällen wurden trotz größten Personalmangels örtliche Feststellungen über die Vermögenslage von Gesellschaften vorgenommen. Eine dieser Revisionen hat die Referenten monatelang von Berlin ferngehalten. Ihr Ergebnis führte zu langwierigen Verhandlungen über die Grundsätze der Vermögensanlage der Gesellschaft und zu einer einschneidenden Änderung in der Gesellschaftsleitung. Diese Prüfung wie auch andere Erhebungen zeigten von neuem die unbedingte Notwendigkeit häufigerer Feststellungen bei den Gesellschaften an Ort und Stelle, ein sehr wichtiges Tätigkeitsgebiet der Staatsaufsicht, auf welchem sich das Reichsaufsichtsamt infolge des Personal- und Geldmangels leider die größte Beschränkung auferlegen mußte.

Die vom Reichsaufsichtsamt herausgegebene Statistik wurde erweitert durch Aufnahme der Statistik über die kleineren Pensions-, Sterbe- und Krankenkassen sowie durch Angaben über den Sterblichkeitsgewinn der Lebensversicherungsgesellschaften.

Auf dem Gebiete der *Lebensversicherung* hat die Aufwertung der Vorkriegsversicherungen, die das Reichsaufsichtsamt auch weiterhin sehr stark beschäftigte, im Berichtsjahr eine wesentliche Förderung erfahren. Nach umfangreichen Verhandlungen konnte eine Reihe besonders schwieriger Teilungspläne, namentlich bei ausländischen

Gesellschaften, genehmigt werden. Wo dies noch nicht geschehen ist, waren und sind durchweg noch wichtige Vorfragen zu klären (Ausgang von Prozessen, Klärung der Aufsichtspflicht, Verhandlungen über den Beitrag aus dem sonstigen Vermögen). Die Aufwertungsanfragen der Versicherten waren auch weiterhin sehr zahlreich. Neben die bisherigen den Stand der Aufwertung oder die Gewährung von Vorschüssen betreffenden Eingaben traten nach Genehmigung der Teilungspläne sehr zahlreiche Anfragen über zu niedrige Aufwertungsquoten, über die Berechnung der Aufwertungsanteile sowie namentlich auch über die Bildung neuer beitragsfreier Versicherungen mit langer Laufzeit an Stelle alsbaldiger Auszahlung. Diese Eingaben mit oft ganz falschen Ausgangspunkten machten durchweg umfangreiche Belehrungen, meistens auch Rückfragen bei den Gesellschaften erforderlich.

Unter den sonstigen Eingaben der Versicherten war eine starke Vermehrung der Anfragen über die Berechnung der Rückkaufswerte zu verzeichnen.

Die im Vorjahre geführten Verhandlungen über die Verrechnung der Erwerbskosten und über Gruppenversicherungen konnten im wesentlichen zum Abschluß gebracht werden. Demnächst wird im Rekurssenat zu der Frage der Verrechnung der Erwerbskosten Stellung genommen werden.

Zwecks einheitlicher Gestaltung der Vorschriften über Nettokostenberechnung wurden Verhandlungen mit der Aufsichtsbehörde über die preußischen öffentlichen Lebensversicherungsanstalten aufgenommen. Die Verhandlungen nehmen einen günstigen Verlauf.

Die Steigerung des Wettbewerbs in der Lebensversicherung veranlaßte die Gesellschaften in zunehmendem Maße, neue Tarife und verfeinerte Dividendensysteme auszuarbeiten und zur Genehmigung vorzulegen.

Das zunehmende Interesse des Auslandes am deutschen Lebensversicherungsgeschäft führte teils zu einer Vermehrung der unmittelbaren Zulassungsanträge ausländischer Versicherungsgesellschaften, teils zu Verhandlungen über den Erwerb größerer Aktienpakete deutscher Gesellschaften durch ausländische Unternehmungen.

Der Zusammenbruch der Frankfurter Allgemeinen machte besondere Maßnahmen bei einer Reihe von Lebensversicherungsgesellschaften notwendig, die durch Aktienbesitz oder durch ihre Guthaben bei der Konzernbank größere Verluste erlitten hatten. In einem Fall zeigte sich die Übernahme der betreffenden Gesellschaft im Wege der Fusion durch eine andere Lebensversicherungsunternehmung als notwendig. Die hier gemachten Erfahrungen erfordern Abänderungen der Rechnungsvorschriften, wozu Vorarbeiten bereits aufgenommen worden sind.

In der *Krankenversicherung* beschäftigten die Streitfragen über die Abgrenzung des Personenkreises der Ersatzkassen das Reichsaufsichtsamt auch in dem Berichtsjahr wiederholt.

Die Richtlinien über Gesundheitsfürsorge in der versicherten Bevölkerung vom 27. Februar 1929 brachten auch für die Ersatzkassen Bestimmungen über die Bildung von Arbeitsgemeinschaften mit den Versicherungsträgern, den Trägern der öffentlichen und freien Wohlfahrtspflege, den staatlichen und kommunalen Gesundheitsbehörden, der Ärzteschaft und anderen beteiligten Stellen.

Der zwischen dem Verband kaufmännischer Berufskrankenkassen (Ersatzkassen) und dem Reichsverband der Zahnärzte Deutschlands bestehende Vertrag trat mit dem 31. März 1929 außer Kraft. Durch Anweisungen an die Ersatzkassen hat das Reichsaufsichtsamt die Sicherstellung der zahnärztlichen Versorgung der Versicherten veranlaßt.

In der sogenannten Mittelstandskrankenversicherung hat das Reichsaufsichtsamt seinen Standpunkt, daß Kranken- und Lebensversicherung nicht innerhalb derselben Gesellschaft betrieben werden sollten, in mehreren Fällen durchgesetzt, so daß hier eine Verteilung der beiden Versicherungsrisiken auf getrennte Gesellschaften erfolgte.

Die Verhandlungen über Normativbedingungen für die private Krankenversicherung sind zwar fortgesetzt worden, sie konnten aber noch nicht zum endgültigen Abschluß gebracht werden. Sie dürften sich noch einige Zeit hinziehen.

Die Gewinnbeteiligung der Versicherten, zu der immer mehr private Krankenversicherungsunternehmungen übergehen, ist Gegenstand zahlreicher Verhandlungen gewesen. Eine alle Ansprüche völlig befriedigende Lösung ist aber auch hier noch nicht gefunden.

Im übrigen hat in der Krankenversicherung die Zahl der Beschwerden weiter zugenommen, so daß infolge der dadurch bewirkten Belastung, die infolge des Personalmangels des Reichsaufsichtsamts besonders fühlbar wurde, die Prüfung der bei einzelnen Beschwerden auftauchenden grundsätzlichen Fragen, die dringend der Klärung bedürfen, leider immer wieder zurückgestellt werden mußte.

In der *Unfall- und Haftpflichtversicherung* wurden die bereits im Vorjahre begonnenen umfangreichen Erörterungen über die Frage, ob ein allgemeiner gesetzlicher Haftpflichtversicherungszwang für Kraftfahrzeughalter einzuführen sei, fortgesetzt. In diesem Zusammenhang wurde im Versicherungsbeirat die Frage erörtert, ob ein lückenloser Haftpflichtversicherungsschutz für die Kraftfahrzeughalter und die Lenker solcher Fahrzeuge durch einen privaten Versicherungsvetrrag sichergestellt werden könne. Diese Frage wurde vom Versicherungsbeirat einstimmig bejaht.

Ferner fanden Verhandlungen wegen Änderung der Allgemeinen Haftpflichtversicherungsbedingungen statt, insbesondere wegen Einführung eines Selbstbehalts für den Versicherungsnehmer bei Haftpflichtsachschäden und wegen Änderung des Zinsfußes bei Ermittlung des Kapitalwerts von Haftpflichtrenten.

Die Verhandlungen über endgültige Vorschriften, betreffend die Begünstigungsverträge und Gruppenversicherungen, wurden fortgesetzt. In dieser Frage trat das Reichsaufsichtsamt auch an die preußische Aufsichtsbehörde heran wegen des Erlasses entsprechender Vorschriften für die öffentlichen Versicherungsanstalten.

In der Abonnentenversicherung fanden Erörterungen wegen Änderung des § 56 Ziffer 12 der Gewerbeordnung (Gewerbebetrieb im Umherziehen) in vorläufigen Reichswirtschaftsrat statt, an denen das Reichsaufsichtsamt beteiligt war. Die Verhandlungen über die Herstellung neuer Muster für die Allgemeinen Versicherungsbedingungen sowie für die Verträge zwischen Versicherern und Verlegern in der Abonnentenversicherung wurden ebenfalls fortgesetzt. Im übrigen waren die vor allem auf dem Gebiete der Abonnentenversicherung außerordentlich zahlreichen Beschwerden und Anfragen wiederholt Anlaß für Einzelanordnungen auf Grund des § 64 des Versicherungsaufsichtsgesetzes zu Gunsten der Versicherungsnehmer.

Bei der *landwirtschaftlichen Versicherung* haben sich die Verhältnisse im letzten Jahr gegen das Vorjahr weiter verschlechtert.

Die Vermögenslage der Viehversicherungsunternehmungen ist, besonders infolge der Notlage der Landwirtschaft, nach wie vor äußerst angespannt, was sich in dem schleppenden Eingang der Prämien, hohen Forderungsrückständen und starker Häufung der Schadenfälle auswirkte und eine große Verzögerung der Schadenabwicklung zur Folge hatte. Die bei einer großen Sachversicherungsgesellschaft eingetretenen Schwierigkeiten hatten zur Folge, daß die größte deutsche Viehversicherungsgesellschaft notleidend wurde und ihren Geschäftsbetrieb einstellen mußte.

Auf dem Gebiete der Abonnentenviehversicherung, welche vom Reichsaufsichtsamt zum Geschäftsbetrieb nicht zugelassen wird, hatte, wenn die Verhältnisse auf diesem Gebiet auch nach wie vor unerwünscht sind, doch das ständige Vorgehen des Reichsaufsichtsamts den Erfolg, daß neue Unternehmungen im abgelaufenen Geschäftsjahr kaum noch gegründet wurden.

In der Hagelversicherung war auch das letzte Geschäftsjahr infolge der zahlreichen Hagelschäden, insbesondere für die in Süddeutschland arbeitenden Gesellschaften, äußerst verlustbringend. Dies hatte hohe Nachschüsse, in einzelnen Fällen weit über 300 % der Vorprämie, zur Folge. Die großen Verluste in diesem Versicherungszweig dürften für die Zukunft dahin wirken, daß es den Hagelversicherungsgesellschaften schwer werden wird, die erforderliche Rückversicherung zu finden. Der Konkurrenzkampf mit den öffentlichen Versicherungsanstalten hat nicht nachgelassen, wodurch im Interesse der privaten Versicherungsunternehmungen einschneidende Änderungen der Versicherungsbedingungen notwendig wurden.

Nachdem gegen die im Laufe des Jahres 1929 hinsichtlich der neuen Feuerversicherungsbedingungen ergangene Senatsentscheidung Rekurs eingelegt worden war, hatte sich die *Sachversicherungsabteilung* des Reichsaufsichtsamts auch weiterhin in umfangreichem Maße zur Vorbereitung der Rekurssitzung mit den Allgemeinen Versicherungsbedingungen zu befassen. In der Neuwertversicherung erfuhr der Umfang der zu deckenden Wagnisse eine Erweiterung. Es war erforderlich, bei jedem Zulassungsantrag der in- und ausländischen Gesellschaften zu prüfen, ob die geldliche Ausrüstung oder die gestellte Kaution als ausreichend angesehen werden konnte, um den Betrieb der Neuwertversicherung zu gestatten. Das Reichsaufsichtsamt hatte sich ferner eingehend mit der Frage der Konzernbildung der Versicherungsgesellschaften, mit der Überversicherung in der Feuerversicherung sowie mit Verhandlungen wegen Unterbringung notleidender Risiken zu beschäftigen. Der Zusammenbruch der Frankfurter Allgemeinen wirkte sich auch bei einigen Sachversicherungsgesellschaften aus, an denen die Frankfurter durch Aktienbesitz beteiligt war. Das Reichsaufsichtsamt mußte entsprechende Maßnahmen ergreifen.

In den *sonstigen Versicherungszweigen* verursachte die Nachprüfung der Geschäftshandhabung in der Kredit- und Kautionsversicherung durch Revisionen an Ort und Stelle viele Arbeit. Die dabei aufgedeckten Mißstände, insbesondere die Übernahme von geschäftsplanwidrigen Bürgschaften und die sehr zahlreiche Gründung von Tochtergesellschaften, die häufig in Personalunion mit der Muttergesellschaft standen, führten zu weiteren Eingriffen der Aufsichtsbehörde.

Die von den Einheitsversicherern geplante Einführung einer genormten Police, der sogenannten Standard-Einheitspolice, machte neben den sonstigen größeren Umgestaltungen (z. B. bei der sogenannten Rauchwarenpolice) mündliche und schriftliche Verhandlungen in großem Umfang erforderlich.

Die Frage der Aufsichtspflicht der sogenannten Montageversicherung, die von der Versicherungspraxis entsprechend ihrer historischen Entwicklung zur aufsichtsfreien Transportversicherung gezählt wird, konnte noch nicht abschließend entschieden werden.

Die Verhältnisse bei der Fahrradversicherung haben sich zwar einigermaßen gebessert, doch tauchen immer noch Unternehmungen auf, die unerlaubt diesen Versicherungszweig betreiben. Eingeleitete Strafverfahren waren jedoch zum Teil erfolglos.

In vielfachen Beratungen und Verhandlungen wurde auch an der Schaffung eines Bausparkassenaufsichtsgesetzes mitgearbeitet.

Auch zu neuen Versicherungsprojekten, z. B. zu einer Verlegerversicherung, Bergschädenversicherung, Mietverlustversicherung u. a. mußte grundsätzlich Stellung genommen werden.

Anlage 2
März 1930

Bericht über den Stand der Arbeiten des Enquête-Ausschusses

[Ausschuß zur Untersuchung der Erzeugungs- und Absatzbedingungen der deutschen Wirtschaft]

Seit dem zu Beginn des Jahres 1929 erstatteten Bericht waren die Arbeiten des Enquête-Ausschusses neben Vervollständigung der Erhebungen hauptsächlich auf die Ausarbeitung und Verabschiedung des Materials abgestellt. Wenn auch manche Nacherhebungen noch notwendig wurden und nicht auf allen Teilgebieten die Berichte fertiggestellt werden konnten, so ist doch im Laufe des Jahres 1929 die Hauptarbeit der Auswertung des gewonnenen Materials, der Ausarbeitung der Berichte und der Vorbereitung ihrer Veröffentlichung geleistet worden.

I. Unterausschuß für allgemeine Wirtschaftsstruktur

Die Berichte der 1. Arbeitsgruppe über die Einwirkungen der Gebietsabtretungen auf die Wirtschaft des deutschen Ostens und Nordens in einem Band zusammengefaßt, mit Vorbemerkungen über die gesamten Einwirkungen der Gebietsabtretungen auf die deutsche Wirtschaft, sind veröffentlicht. Ein 2. Band der Arbeitsgruppe wird den bisher noch nicht fertiggestellten Bericht über „Die Einwirkungen der Gebietsabtretungen auf die Wirtschaft des deutschen Westens“ enthalten.

Die Berichte der 2. Arbeitsgruppe über die Wandlungen in der Bevölkerungsstruktur und der sozialen und beruflichen Schichtung des deutschen Volkes, sowie in der Betriebsstruktur der deutschen Wirtschaft, über den Frauenerwerb und über den sozialen Auf- und Abstieg sind fertiggestellt und aus Ersparnisgründen außerhalb des Enquête-Ausschusses veröffentlicht worden. Die Untersuchungsergebnisse über das Wirtschaftsleben der Großstädte, Klein- und Mittelstädte, der Landgemeinden und Landkreise werden als Band I der Arbeitsgruppe veröffentlicht. Der Gesamtbericht über die binnenwirtschaftliche Verflechtung, der die von den Industrie- und Handelskammern und von den Ländern bereitgestellten Materialien zusammenfaßt, ist ausgearbeitet und wird demnächst herausgegeben werden.

Über die Wandlungen in den wirtschaftlichen Organisationsformen sind 4 Berichtsbände herausgegeben worden: „Wandlungen in den Rechtsformen der Einzelunternehmungen und Konzerne“, „Maschinenbau“, „Baustoff und Baustoff-Industrie“, „Textil-Industrie“ 1. Teil. Der Band „Textil-Industrie“ 2. Teil, der die Kartelle in der Tuchindustrie, Jute-, Leinen-, Baumwoll- und Baumwoll-Nähfaden-Industrie zur Darstellung bringt, wird demnächst erscheinen. Zur Ergänzung ihrer Erhebungen über die Frage des Kartellregisters hat die Arbeitsgruppe noch Mitte v. J. umfangreiche Vernehmungen von Praktikern und Wissenschaftlern über das Kartellwesen und die Kartellpolitik durchgeführt. Verbunden mit den Erhebungsergebnissen über die Wandlungen in den Rechtsformen der Einzelunternehmungen und Konzerne und den Ergebnissen der speziellen Kartelluntersuchungen erfolgt die Auswertung zur Zeit in einem Schlußbericht der 3. Arbeitsgruppe.

Die in enger Zusammenarbeit mit dem V. Unterausschuß durchgeführten Arbeiten der 4. und 6. Arbeitsgruppe (Volkseinkommen und Zahlungsbilanz) sind beendet worden. Die vorliegenden Berichte bedürfen noch einiger weniger Ergänzungen.

Die Arbeiten der 5. Arbeitsgruppe auf den Gebieten der Leder-, Lederschuh-, Treibriemen-, Handschuh-, Lederwaren-, Hausschuh-, Spielwaren-, Groß- und Kleinmusikinstrumenten-, Porzellan-, Uhren-, Ölmühlen- und Margarine-Industrie sind abgeschlossen. Mit der Drucklegung der Ergebnisse ist begonnen. Für die Steingut-, Eisen- und Stahlwaren- und Papier erzeugende Industrie sind Berichte ausgearbeitet, die noch einiger Ergänzungen bedürfen. Eine zusammenfassende Darstellung über den deutschen Außenhandel ist in Vorbereitung.

II. Unterausschuß für Landwirtschaft

Der Unterausschuß für Landwirtschaft hat außer den früher erschienenen Sonderveröffentlichungen über

a) die Auswirkung der Gefrierfleischkontingentierung auf die Preisbildung des zollfreien Gefrierfleisches,

b) die Verschuldungsverhältnisse der deutschen Landwirtschaft (Vorbericht),

die Arbeiten über eine Reihe von Gebieten abgeschlossen und die Ergebnisse in folgenden Berichten veröffentlicht [Berlin: Mittler 1929]:

Band 2—4: Landwirtschaftliche Buchführungsergebnisse,
Band 5: Verwertung der deutschen Kartoffelernte, Teil I (Allgemeines, Speisekartoffel, Futterkartoffel, Kartoffeltrocknung),
Band 7: Untersuchungen über Landarbeitsverhältnisse,
Band 8: Die Lage der Landwirtschaft in Ostpreußen,
Band 9: Erzeugungs- und Absatzverhältnisse im Gemüse- und Obstbau,
Band 10: Das ländliche Siedlungswesen.

Außer diesen wurde ein Sonderbericht über die Konservierung der Saftfutterpflanzen vor kurzem in der Zeitschrift für Futterkonservierung veröffentlicht.

Verabschiedet wurden ferner in der Berichtszeit die Berichte über die landwirtschaftlichen Betriebs- und Intensitätsverhältnisse in Württemberg und Hohenzollern (Band 11), die Förderung der Landwirtschaft durch öffentliche Mittel (Band 12), die Lage der Landwirtschaft in Pommern und Niederschlesien. Die Bände befinden sich zur Zeit in Drucklegung. Im Laufe der nächsten Wochen wird die Verabschiedung weiterer Berichte erfolgen, zu denen die Entwürfe im wesentlichen fertiggestellt und zum Teil auch schon von den zuständigen Arbeitsgruppen beraten sind. Es sind dies die Kredit- und Verschuldungslage der deutschen Landwirtschaft, die Lage des deutschen Hopfenbaues und Tabakbaues, die Lage der deutschen Milchwirtschaft, die Verwertung der deutschen Kartoffelernten, Teil II (Brennerei und Stärkeindustrie), die Struktur der deutschen Getreidemühlenindustrie, die landwirtschaftlichen Betriebs- und Intensitätsverhältnisse in Bayern, Baden und Hessen, das landwirtschaftliche Meliorationswesen, der Wirtschaftserfolg in der deutschen Forstwirtschaft.

Weitere Berichte über Erzeugung und Absatz von Vieh, die Lage des deutschen Weinbaues, die deutsche Zuckerwirtschaft und das landwirtschaftliche Ausbildungs- und Beratungswesen wurden so weit gefördert, daß mit ihrer Herausgabe innerhalb der nächsten Zeit gerechnet werden kann. Der zusammenfassende Schlußbericht des Unterausschusses ist gleichfalls bereits in Angriff genommen. Verschiedene eingeleitete Untersuchungen, die in den vorhergehenden Arbeitsübersichten erwähnt wurden, sind in der Erkenntnis, daß ihr Abschluß in der dem Enquête-Ausschuß gesetzten Frist nicht mehr möglich sein würde, wie z. B. die steuerliche und soziale Belastung der Landwirtschaft, die Untersuchung der west- und süddeutschen landwirtschaftlichen Notstandsgebiete, weltwirtschaftliche Verflechtung der deutschen Landwirtschaft, eingestellt worden.

III. Unterausschuß für Gewerbe: Industrie, Handel, Handwerk

Die Arbeitsgruppen des III. Unterausschusses haben entsprechend ihrem Arbeitsplan im verflossenen Jahre die Arbeiten an ihren Schlußberichten begonnen, beziehungsweise durchgeführt.

Der Bericht der 1. Arbeitsgruppe Kohlewirtschaft, der außer dem Kohlenbergbau die Kokerei- und Gasindustrie behandelt, sowie der Bericht der 2. Arbeitsgruppe Elektrizitätswirtschaft, der die deutsche öffentliche Elektrizitätsversorgung zum Gegenstand hat, ist veröffenlicht. Die 3. Arbeitsgruppe Eisenindudstrie, die einen Bericht über die Rohstoffversorgung der eisenerzeugenden Industrie bereits 1928 vorgelegt hat, ist mit der Fertigstellung ihres Berichts über die Lage der eisenerzeugenden und eisenverbrauchenden Industrie befaßt. Der Bericht der 4. und 5. Arbeitsgruppe Holzwirtschaft und Bauwirtschaft und der Arbeitsgruppe Baufinanzierung wird vereinigt, um in einer Darstellung die gesamten auf dem Baugebiete tätigen Zweige zu erörtern. Die 6. Arbeitsgruppe hat einen Bericht über die Kaliindustrie veröffentlicht, der Bericht über die chemische Industrie, der ebenfalls von dieser Arbeitsgruppe zu erstatten ist, teilweise fertiggestellt. Das gleiche gilt für den Bericht der 7. Arbeitsgruppe Textilindustrie, der die Gebiete der Baumwolle-, Wolle- und der Seidenindustrie einschließlich der Kunstseidenindustrie umfaßt.

Der Bericht der 8. Arbeitsgruppe über die Lage des Handwerks in 4 Bänden wird in diesen Tagen der Öffentlichkeit übergeben.

Die 9. Arbeitsgruppe (Handel) hat in der Berichtszeit 8 Bände über den Einzelhandel herausgegeben. 1 weiterer Band über den Einzelhandel mit Textilien wird demnächst folgen. In weit fortgeschrittener Vorbereitung sind die restlichen Bände über die Konsumvereine, die Warenhäuser, den Lebensmittelgroßhandel und den Textilgroßhandel.

IV. Unterausschuß für Arbeitsleistung

Der Arbeitsleistungsunterausschuß hat im vergangenen Jahre den Bericht über seine Untersuchung von Hochofenbetrieben veröffentlicht. Die Berichte über die Gebiete der Hüttenindustrie und Walzwerke, der Textilindustrie und des Maurergewerbes sind in Drucklegung. Die im letzten Jahresbericht erwähnten Untersuchungen auf dem Gebiet der metallverarbeitenden und Maschinenbau-Industrie wurden aus Etatsgründen abgebrochen. Die Untersuchungen auf dem Gebiete der Landwirtschaft, die gegenüber den ursprünglich aufgestellten Pläne erheblich eingeschränkt werden mußten, wurden beendet; ihre Darstellung ist nahezu beendet. Für den zusammenfassenden Schlußbericht des Unterausschusses sind die Vorarbeiten in Angriff genommen.

V. Unterausschuß für Geld-, Kredit- und Finanzwesen

Der V. Unterausschuß hat als Abschluß seines ersten Aufgabenkreises im Juli des vergangenen Jahres einen Bericht über „die Reichsbank" herausgegeben, der die Grundlagen der Reichsbank, ihre Kredit- und Diskontpolitik, ihre Gold- und Devisenpolitik, ihre Politik gegenüber den Auslandsanleihen und die deutsche Golddiskont-Bank ausführlich behandelt. Der zweite Teil seiner Arbeiten über die privaten und öffentlichen Banken, die Kreditgenossenschaften, Sparkassen- und Girozentralen usw. wurde in den letzten Monaten beendet. Die Ausarbeitung des Berichts steht vor dem Abschluß.

Außer den obengenannten Veröffentlichungen der Unterausschüsse wurde eine deutsche Bearbeitung der Berichte des englischen Enquête-Ausschusses (Balfour-Committee) in 2 Bänden herausgegeben. Die gesamten bis 10. März 1930 erschienenen Veröffentlichungen des Ausschusses belaufen sich somit auf 37 Bände und mehrere Sonderdrucksachen.

Seit Errichtung des Ausschusses vom 7. Juni 1926 bis 1. Januar 1930 fanden 1504 Sitzungen der Unterausschüsse und Arbeitsgruppen, 26 Sitzungen des Präsidiums und 6223 Vernehmungen von Sachverständigen statt.

Anlage 3

Tätigkeitsbericht des Statistischen Reichsamtes

Allgemeine Verwaltung

Der Personalbestand des Amtes, der am 1. Januar 1929 2 902 Köpfe betrug, hat sich im Laufe des Berichtsjahres verringert und wird am 31. März 1930 nur noch 2 573 Personen betragen. Die Personalverminderung hat ihren Grund in der Beendigung einzelner statistischer Erhebungen (Reichswohnungszählung, Volks-, Berufs- und Betriebszählung u. a.)

Weitere Umstellungen der statistischen Aufbereitungsarbeiten auf die Verwendung von *Hollerithmaschinen* haben neue Personal- und Raumersparnis, die Beschleunigung und erhöhte Zuverlässigkeit der Aufarbeitung sowie ausführlichere Ausgliederung der Ergebnisse ermöglicht. Es werden zur Zeit im Hollerithverfahren aufgearbeitet:

die Außenhandelsstatistik,
die Finanzstatistik,
die Einheitswertstatistik,
die Binnenschiffahrtsstatistik,
die Seefischereistatistik,
die Statistik der Zweimonatsbilanzen der gewerblichen Genossenschaften,
die Konkursstatistik.

Der derzeitige Bestand an Maschinen beträgt:

139 Lochmaschinen,
17 Sortiermaschinen,
16 Tabelliermaschinen.

An *Veröffentlichungen* sind im Berichtsjahr erschienen:

a) *Bände der „Statistik des Deutschen Reichs":*
Bd. 366, Teil I—III „Der auswärtige Handel Deutschlands"

Bd. 352 Seeschiffahrt 1927,
Bd. 367 Binnenschiffahrt 1928,
Bd. 363 Krankenversicherung 1927,
Bd. 369 Güterbewegung auf deutschen Eisenbahnen 1928,
Bd. 368 Tierseuchen und Fleischbeschau 1927,
Bd. 362 Reichswohnungszählung 1927,
Bd. 371 Seeschiffahrt 1928,
Bd. 359 Der Steuerabzug vom Arbeitslohn 1926.

b) *Vierteljahreshefte zur Statistik des Deutschen Reichs:*
4 Hefte, 2 Ergänzungshefte,

c) *Monatliche Nachweise über den auswärtigen Handel Deutschlands:*
12 Hefte, 1 Ergänzungsheft.

d) *Statistisches Jahrbuch für das Deutsche Reich:*

e) *Wirtschaft und Statistik:*
24 Hefte,

f) *Einzelschriften zur Statistik des Deutschen Reichs:*
Nr. 7 „Steuerkraft“,
Nr. 8 „Die Wirtschaft des Auslandes“,
Nr. 9 „Die Staatseinnahmen aus Steuern und Zöllen“,
Nr. 10 „Ausgaben und Einnahmen der öffentlichen Verwaltung im Deutschen Reich 1913/14—1925/26 und 1926/27“.

g) *Bibliographie der Sozialwissenschaften:*
12 Hefte.

h) *„Deutsche Wirtschaftskunde“*.

Folgende Schriften werden im Verlauf des Rechnungsjahres 1929 noch erscheinen:

a) *Bände der „Statistik des Deutschen Reichs“*.
Bd. 364 „Verbrauchsbesteuerung 1927/28“.

Handelsstatistik

Nach dem am 1. Oktober 1928 erfolgten Inkrafttreten der neuen Vorschriften über die *Statistik des Warenverkehrs mit dem Ausland* vom 27. März 1928 galt es im Jahre 1929, die praktische Durchführung des Gesetzes zu überwachen und auftauchende Schwierigkeiten zu beseitigen. Insbesondere mußte die Handhabung des Gesetzes durch allgemeine Anweisungen und im Einzelfall durch Gewährung von Erleichterungen den Wünschen und Interessen der Wirtschaft angepaßt werden. Es war ferner erforderlich, durch aufklärende Rundschreiben usw. zahlreiche Zweifelsfragen zu beseitigen, die bei den Anmeldestellen und in der Wirtschaft über die Auslegung und Anwendung des Gesetzes aufgetaucht waren.

Im Jahre 1929 war ein Eingang von rund 22,6 Mill. Meldungen über Warenbewegungen zu verzeichnen, nämlich:

Ausfuhranmeldescheine	15,4 Mill. Stück
Einfuhranmeldescheine	2,8 Mill. Stück
Zählstreifen (Verkehrsanweisungen)	4,4 Mill. Stück

Eine Steigerung der in dieser Hinsicht zu leistenden Arbeit ist mit Sicherheit vorauszusehen, weil, abgesehen von einer wahrscheinlichen weiteren Ausdehnung des gesamten Außenhandelsvolumens, das Statistische Warenverzeichnis den Wünschen der Wirtschaft entsprechend durch Unterteilung der einzelnen Nummern ständig verfeinert wird.

Verkehrsstatistik

Die Arbeiten der *Verkehrsstatistik* (Statistik der Güterbewegung auf den Eisenbahnen, Binnenwasserstraßen und über See-Schiffsverkehr, Schiffsbestand, Kraftfahrzeugbestand, Frachtenstatistik) wurden in der bisherigen Weise fortgeführt. Gewisse

Umstellungen in der Erhebung wurden durch die Vereinbarungen zwischen Preußen und Hamburg über den Hafen Hamburg sowie durch zahlreiche Eingemeindungen bei Binnenhäfen erforderlich. Hierbei wurde Wert darauf gelegt, die Vergleichbarkeit mit früheren Jahren soweit als möglich zu erhalten.

Durch eine Neuordnung der Veröffentlichungen wurde es möglich, die Ergebnisse der Verkehrsstatistik, insbesondere die Güterbewegung auf den Eisenbahnen und den Binnenwasserstraßen sowie die Kraftfahrzeugstatistik erheblich früher als bisher bekanntzugeben.

Die internationalen Verhandlungen über eine Vereinheitlichung der Verkehrsstatistik der verschiedenen Länder wurden fortgesetzt. Entwürfe für ein einheitliches Güterverzeichnis sowohl für den Seegüter- wie für den Binnenverkehr (Eisenbahn und Wasserstraßen) liegen vor. Der Abschluß der Verhandlungen und die Durchführung der Beschlüsse in der Praxis werden jedoch vermutlich noch längere Zeit in Anspruch nehmen.

Sozialstatistik

Die *Statistik der Großhandelspreise* lieferte wieder die zur Beurteilung der Marktverhältnisse in den wichtigsten landwirtschaftlichen und industriellen Zweigen erforderlichen preisstatistischen Materialien. Diese Unterlagen sind insbesondere für Untersuchungen, die in Zusammenarbeit mit dem Enquête-Ausschuß und dem Völkerbund durchgeführt wurden, von Bedeutung gewesen. Die wöchentlich berechnete Indexziffer der Großhandelspreise war auch weiter ein wichtiges Instrument zur Beobachtung des Wirtschaftsverlaufs. Die Untersuchungen über die internationalen Zusammenhänge in der Preisbewegung und die Entwicklung der Kaufkraft des Goldes wurden weiter gefördert.

Die Bearbeitung der *Erhebungen von Wirtschaftsrechnungen*, die vom März 1927 bis Februar 1928 bei etwa 2 000 Haushaltungen durchgeführt worden waren, wurde in der Hauptsache zum Abschluß gebracht. Sie gibt Aufschluß über die Lebenshaltung von Arbeiter-, Angestellten- und Beamtenfamilien. Neben der Zusammensetzung des Familieneinkommens wird durch dieses Material vor allem die Art der Einkommensverwendung bei den verschiedenen Berufs- und Einkommensgruppen dargestellt. Daneben ist auch der mengenmäßige Verbrauch an allen wichtigen Nahrungs- und Genußmitteln festgestellt worden, wodurch Einblicke in die physiologische Bedarfsdeckung ermöglicht werden. Diese Feststellungen über die Struktur der Hauswirtschaft geben im ganzen auch wichtige Anhaltspunkte für die soziale Gesetzgebung (Beeinflussung der Lebenshaltung durch Einkommenshöhe und Familiengröße) sowie für Untersuchungen über die Verbrauchsgüterproduktion und -verteilung und sind für die Berechnungen der Reichsindexziffer der Lebenshaltungskosten wertvoll. Mit der Veröffentlichung der Ergebnisse ist im Oktober 1929 begonnen worden.

Neben der *Statistik der Tariflöhne* wurden zur Feststellung der absoluten Lohnhöhe und ihres Verhältnisses zu den Tariflöhnen die *Erhebungen über die tatsächlichen Arbeitsverdienste und Arbeitszeiten* weitergeführt. Nach den Erhebungen über die Löhne in der Textilindustrie, im Holzgewerbe, in der chemischen Industrie und in der Metallindustrie wurden im Laufe des Jahres 1929 Lohnerhebungen in der Schuhindustrie, im Buchdruckgewerbe, im Lithographie- und Steindruckgewerbe sowie im Baugewerbe vorgenommen.

Auf den genannten Gebieten wurden außerdem allgemein die entsprechenden Statistiken des Auslandes in weitgehendem Maße verfolgt und der allgemeinen Benutzung zugänglich gemacht, so die Kleinhandelspreise und die Indexziffern der Lebenshaltungskosten, die Großhandelspreise und Großhandelsindexziffern sowie die Löhne und Arbeitsverdienste. Besondere Untersuchungen wurden über die Methoden der Indexberechnungen des Auslandes angestellt.

Im *Tarifarchiv* werden nach gesetzlicher Vorschrift sämtliche zwischen Arbeitgebern und Arbeitnehmern abgeschlossenen Tarifverträge gesammelt. Eine zusammenfassende Darstellung über die Tarifverträge im Deutschen Reich ist wiederum als Sonderheft zum Reichsarbeitsblatt veröffentlicht worden. Die Umgestaltung der Statistik von bisher jährlichen Meldungen auf laufende Berichterstattung wird vorbereitet.

Eine Ergänzung findet die Tarifstatistik in der gleichfalls weiter ausgebauten *Statistik der Streiks und Aussperrungen.*

Der Überblick über die Gesamtstreitigkeiten zwischen Arbeitgebern und Arbeitnehmern wird durch eine Berichterstattung über die verschiedenartigen Einzelstreitigkeiten vor den *Arbeitsgerichtsbehörden* und ihre Erledigung ergänzt.

Die Statistik der *Berufsverbände* behandelt die bei der Regelung der Arbeitsverhältnisse und Arbeitsstreitigkeiten mitwirkenden Berufsorganisationen. Eine neue Auflage des Jahrbuchs der Berufsverbände befindet sich zur Zeit im Druck.

Zur Beobachtung der *Arbeitsmarktlage* wurden die bei der Reichsanstalt für Arbeitsvermittlung und Arbeitslosenversicherung geführten Statistiken der unterstützten Erwerbslosen und der bei den Arbeitsnachweisen verfügbaren Arbeitsuchenden sowie die Statistik der Gewerkschaften über Arbeitslosigkeit und Kurzarbeit der Gewerkschaftsmitglieder im Statistischen Reichsamt ausgewertet. Die entsprechenden Nachweisungen des Auslandes werden auch hier zum Zwecke des Versuchs internationaler Vergleiche herangezogen.

Auf dem Gebiete der *Sozialversicherung* werden die Statistiken der einzelnen Zweige zu einem Gesamtbild der deutschen Sozialversicherung verarbeitet. Für die Statistik der Krankenversicherung, die das Statistische Reichsamt selbst aufbereitet, sind vom Jahre 1930 ab neue Bestimmungen über die Aufstellung einer auf kaufmännischer Grundlage beruhenden Gewinn- und Verlustrechnung getroffen worden.

Von der *Reichsstatistik der öffentlichen Fürsorge* und ebenso von der *Reichsjugendwohlfahrtsstatistik*, die für das Rechnungsjahr 1927/28 erstmals durchgeführt wurden, konnten im Jahre 1929 die ersten Ergebnisse veröffentlicht werden.

Über den Umfang der *Bautätigkeit* wurden die eingehenden monatlichen Ermittlungen in den Groß- und Mittelstädten sowie die Jahreserhebung für das ganze Reich weiter durchgeführt. Die Ausdehnung der monatlichen Statistik, die durch Ermittlung der gestellten Bauanträge, der Baugenehmigungen und der Baubeginne frühzeitig ein Bild über die voraussichtliche Entwicklung der Bautätigkeit in den nächsten Monaten und den zu erwartenden Zugang an Gebäuden und Wohnungen ermöglicht, auf die kleineren Städte ist in die Wege geleitet.

Eingehende Grundlagen für die Wohnungswirtschaft brachten die im letzten Jahr veröffentlichten Ergebnisse der großen *Reichswohnungszählung* vom Mai 1927. Durch sie hat besonders die für die Beurteilung des Wohnungsmarktes wichtige Frage der Belebung der Wohnungen mit Untermietern eine eingehende Klärung erfahren.

Die seit 1927 durchgeführten Erhebungen über die Umsätze am städtischen Grundstücksmarkt — *Grundbesitzwechselstatistik* —, insbesondere auch über die Entwicklung der Überfremdung deutschen Grundbesitzes, sind im Jahre 1929 durch Erfassung der Preise der umgesetzten Grundstücke erweitert worden.

Bevölkerungs-, Betriebs- und Produktionsstatistik

Nachdem im Jahre 1928 die Reichsergebnisse der *Volkszählung* vom 16. Juni 1925 zusammengestellt und veröffentlicht worden sind, wurde im Jahre 1929 die textliche und kartographische Bearbeitung der Volkszählungsergebnisse abgeschlossen. Hierbei ist die Entwicklung der Städte, die Landdflucht, die Veränderung der Bevölkerungsdichte und die Binnenwanderung sowie die Wandlung im Altersaufbau der Bevölkerung besonders eingehend behandelt worden. Für die im Deutschen Reich vorhandenen Ausländer und für die sprachlichen Minderheiten wurden ergänzende Sonderauszählungen durchgeführt.

Die Vorbereitungsarbeiten für eine neue Volkszählung, die besonders die Probleme der Binnenwanderung und der Familienstatistik berücksichtigen soll, wurden in Angriff genommen. Die Zählung soll im Juni 1931 stattfinden.

In der *Statistik der natürlichen Bewegung der Bevölkerung* (Eheschließungen, Ehescheidungen, Geburten, Sterbefälle) wurde durch Vergleiche der Bevölkerungsvorgänge der Jahre 1924 bis 1927 mit den Ergebnissen der Volkszählung vom 16. Juni 1925 versucht, die bevölkerungspolitische Lage weiter zu klären und die Enflüsse der wirtschaftlichen Verhältnisse auf die Heirats- und Geburtenhäufigkeit zu ermitteln. Die Ergebnisse sind in „Wirtschaft und Statistik“ und in den Bänden der Statistik des Deutschen Reichs veröffentlicht worden. Besondere Untersuchungen betrafen die sich aus der gegenwärtigen Bevölkerungsbewegung ergebenden Aussichten hinsichtlich der zukünftigen Entwicklung der Bevölkerung und ihrer Auswirkungen auf wirtschafts- und sozialpolitischem Gebiet. Die Verhandlungen mit den Statistischen Landesämtern über die Ausgestaltung der Statistik der Bevölkerungsbewegung und der Ehescheidungen wurden in methodischer Hinsicht zu einem vorläufigen Abschluß gebracht. Die Reform soll in Anlehnung an die nächste Volkszählung im Jahre 1931 in Kraft treten.

Auf dem Gebiet der *Medizinalstatistik* wurden neben den laufenden Arbeiten die Verhandlungen mit den Statistischen Landesämtern über die Einführung des Internationalen Todesursachen- und Krankheitsverzeichnisses weitergeführt. Auch diese Verhandlungen sind insofern zu einem gewissen Abschluß gekommen, als grundsätzlich eine Einigung über die Notwendigkeit der Verbesserung der Todesursachenstatistik erzielt wurde. Die erweiterte und verbesserte Statistik der Todesursachen soll vom Jahre 1931 an eingeführt werden.

Die Bearbeitung der im Anschluß an die Volkszählung von 1925 durchgeführten *Reichszählung der Gebrechlichen*, die sich auch auf Geistig-Gebrechliche erstreckt, steht vor dem Abschluß.

Der Statistik der *Wanderungen*, besonders auch der kontinental-europäischen Wanderungsbewegung, kommt wachsende Bedeutung zu. Soweit die *überseeische* Aus- und Einwanderung in Betracht kommt, wurde ab 1924 versucht, durch Einführung schärferer Begriffsbestimmungen und eingehenderer Gliederung der Wanderermasse diesem Umstande Rechnung zu tragen.

Auf dem Gebiet der Statistik des *Fremdenverkehrs* ist eine Zusammenfassung des Materials über den Fremdenverkehr im Deutschen Reich und im Ausland, insbesondere auch über das Erträgnis des Fremdenverkehrs in „Wirtschaft und Statistik“ veröffentlicht worden.

Das Tabellenwerk über die Ergebnisse der *Berufszählung 1925*, das größtenteils bereits im Jahre 1928 veröffentlicht wurde, ist nunmehr vollständig erschienen. Die textliche Bearbeitung und Auswertung der Ergebnisse in einem abschließenden Textband wurde weitgehend gefördert. Die mit der Berufszählung verbundene Haushaltungs- und Familienstatistik ist zu Reichsergebnissen zusammengestellt und bearbeitet worden; die Drucklegung dieses Teils der Berufszählung ist nahezu abgeschlossen.

Die Veröffentlichung der Ergebnisse der *landwirtschaftlichen Betriebszählung 1925* ist im Laufe des Jahres 1929 beendet worden.

Die *Reichssiedlungsstatistik* wird vom 1. Januar 1929 ab nach neuen Grundsätzen in erweiterter und verbesserter Form aufgestellt. Die Erhebung erfolgt nunmehr mit Individualzählkarten.

Die Aufbereitungsarbeiten der Ergebnisse der *allgemeinen Bodenbenutzungserhebung von 1927* sind in der Hauptsache für die Veröffentlichung nach den größeren und kleineren Verwaltungsbezirken abgeschlossen. Die Veröffentlichung der Ergebnisse erfolgt demnächst in den Bänden der „Statistik des Deutschen Reichs“.

Über die Ergebnisse der neuen *forstwirtschaftlichen Erhebung von 1927* sind inzwischen die wichtigsten Nachweisungen in „Wirtschaft und Statistik“ bekanntgegeben worden. Für die ausführliche Darstellung der Ergebnisse nach den größeren Verwaltungsbezirken sind die Arbeiten im Gange. Die Veröffentlichung wird demnächst in den Bänden der „Statistik des Deutschen Reichs“ erfolgen.

Auf dem Gebiete der *Anbau- und Erntestatistik* wurden Ergänzungen und Verbesserungen vorgenommen.

Zur Verbesserung der *Saatenstandsberichterstattung* sind mit Unterstützung des Reichsministeriums für Ernährung und Landwirtschaft besondere Aufklärungskurse und Vorträge gehalten worden.

Im Jahre 1929 wurde versuchsweise eine erste *Erntevorschätzung* für Getreide nach dem Stande zu Anfang Juli 1929 durchgeführt. Die dabei von den Ernteberichterstattern gemachten Angaben fanden in den späteren Ernteschätzungen (zweite Erntevorschätzung zu Anfang August und endgültige Ernteermittlung zu Anfang November) ihre Bestätigung. Es ist daher beabsichtigt, die Neueinrichtung auch künftighin beizubehalten und fortzuentwickeln.

Der erstmals im Jahre 1928 gemachte Versuch einer *Schätzung des Wintergetreideanbaus* zu Anfang Dezember ist im Berichtsjahr wiederholt worden und hat zu den gleichen günstigen Erfahrungen wie im Vorjahr geführt.

Neu eingeführt ist im Jahre 1929 eine Statistik über die *Milchproduktion* nach kleineren Verwaltungsbezirken. Die Ergebnisse werden demnächst veröffentlicht werden. Für eine ständige Beobachtung auf dem Gebiete der Milchwirtschaft ist die Einrichtung einer *monatlichen Molkereierhebung* eingeleitet worden, mit deren Durchführung im Januar 1930 begonnen wurde. Für die Teilnahme an der Berichterstattung sind zunächst rund 2000 Molkereibetriebe in allen Teilen Deutschlands gewonnen.

Gewerbliche Betriebszählung 1925

Die Ergebnisse der *gewerblichen Betriebszählung 1925* wurden im Jahre 1929 zum größten Teil fertiggestellt und veröffentlicht.

Die produktionsstatistischen Erhebungen im Bergbau, in der Kohlen-, Eisen- und Hüttenindustrie, in der Textil-, Leder-, Kraftfahrzeug- und Bereifungsindustrie, in der Elektrizitätswirtschaft und in Teilen der chemischen Industrie wurden fortgesetzt. Die Ergebnisse wurden in „Wirtschaft und Statistik“ bekannt gegeben. Eine Sammlung aller bis dahin erschienenen Ergebnisse der Produktionserhebungen ist im Sommer 1929 als Sonderheft veröffentlicht worden.

Neu eingeleitet wurden im Jahre 1929 Erhebungen für folgende Industrien:
Eisen- und Stahlwarenindustrie,
Solinger Schneidwarenindustrie,
Maschinen-, Apparate- und Kesselbau,
Wirkereien,
Bekleidungsindustrie,
Getreidemühlen,
Getreidelagerhäuser,
Ölmühlen,
Margarineindustrie,
Seifenindustrie,
Lack- und Ölfarbenindustrie,
Druckfarbenindustrie,
Linoleumindustrie,
Stearinindustrie,
Kerzenindustrie,
Talgschmelzen und -pressen.

Der Ausbau der Produktionsstatistik durch Einbeziehung neuer Industriezweige zu einer umfassenden Industriestatistik wird planmäßig fortgesetzt.

Gemäß einer Entschließung des vorläufigen Reichswirtschaftsrats wurde im Einvernehmen mit dem Reichsarbeitsministerium und der Reichsarbeitsverwaltung eine Reform der *Gewerbeaufsichtsstatistik* in die Wege geleitet, welche nunmehr die Bearbeitung dieser jährlichen Statistik auf der methodischen und systematischen Grundlage der gewerblichen Betriebszählung 1925 ermöglicht.

Auf Grund von mit dem Reichsarbeitsministerium geführten Verhandlungen und der im Laufe des Jahres 1929 geleisteten Vorarbeiten wird die mit Kriegsbeginn eingestellte *Dampfkesselstatistik* vom Jahre 1930 ab für das gesamte Reichsgebiet nach einheitlichen Grundsätzen wieder aufgenommen werden.

Die Statistik der öffentlich rechtlichen Berufsvertretungen *(Industrie-, Handels-, Handwerks-, und Landwirtschaftskammern* und *Innungen)* — ist im Jahre 1929 weiter fortgeführt und verbessert worden. Seit dem 1. Januar 1929 wird eine *Statistik der Vergebungen der öffentlichen Hand* durchgeführt.

Steuerstatistik

Die im Rechnungsjahr 1928 begonnene Bearbeitung der Hauptergebnisse der *Einkommensteuerstatistik* für 1927 wurde abgeschlossen. Die Statistik der Einkommensteuerveranlagung für 1928 ist seit Ende Dezember 1929 in Arbeit.

Die Einkommen- und Körperschaftssteuerveranlagung für 1925 ist in den Bänden zur Statistik des Deutschen Reichs erschienen, ferner sind in „Wirtschaft und Statistik“ die Reichsergebnisse der Einkommensteuerveranlagung für 1926 und die Reichsergebnisse der Einkommensteuerveranlagung für 1927 veröffentlicht worden.

Die Hauptergebnisse der *Körperschaftssteuerstatistik* für 1926 und 1927 sind fertiggestellt worden und werden demnächst veröffentlicht werden.

Die Bearbeitung der *Lohnsteuerstatistik* für 1928 ist abgeschlossen. Die wichtigsten Resultate der Erhebung werden zunächst in „Wirtschaft und Statistik“ bekanntgegeben werden.

Die *Statistik der Vermögenssteuerveranlagung* 1927 ist fertiggestellt und wird in Kürze in einem Band der „Statistik des Deutschen Reichs“ ausführlich behandelt werden.

Die *vorläufigen* Ergebnisse für 1928 werden demnächst in „Wirtschaft und Statistik“ veröffentlicht werden.

Die Nachweisungen über die *Einheitswerte* 1928 werden in ihren vorläufigen Ergebnissen in einem der nächsten Hefte von „Wirtschaft und Statistik“ auszugsweise veröffentlicht werden.

Die Ergebnisse der *Umsatzsteuerstatistik* der Kalenderjahre 1925 bis 1927 werden in *einem* Band erschöpfend behandelt, dessen Fertigstellung bevorsteht. Die Veröffentlichung der Statistik der *Erbschaftssteuerveranlagung* für 1927 und 1928 erfolgt demnächst in einem Band der Statistik des Deutschen Reichs.

Im Jahre 1929 wurden rund 11 000 Fälle der *Buch- und Betriebsprüfung* bearbeitet, die sich auf die Jahre 1925, 1926 und 1927 gleichmäßig verteilen. Die Ergebnisse der Bearbeitung sind in den vom Reichsfinanzministerium geforderten Nachweisungen festgehalten worden.

Die Bearbeitung der endgültigen Ergebnisse der *Verbrauchssteuerstatistik* für das Rechnungsjahr 1927 bzw. für das Betriebsjahr 1927/28 ist abgeschlossen worden, ferner wurden die Statistiken für das Rechnungsjahr 1928 bzw. für das Betriebsjahr 1928/29 einer ersten Prüfung unterzogen, zusammengestellt und zu einem vorläufigen Abschluß gebracht. Die Ergebnisse dieser Arbeiten sind in den Bänden der Statistik des Deutschen Reichs veröffentlicht worden.

Neben dieser Jahresstatistik sind bestimmungsgemäß die Hauptergebnisse der *Zuckersteuerstatistik monatlich* bzw. jährlich (Anbau, Bestände) und die Hauptergebnisse der *Tabak-* und der *Biersteuerstatistik vierteljährlich* bearbeitet und im „Deutschen Reichsanzeiger“ veröffentlicht worden. Auszüge aus den Verbrauchssteuerstatistiken wurden ferner regelmäßig in „Wirtschaft und Statistik“ veröffentlicht.

Finanzstatistik

Die Arbeiten in der Finanzstatistik im Jahre 1929 richteten sich neben der abschließenden Prüfung und Aufbereitung der Finanzstatistik für 1926/27 und 1927/28 darauf, eine umfassende Darstellung des gesamten vorliegenden Erhebungsmaterials zu geben. Für die Haushaltsverhandlungen im Winter 1929/30 erfolgt wie in den Vorjahren die Vorlage von „Statistischen Übersichten zum Reichshaushalt". Die *Reichshaushaltsrechnung* wurde nach den durch die Verordnung über Finanzstatistik für die Länder getroffenen Bestimmungen bearbeitet.

Wie in den Vorjahren wurde allmonatlich in „Wirtschaft und Statistik" ein kurzer Bericht über die *Ausgaben und Einnahmen des Reichs* sowie über das *Reichssteueraufkommen im einzelnen* gegeben; eine ausführliche Darstellung erfolgte über die Ergebnisse des Rechnungsjahres 1928 sowie über die Halbjahresergebnisse April bis September 1929.

Nach Abschluß der Prüfung der finanzstatistischen Erhebungsbogen der Länder für das Rechnungsjahr 1926/27 wurde beschleunigt die Prüfung des Materials für 1927/28, das in der Hauptsache erst im Frühjahr und Sommer 1929 eingegangen war, durchgeführt. Diese Arbeiten sind im großen und ganzen bis Jahresschluß 1929 zu Ende geführt worden.

Als Abschluß der summarischen Veröffentlichungen vorläufiger Ergebnisse ist Anfang des Jahres 1929 in einem Sonderheft zu „Wirtschaft und Statistik" eine vergleichende Darstellung der Finanzwirtschaft der größeren deutschen Länder vorgenommen worden. Die weiteren Veröffentlichungen bestanden in der umfangreichen Einzelschrift *„Verwaltungsaufbau, Steuerverteilung und Lastenverteilung im Deutschen Reich"* sowie in der nunmehr fertiggestellten, ebenfalls sehr umfangreichen Schrift *„Ausgaben und Einnahmen der öffentlichen Verwaltung im Deutschen Reich für die Rechnungsjahre 1913/14. 1925/26 und 1926/27"*.

Die bereits im Winter 1928 begonnenen vierteljährlichen Übersichten über die *monatlichen Steuereinnahmen und Steuerüberweisungen der einzelnen deutschen Länder* wurden weiter regelmäßig mit besonderer Beschleunigung in „Wirtschaft und Statistik" veröffentlicht. Diese Nachweisungen sind neuerdings durch stärkere Ausgliederung nach Steuerarten sowie durch Vergleichsangaben der Ziffern des Vorjahres erweitert worden.

Eine ins einzelne gehende Veröffentlichung der monatlichen und vierteljährlichen Steuereinnahmen, die sich auf sämtliche Länder erstreckt und die Zeit von April 1926 bis März 1929 umschließt, wird demnächst als Ergänzungsheft zu den Vierteljahrsheften zur Statistik des Deutschen Reichs erscheinen. Ferner befindet sich eine nach dem Muster der „Statistischen Übersichten zum Reichshaushalt" aufbereitete, eingehende Zergliederung der Haushaltspläne der einzelnen Länder in Bearbeitung.

Die Arbeiten auf dem Gebiete der *Schuldenstatistik des Reichs, der Länder und der Gemeinden (Gemeindeverbände)* haben im allgemeinen dazu gedient, der durch die Verordnung vom 23. Juni 1928 neu eingeführten *Statistik* ihre endgültige Gestalt zu geben. Die Hauptarbeitsgebiete betrafen die Prüfung, Aufbereitung und Veröffentlichung der erstmaligen Erhebung (vom 31. März 1928), die Vorbereitung und Prüfung der zweiten Erhebung (vom 31. März 1929) und die Inangriffnahme der monatlichen und vierteljährlichen Statistik auf Grund der laufend eingereichten Veränderungsnachweise.

Die wichtigsten Ergebnisse konnten schon in der ersten Hälfte des Jahres in ausführlichen Veröffentlichungen in „Wirtschaft und Statistik" niedergelegt werden, vgl. *„Die Schulden der deutschen Länder"*, *„Die Altverschuldung und die Festwert- und Valutaschulden von Reich, Länder und Gemeinden"*, *„Die Schulden der Gemeinden und Gemeindeverbände insgesamt"*.

Außerdem sind im Statistischen Jahrbuch für 1929 die *Gesamtergebnisse über den Schuldenstand* am 31. März 1928 in ausführlicher Gliederung veröffentlicht worden. Eine zusammenfassende Darstellung ist bereits in Angriff genommen worden.

Die Arbeiten für die zweite Erhebung des Schuldenstandes (Stichtag 31. März 1929) begannen mit einer weitgehenden Abänderung der Erhebungsbogen, ferner wurde die Erhebung durch eine ausführliche Statistik der Zweckverbände und Unternehmungen ergänzt.

In den letzten Monaten des Jahres wurde die laufende Beobachtung der Schuldenbewegung der öffentlichen Körperschaften aufgenommen, so daß jetzt der Öffentlichkeit fortlaufend am Monats- und Quartalsende ein Überblick über den jeweiligen Stand der öffentlichen Schulden gegeben wird.

Nach Abschluß der Prüfungs- und Aufbereitungsarbeiten wurden die Ergebnisse der im Rahmen der Finanzstatistik durchgeführten *Personalstandserhebungen* vom 31. März 1927, die sich auf die Hoheits- und Kämmereiverwaltungen von Reich, Ländern und Gemeinden mit mehr als 2 000 Einwohnern und Gemeindeverbänden erstreckten, veröffentlicht.

Die Arbeiten an der *Finanzstatistik der Gemeinden und Gemeindeverbände* umfaßten

1. die Vorbereitung und Durchführung der Erhebung der Jahresaufstellungen über die Einnahmen und Ausgaben der Gemeinden (Gemeindeverbände) für das Rechnungsjahr 1928/29 sowie der periodischen Übersichten über deren Einnahmen aus Steuern im Rechungsjahr 1929/30,
2. die Prüfung und Aufbereitung der Ergebnisse der Jahresaufstellungen für die Rechnungsjahre 1926/27 und 1927/28,
3. eine Reihe von Veröffentlichungs- und Auswertungsarbeiten aus dem angefallenen Material auf dem Gebiete der Gemeindefinanzstatistik sowie die Mitarbeit an Veröffentlichungen, die eine Gesamtbetrachtung der finanzstatistischen Ergebnisse von Reich, Ländern und Gemeinden (Gemeindeverbänden) betrafen.

Im Druck befinden sich folgende Einzelschriften:
„Die Steuereinnahmen von Reich, Ländern und Gemeinden in den Rechnungsjahren 1925/26 bis 1927/28“,
„Die Auswirkung des Finanzausgleichs auf die Finanzwirtschaft von Reich, Ländern und Gemeinden“ und
„Die Gemeindebetriebe im Rechnungsjahr 1927/28“.

In Arbeit befinden sich ferner neben einer Personalstands- und Schuldenstatistik von Reich, Ländern, Gemeinden und Gemeindeverbänden noch Einzelschriften über
„Die wichtigsten Verwaltungszweige und ihre Bedeutung für die Finanzwirtschaft von Reich, Ländern und Gemeinden in der Vor- und Nachkriegszeit“ und
„Die öffentliche Einnahmewirtschaft in der Vor- und Nachkriegszeit“.

„Die kassenmäßigen Steuereinnahmen der Länder und Gemeinden (Gemeindeverbände) vom April 1926 bis März 1929“ wurden in einem Ergänzungsheft zu den Vierteljahrsheften veröffentlicht.

In Vorbereitung ist zur Zeit eine Monographie, die sich mit den Ursachen der Steigerung des Finanz- und Zuschußbedarfs in den einzelnen Verwaltungszweigen unter Berücksichtigung der Ergebnisse des Rechnungsjahres 1927/28 und der ungeprüften Ergebnisse des Rechnungsjahres 1928/29 befassen wird.

Die Untersuchung der Zusammenhänge zwischen dem *„Öffentlichen Haushalt und dem Wirtschaftsverlauf“* wurde im Herbst 1929 neu aufgenommen. Fertiggestellt oder dem Abschluß nahe sind bisher Arbeiten über *Kapitalbildung* und *Besteuerung*, über die konjunkturelle Bedeutung der *Lohnsteuer* und der *Umsatzsteuer* sowie der *Verbrauchs-* und *Verkehrsbesteuerung;* in Angriff genommen sind Vorarbeiten über die *Besteuerung der öffentlichen Hand.*

Einen breiten Raum haben im Berichtsjahr die *steuerlichen Belastungsuntersuchungen eingenommen.*

Die Untersuchung der *Steuerbelastung der Industrie* erstreckte sich auf die Stellung der Besteuerung im deutschen Steuersystem, auf Entwicklung und Stand der steuerlichen Beanspruchung sowie auf die Auswirkungen des Steuersystems für die verschiedenen Branchen. Die Grundlagen der Untersuchungen bildeten einzelne auf Typen aus der Praxis gestützte Betriebsmuster unter Berücksichtigung der bilanztechnischen, steuerstatistischen und steuerrechtlichen Unterlagen. Die Ergebnisse dieser Untersuchungen werden in einer Einzelschrift „Steuerbelastung der Industrie 1926—1928“ zusammengefaßt werden. Ferner ist eine Monographie über die *Besteuerung der Banken* unter besonderer Berücksichtigung der Kreditbanken fertiggestellt worden.

Eine Untersuchung über die *Steuerbelastung des städtischen Grundbesitzes* (Einzelschrift) ist abgeschlossen.

In einer Einzelschrift wurde eine *steuergeographische* Arbeit über die *Steuerkraft der Finanzamtsbezirke* veröffentlicht, die ihre Fortsetzung in einer Arbeit über die *Entwicklung der Steuerkraft in den Finanzamtsbezirken* in den Jahren 1924—1928 findet.

Die *Steuerbelastung der Landwirtschaft* ist insbesondere im Zusammenhang mit dem Ausschuß zur Prüfung der Frage einer vereinfachten Besteuerung der Landwirtschaft Gegenstand statistischer Untersuchungen gewesen. Fertiggestellt wurde eine vorläufig als Manuskript gedruckte Denkschrift „Die Landwirtschaft in der Steuerstatistik“. Weitere einschlägige Arbeiten wurden mehrfach in „Wirtschaft und Statistik“ veröffentlicht, z. B. „Die Einkünfte aus Land- und Forstwirtschaft nach der Einkommensteuerveranlagung 1925“ und „Landwirtschaftliche Betriebe ohne einkommensteuerpflichtigen Reinertrag“. Einige sonstige für den genannten Ausschuß bestimmte Untersuchungen sind zur Veröffentlichung bereit: („Die Verschuldung, Zinsbelastung und Steuerleistung bäuerlicher Betriebe“, „Die Steuerleistung der Bevölkerung in typischen Landgemeinden“, „Die Steuerbelastung landwirtschaftlicher Betriebe“, sowie eine Einzeldarstellung „Die Wirtschaftsstruktur in den Landgemeinden“).

Auf dem Gebiet der *steuerlichen Beanspruchung der Verbrauchswirtschaft* sind zunächst die Arbeiten im Bereiche des internationalen Vergleichs der verbrauchswirtschaftlichen Steuerbelastung zu einem vorläufigen Abschluß gebracht worden.

Die *Steuerbelastung des deutschen Familienhaushalts* ist nach den Gesichtspunkten der interlokalen und sozialen Verschiedenheiten der Steuerwirkung untersucht worden. Ferner sind Einzeluntersuchungen über die *fiskalische Belastung* wichtiger Bedarfsgegenstände durch Zölle, Verbrauchs-, Umsatz- und Beförderungssteuer vorgenommen worden. Diese Untersuchungen liegen zum größten Teil bereits im Manuskript vor.

Über *Volkseinkommen* und *Volksvermögen* sind nach Abschluß der Arbeiten für die Pariser Sachverständigenkonferenz drei für den Enquête-Ausschuß bestimmte Denkschriften fertiggestellt worden: „Das deutsche Volkseinkommen vor dem Kriege“, „Aufbau und Entwicklung des deutschen Volkseinkommens in der Vorkriegszeit“ und „Das deutsche Volkseinkommen im Jahre 1926 und seine Strukturwandlungen gegenüber der Vorkriegszeit“. Zur Zeit wird an der Fortführung und Vertiefung der Volks-Einkommensuntersuchungen sowie an einer „Untersuchung über Kapitalaufbau und Kapitalreproduktion in der deutschen Wirtschaft für die Zwecke der Finanzreform“ gearbeitet.

Auf dem Gebiet der Statistik der *Finanzen und Steuern des Auslandes* wurde eine international vergleichende „Statistik der Staatsausgaben und Staatseinnahmen für Großbritannien, Frankreich, Belgien, Italien und die Vereinigten Staaten von Amerika“ in Anlehnung an das Muster der Reichsfinanzstatistik in Angriff genommen, die die Rechnungsjahre 1925—1930 umfaßt. Das hierbei gewonnene Zahlenmaterial wird zugleich auch durch einen internationalen Vergleich der Aufgaben und der Organisation der öffentlichen Verwaltung verwertet. Diese Arbeiten, die im Hinblick auf die kommende Verwaltungs- und Finanzreform von besonderer Bedeutung sind, sollen als „Internationaler Vergleich des öffentlichen Aufwandes und seiner Deckung“ verbunden mit einem „Internationalen Vergleich der Aufgaben und des Aufbaues der öffentlichen Verwaltung“ demnächst veröffentlicht werden.

In „Wirtschaft und Statistik“ erschien eine Einzeldarstellung über den *„Finanzbedarf der öffentlichen Verwaltung nach Gebietskörperschaften im Deutschen Reich, in den Vereinigten Staaten von Amerika, England und Wales, Schweden, Belgien und Polen“*. Ferner wurden für „Wirtschaft und Statistik“ fertiggestellt Untersuchungen über den *„Finanzbedarf der Gemeinden und Gemeindeverbände nach Aufgabengebieten im Deutschen Reich, in den Vereinigten Staaten von Amerika, England und Wales, Schweden, Belgien und Polen“; über den „Aufbau und Finanzbedarf des englischen Elementarschulwesens“*, sowie über *„Finanzbedarf und Organisation der Rechtspflege in Belgien“*.

Internationale Steuerstatistik. Die im Material für die Pariser Reparationskonferenz niedergelegten Übersichten über die Steuersysteme des Auslandes und die Versuche eines internationalen Steuerbelastungsvergleichs wurden weiter ausgebaut und fortgeführt. Die Ergebnisse sind veröffentlicht in der Einzelschrift: *„Die Staatseinnahmen aus Steuern und Zöllen im Deutschen Reich und im Auslande in den Jahren 1925, 1926, 1927 und 1928"* und in einer Darstellung über die *„Getränkesteuern im Verbrauchsteuersystem Frankreichs 1913 und 1927"* (Wirtschaft und Statistik). Weitere Einzelschriften *„Unterlagen für einen Vergleich der Steuerbelastung des gewerblichen Einkommens im Deutschen Reich,* in *Frankreich, Großbritannien, Italien und Österreich"*, sowie über die *Internationale Belastung der Landwirtschaft,* über die *Internationale Doppelbesteuerung* und über die *Verbrauchsbesteuerung im In- und Auslande* sind nahezu fertiggestellt.

Die *Statistik des deutschen und ausländischen Geld- und Börsenwesens* wurde im allgemeinen im bestehenden Umfange weitergeführt.

In der *Bank- und Kreditstatistik* wurden die eingeleiteten Erhebungen über die Bilanzen der Banken, Sparkassen, Kreditgenossenschaften und Versicherungsunternehmungen in dem vorgesehenen Rahmen weiterentwickelt. Zwecks vollständiger statistischer Erfassung der Kapitalbildung wurde eine Zweimonatsstatistik für die Kapitalanlagen der Invalidenversicherungsanstalten angebahnt. Im Zusammenhang mit dem Kreditanstaltengesetz vom Jahre 1927 wurde eine Neuformung der monatlichen Erhebung über den Umlauf an Schuldverschreibungen der Bodenkreditinstitute eingeleitet.

Die laufenden *Statistiken der Gründung und Auflösung von Unternehmungen, der Bewegung und des Stimmrechts der Aktiengesellschaften, der Emissionen im Inlande, des Umlaufs der Wertpapiere und der Aufnahme von Auslandsanleihen sind,* wie im Vorjahre, weitergeführt worden, ebenso in der 1928 zum ersten Mal gegebenen erweiterten Form die *Statistik der Bilanzen der Aktiengesellschaften.* Zum ersten Mal konnten die Ergebnisse der Bilanzstatistik den aus der Steuerstatistik ermittelten Umsätzen der Aktiengesellschaften gegenübergestellt werden. Monatliche Zusammenstellungen wurden in „Wirtschaft und Statistik", jährliche Übersichten im Statistischen Jahrbuch für das Deutsche Reich veröffentlicht.

Die *Untersuchung der deutschen Kapitalbildung* seit 1924 steht vor dem Abschluß.

Die Untersuchungen über *internationale Kapitalverflechtung* im Anschluß an die Emissions- und Konzernstatistik wurden fortgeführt und auch zu Veröffentlichungen in „Wirtschaft und Statistik" ausgewertet. Die Angaben über die deutsche Zahlungsbilanz konnten für das Jahr 1928 mit Unterstützung der Banken und Versicherungsgesellschaften in ausführlicherer und verbesserter Form gegeben werden.

Bei der *Insolvenzstatistik* hat sich eine Erfassung der Schulden bei Konkurseröffnung und eine Ausdehnung auf die Zwangsversteigerungen und Wechselproteste als notwendigkeit erwiesen. Die Ergebnisse der Insolvenzstatistik wurden in „Wirtschaft und Statistik", in den Vierteljahrsheften zur „Statistik des Deutschen Reichs" und im Statistischen Jahrbuch für das Deutsche Reich veröffentlicht. Außerdem wurden die vorläufigen Zahlen über Konkurse und Vergleichsverfahren jeweils in den ersten Tagen des Monats durch das Wolff'sche Telegraphenbüro bekanntgegeben.

Auf dem Gebiete der *„Regionalen Marktstatistik"* wurden regionale Untersuchungen über den Binnenmarkt, insbesondere den Markt für Verbrauchsgüter, durchgeführt. Ferner wurden Arbeiten über die Grenzgebiete des Reichs (einschließlich Saargebiet) aufgenommen, deren Veröffentlichung in „Wirtschaft und Statistik" vorgesehen ist. Die Untersuchungen über die regionale Neugliederung des Reichs wurden fortgeführt.

Die Arbeiten in der *„Internationalen Handels- und Marktstatistik"* konnten für einzelne Marktgebiete, wenn auch noch in engem Rahmen, in Angriff genommen werden. Über die Bewegung des internationalen Handels wurde vierteljährlich in „Wirtschaft und Statistik" berichtet. Jahresübersichten über den internationalen Handel wurden in den Bänden zur Statistik des Deutschen Reichs und im Statistischen Jahrbuch für das Deutsche Reich 1929 veröffentlicht. Einen erheblichen Umfang hatte nach wie vor die mündliche und schriftliche Erteilung von Auskünften.

Die Arbeiten der *„Ausländischen Länderstatistik"* wurden im vergangenen Jahr planmäßig fortgesetzt. Die Ergebnisse sind in vierteljährlichen Berichten über die Konjunkturentwicklung im Auslande und vor allem in dem Band „Die Wirtschaft des Auslandes; Entwicklungen in der Weltwirtschaft 1928" niedergelegt. In diesem Bande wird der im Vorjahr erschienene Bericht „Die Wirtschaft des Auslandes 1900 bis 1927" fortgesetzt und ergänzt. Für die 45 Länder dieser Veröffentlichung wurde der Jahresbericht für 1928, für 16 weitere Länder ein Überblick über die Wirtschaftsentwicklung seit dem Jahre 1900 gegeben.

Mit diesem zweiten Bande ist die Gesamtdarstellung der Wirtschaftsentwicklung seit der Jahrhundertwende für alle wirtschaftlich wichtigen Länder vollendet. Über die weitere Entwicklung dieser Länder wird künftig in gekürzter Form berichtet werden.

Kulturstatistik

Die Kriminalstatistik ist seit dem Jahre 1928 im Einvernehmen mit dem Reichsjustizministerium wegen ihrer Bedeutung für die Strafrechtsreform durch Erhebungen über Alter und Beruf des Täters erweitert worden. Außerdem wird neuerdings eine eingehendere örtliche Gliederung der Verurteilten durchgeführt.

Die *Internationale Kriminalstatistik* wurde im Hinblick auf die Wiederaufnahme international-kriminalstatistischer Forschungen durch das „Internationale Statistische Institut" und die „Internationale Strafrechts- und Gefängniskommission" durch methodische Untersuchungen und Sammlung praktischer statistischer Ergebnisse fremdländischer Kriminalstatistiken weiter ausgebaut.

Neben der *Reichsschulstatistik*, die alle 5 Jahre erhoben wird, und deren Veröffentlichung für die Erhebung 1926/27 in einem Sonderheft zu den Vierteljahrsheften erfolgt, wird eine besondere Statistik über die *Hochschulen* geführt, die sich in der Hauptsache auf den Länderstatistiken und nur zum Teil auf unmittelbaren Erhebungen aufbaut. Sie wird semesterweise in Sonderheften zu den Vierteljahrsheften veröffentlicht.

Die spezielle *Kulturstatistik* wird unter Zugrundelegung des von dem Internationalen Institut für geistige Zusammenarbeit in Paris aufgestellten Plans bearbeitet. Sie umfaßt Schul- und Hochschulunterricht, wissenschaftliche Institute, Museen, Bibliotheken, Archive, Kulturdenkmäler, Verlagswesen, Theater, Konzerte, Lichtspiele, Rundfunk, Beihilfen und Unterstützungen, Erfindungen und freie Berufe. Das hierüber von den Ländern angeforderte Material wird im Statistischen Reichsamt verarbeitet.

Wahlstatistik

Die Statistik der Reichstagswahlen 1928 erscheint in den Bänden der Statistik des Deutschen Reichs in 3 Heften. Das 1. Heft, das in der Hauptsache die sogenannte Verbandsverrechung (Reststimmenermittlung) und die Wahlvorschläge enthält, ist bereits fertiggestellt, auch das 2. Heft, das die eigentliche Wahlstatistik wiedergibt (Ergebnisse der Wahlen nach Wahlkreisen, unteren Verwaltungsbezirken und Gemeinden mit mehr als 2 000 Einwohnern sowie nach Ländern und Landesteilen) steht vor dem Abschluß. Mit den Vorarbeiten für das 3. Heft, das Einzeldarstellungen zu den Reichstagswahlen 1928 sowie Übersichten über das endgültige Ergebnis der Wahlen nach den Urteilen des Wahlprüfungsgerichts bringen wird, ist bereits begonnen; es kann voraussichtlich jedoch erst im Haushaltsjahr 1930 erscheinen. Dem Wunsche des Reichsministeriums des Innern entsprechend ist beabsichtigt, eine Veröffentlichung über Volksbegehren und Volksentscheid „Freiheitsgesetz" herauszugeben.

Anlage 4

Tätigkeitsbericht des Vorläufigen Reichswirtschaftsrats

Der vorläufige Reichswirtschaftsrat hat wie in den vorhergehenden Jahren so auch im Berichtsjahre Vollversammlungen nicht mehr abgehalten, seine Arbeiten vielmehr in den Ausschüssen erledigt. Folgende Vorlagen wurden behandelt:

a) *Vom Wirtschaftspolitischen Ausschuß.*

1. Gutachten zu der Frage, wie die Befugnis zur Führung des Meistertitels in Verbindung mit einer Bezeichnung, die auf eine Tätigkeit im Baugewerbe hinweist, geregelt werden soll und welche Forderungen aus dieser Regelung für den Schutz der Berufsbezeichnung der Privatarchitekten usw. abzuleiten sind;
2. Entwurf eines Gesetzes zur Änderung der Titel II bis V der Gewerbeordnung;
3. Entwurf eines Gesetzes zur Änderung der §§ 16, 18, 21, 23 und 27 der Gewerbeordnung;
4. Gutachten über die wirtschaftlichen Wirkungen des Zugabewesens;
5. Entwurf eines Gesetzes über den Verkehr mit Milch, Milchzubereitungen und Milcherzeugnissen (Milchgesetz).

b) *Vom Wirtschaftspolitischen und vom Finanzpolitischen Ausschuß gemeinsam.*

1. Gutachten zu der Frage, ob gesetzliche Maßnahmen zum Schutze der Inflationsverkäufer von Grundstücken getroffen werden sollen;
2. Entwurf eines Zündwarenmonopolgesetzes;
3. Entwurf eines Gesetzes über Zolländerungen.

c) *Vom Sozialpolitischen Ausschuß.*

1. Entwurf eines Verzeichnisses der dem § 7 der Arbeitszeitverordnung zu unterstellenden Gewerbezweige und Gruppen von Arbeitern;
2. Entwurf eines Berufsausbildungsgesetzes;
3. Entwurf eines Bergarbeitsgesetzes;
4. Gutachten zu einer vorgeschlagenen Änderung des § 59 des Handelsgesetzbuchs;
5. Entwurf eines Hausgehilfengesetzes.

d) *Vom Finanzpolitischen Ausschuß*

1. Entwurf eines Gesetzes zur Änderung des Biersteuergesetzes;
2. Entwurf eines Gesetzes zur Änderung des Gesetzes über das Branntweinmonopol;
3. Entwurf eines Dritten Gesetzes zur Änderung des Einkommensteuergesetzes;
4. Entwurf eines Gesetzes über die Feststellung des Reichshaushaltsplans für das Rechnungsjahr 1929, und zwar auszugsweise den § 9, der die Vermögensteuer betrifft;
5. Entwurf eines Gesetzes über Änderung des § 26 des Vermögensteuergesetzes;
6. Entwurf eines Gesetzes zur Änderung des Erbschaftsteuergesetzes;
7. Entwurf eines Gesetzes zur Änderung des Wechselsteuergesetzes;
8. Entwurf eines Dritten Gesetzes zur Verlängerung der Geltungsdauer des Steuermilderungsgesetzes.

e) *Vom Ausschuß für Siedlungs- und Wohnungswesen.*

1. Entwurf von Reichsrichtlinien für das Wohnungswesen;
2. Entwurf zu einem Gesetz über die Gemeinnützigkeit von Wohnungsunternehmen;
3. Entwurf eines Gesetzes über Zuschüsse aus Reichsmitteln für die Ansiedlung von Landarbeitern.

f) *Vom Unterausschuß des Verfassungsausschusses.*

1. Stellungnahme zu den Beschlüssen des Volkswirtschaftlichen Ausschusses des Reichstags zum Gesetzentwurf über den endgültigen Reichswirtschaftsrat.

Außerdem sind folgende Initiativanträge behandelt:

a) *Vom Wirtschaftspolitischen Ausschuß.*

1. Antrag C. F. von *Siemens*, betreffend Behandlung der wichtigen Fragen unseres binnenländischen Verkehrs vom Standpunkte des volkswirtschaftlichen Interesses.

b) *Vom Sozialpolitischen Ausschuß.*

1. Antrag *Cohen,* betreffend Prüfung der Frage, ob und wieweit eine Angleichung der reichsdeutschen und der deutsch-österreichischen Sozialgesetzgebung möglich ist;
2. Antrag *Hansen* über die Förderung der beruflichen Aus- und Fortbildung der gewerblichen und kaufmännischen Jugend durch vorübergehende Beschäftigung im Ausland.

Sitzungen haben im Jahre 1929 abgehalten:

Der Wirtschaftspolitische Ausschuß		10 Sitzungen
seine Arbeitsausschüsse	zusammen	61 Sitzungen
der Sozialpolitische Ausschuß		11 Sitzungen
seine Arbeitsausschüsse	zusammen	104 Sitzungen
der Finanzpolitische Ausschuß		6 Sitzungen
seine Arbeitsausschüsse	zusammen	14 Sitzungen
der Ausschuß für Siedlungs- und Wohnungswesen		6 Sitzungen
seine Arbeitsausschüsse	zusammen	25 Sitzungen
der Unterausschuß des Verfassungsausschusses		1 Sitzung
der Vorstand		1 Sitzung

Anlage 5

Tätigkeitsbericht des Reichswirtschaftsgerichts

Die Verfassung und das Verfahren des Reichswirtschaftsgerichts sind durch die Verordnung vom 21. Mai 1920 in der ihr durch das Gesetz vom 30. Juli 1921 (Reichsgesetzbl. S. 1041), durch § 8 der Verordnung vom 13. Februar 1924 (Reichsgesetzbl. I S. 155) und durch das Reichsgesetz vom 31. März 1928 (Reichsgesetzbl. I S. 135) gegebenen Fassung geregelt. Gemäß § 4 a. a. O. sind 14 Senate gebildet. Das Gericht hat seinen Sitz in Berlin, kann aber auch außerhalb Berlins Sitzungen abhalten.

Die Senate entscheiden in der Besetzung von einem Vorsitzenden sowie von rechtskundigen und sachverständigen Beisitzern. Die Zahl der Beisitzer überhaupt und das zahlenmäßige Verhältnis von rechtskundigen zu sachkundigen Beisitzern sind entsprechend der Verschiedenheit der Aufgaben der einzelnen Senate und der Streitwerte gesetzlich verschieden geregelt (§§ 7, 10 VO). Als sachkundige Beisitzer, die für jeden Einzelfall aus einer vom vorläufigen Reichswirtschaftsrat aufgestellten Vorschlagsliste auszuwählen sind und ihre Tätigkeit ehrenamtlich ausüben, stehen dem Reichswirtschaftsgericht über 2 000 Persönlichkeiten zur Seite.

Die *wichtigsten* der dem Reichswirtschaftsgericht übertragenen Aufgaben ergeben sich aus folgender Übersicht:

I. Auf Grund der Gesetze, die zur *Erfüllung der dem Reiche im Versailler Vertrag auferlegten Verpflichtungen* erlassen worden sind, ist das Reichswirtschaftsgericht zur Entscheidung der Streitigkeiten berufen, die sich bei der Anwendung dieser Gesetze und der zu deren Ausführung erlassenen Verordnungen ergeben. Die Entscheidungen betreffen:

1. die endgültige Festsetzung einer angemessenen Entschädigung oder Vergütung für die an vormals feindliche Mächte abzuliefernden oder zurückzugebenden Güter, die das Reich anzufordern und gegebenenfalls zu enteignen gezwungen ist;
2. die letztinstanzliche Festsetzung einer angemessenen Entschädigung für die durch Liquidation der alliierten und assoziierten Mächte verursachten Schäden;
3. die letztinstanzliche Festsetzung der Entschädigungen für Auslands-, Kolonial- und Verdrängungsschäden;

4. die letztinstanzliche Festsetzung der Vergütung für Besatzungsleistungen und -vermögensschäden sowie der Entschädigung für die durch die Besetzung deutschen Reichsgebiets verursachten Personenschäden;
5. Abrechnungen und Verfahrensentscheidungen des Reichsausgleichsamts sowie die Aufhebung oder Abänderung von Verträgen gemäß § 54 des Reichsausgleichsgesetzes.

II. Auf dem Gebiete der Regelung der Wirtschaft durch den Staat sind dem Reichswirtschaftsgericht u. a. übertragen:
1. die Entscheidung über die Rechtmäßigkeit der Verfallerklärung von Waren, die unter Verletzung der Einfuhrverbote eingeführt worden sind, sowie über die gesetzliche Zulässigkeit und Höhe einer angemessenen Entschädigung für verfallen erklärte Waren, soweit der Wert der beschlagnahmten Gegenstände 1 000 RM übersteigt;
2. die Entscheidung über das Rechtsmittel der Beschwerde gegen Maßnahmen der Verwaltung, die bei der Regelung des Verkehrs mit unedlen Metallen getroffen worden sind (Versagung oder Zurücknahme der Großhandelsbescheinigung).
3. die Entscheidung über das Rechtsmittel der Berufung gegen Schiedssprüche, die die Abänderung solcher Abmachungen betreffen, die zur Lieferung von elektrischer Arbeit, Gas und Leitungswasser verpflichten;
4. die Festsetzung des Umfanges der durch die Postverwaltung einzelnen Luftfahrtunternehmen zur Beförderung von Postsendungen auferlegten Verpflichtung und der hierfür zu leistenden Vergütung;
5. die Entscheidung über den Antrag auf Entziehung der Berechtigung zum geschäftsmäßigen Betriebe von Depot- und Depositengeschäften in erster und einziger Instanz;
6. die Entscheidung über die Beschwerde nach § 4 des Gesetzes über einen Ausschuß zur Untersuchung der Erzeugungs- und Absatzbedingungen der deutschen Wirtschaft vom 15. April 1926.

III. Auf dem Gebiet der Ablösung der Markanleihen des Reichs entscheidet das Reichswirtschaftsgericht über die Festsetzung einer Ordnungsstrafe in den Fällen des § 55 des Gesetzes vom 16. Juli 1925.

IV. Auf dem Gebiete der Aufwertung entscheidet das Reichswirtschaftsgericht in letzter Instanz über alle bei der Aufwertung von Ansprüchen gegenüber Fabrik- oder Werksparkassen oder Betriebspensionskassen den beteiligten Gläubigern gegenüber einheitlich zu entscheidenden Fragen.

V. Im Verfahren, betreffend den Ersatz von Unruheschäden, entscheidet das Reichswirtschaftsgericht über Beschwerden gegen Entscheidungen der auf Grund des Reichsunruheschädengesetzes errichteten Ausschüsse.

VI. Das Reichswirtschaftsgericht entscheidet ferner über die Beschwerde nach § 104 r der Gewerbeordnung (in der Fassung des Gesetzes zur Änderung der Gewerbeordnung — Handwerks-Novelle —).

Das Reichswirtschaftsgericht entscheidet in der Regel in der Rechtsmittelinstanz, in einigen Fällen auch in erster und einziger Instanz.

Nach der Verordnung vom 18. Februar 1920 und nach § 3 der Verordnung über das Reichswirtschaftsgericht kann das Reichswirtschaftsgericht auch bei gewissen anderen, vorstehend nicht erwähnten wirtschaftlichen Streitigkeiten durch *Vereinbarung* der Parteien für zuständig erklärt werden.

Der Präsident und zwei Senatspräsidenten des Reichswirtschaftsgerichts sind zugleich Mitglieder des Wahlprüfungsgerichts für den vorläufigen Reichswirtschaftsrat.

Seit Beginn des Jahres 1929 ist bei dem Reichswirtschaftsgericht ein Rückgang in dem Anfall neuer Streitsachen eingetreten.

Auch für das Geschäftsjahr 1930 kann mit einer weiteren wahrscheinlich nicht unerheblichen Verringerung der Dienstgeschäfte gerechnet werden. Doch lassen sich über die künftige Geschäftsbelastung des Reichswirtschaftsgerichts irgendwie verläßliche Angaben nicht machen, zumal sich nach den bei der zweiten Zone gemachten

Erfahrungen die Auswirkung einer Räumung der 3. Besatzungszone auf die Tätigkeit des Reichswirtschaftsgerichts auch einer einigermaßen zutreffenden Schätzung vollkommen entzieht.

Anlage 6

Tätigkeitsbericht des Kartellgerichts

Das Kartellgericht ist durch die Verordnung gegen Mißbrauch wirtschaftlicher Machtstellungen vom 2. November 1923 (Reichsgesetzbl. I S. 1067) bei dem Reichswirtschaftsgericht errichtet worden.

Das Kartellgericht entscheidet in der Besetzung von einem Vorsitzenden und vier Beisitzern (1 Reichswirtschaftsgerichtsrat, 1 Vertreter des Gemeinwohls, 2 Vertretern der widerstreitenden Belange). Für das Verfahren gelten im wesentlichen die Verfahrensvorschriften des Reichswirtschaftsgerichts entsprechend (VO v. 2. November 1923 — Reichsgesetzbl. S. 1071 —).

Das Kartellgericht entscheidet *in der Hauptsache:*

1. auf Antrag des Reichswirtschaftsministers oder des Reichsministers für Ernährung und Landwirtschaft darüber,
a) ob ein Kartellvertrag oder Kartellbeschluß wegen Gefährdung der Gesamtwirtschaft oder des Gemeinwohls für nichtig zu erklären oder eine bestimmte Art der Durchführung eines derartigen Vertrags oder Beschlusses zu untersagen ist (KartVO § 4 Abs. 1 Nr. 1, § 7),
b) ob Vertragsparteien allgemein das Recht zugesprochen werden soll, von Verträgen zurückzutreten, wenn diese Verträge auf Grund von Geschäftsbedingungen oder Arten von Preisfestsetzungen von Unternehmungen oder Zusammenschlüssen von Unternehmungen abgeschlossen worden sind, die geeignet sind, unter Ausnützung einer wirtschaftlichen Machtstellung die Gesamtwirtschaft oder das Gemeinwohl zu gefährden (§ 10 KartVO);
2. auf Antrag eines Beteiligten darüber,
a) ob die von einem Kartellmitgliede auf Grund des § 8 der KartVO ausgesprochene Kündigung zulässig war,
b) ob Sperren und Sicherheiten verwertet werden dürfen (§ 9 KartVO).

Hinsichtlich der übrigen dem Kartellgericht und dessen Vorsitzenden übertragenen Aufgaben wird auf die §§ 4, 7, 12 Abs. 3 Satz 2, 15, 17, 20 und 21 der Kartellverordnung verwiesen.

Das Schwergewicht der Tätigkeit des Kartellgerichts lag im Kalenderjahre 1929 in der Anwendung der Vorschriften der §§ 8 und 9 KartVO. In geringerem Umfange kam die Anwendung der Vorschriften der §§ 12 Abs. 3 und 17 KartVO in Betracht.

Gemäß § 20 KartVO wurden 2 Gutachten erfordert. In dem einen Falle handelte es sich um die Frage, ob die Vorschriften des § 9 Abs. 1 KartVO auf das Verhalten der Stahlwerksverband-A.G. und des Verbandes Rheinisch-Westfälischer Eisengroßhändler G.m.b.H., Düsseldorf, bzw. der Unterverbände dieser beiden Organisationen gegenüber der Westdeutschen Eisenhandel-G.m.b.H. Anwendung zu finden haben. Im anderen Falle handelte es sich um eine gutachtliche Äußerung darüber, ob die Weigerung des Norddeutschen Cement-Verbandes

a) der Landwirtschaftlichen Zentralgenossenschaft e. G. m. H. in Dresden,
b) der Schlesischen Raiffeisen-Handels-Aktiengesellschaft in Breslau, Sidonienstraße,
c) der Einkaufsgenossenschaft für das Baugewerbe e. G. m. b. H. in Berlin W, Am Karlsbad 10,
d) der Baustoffhandels-Gesellschaft G. m. b. H. in Dresden diejenigen Preise und Rabatte einzuräumen, die er „anerkannten Händlern" im Geschäftsverkehr gewährt, die Verhängung einer Sperre im Sinne des § 9 Abs. 1 KartVO in sich schließt. Dieses Gutachten ist noch nicht erstattet.

Wie sich die Geschäftsbelastung des Kartellgerichts in dem neuen Geschäftsjahr gestalten wird, ist nicht vorauszusehen, da erfahrungsgemäß die Bewegung der Konjunktur auf den einzelnen Gebieten der Wirtschaft das Gefüge und die Wirksamkeit der jeweils auf diesen Gebieten tätigen Organisationen erheblich beeinflußt.

Anlage 7

Die wirtschaftliche Lage der Baumwollindustrie

Die Untersuchung der wirtschaftlichen Verhältnisse der deutschen Baumwollindustrie, die im Reichswirtschaftsministerium unter Leitung des Ministerialdirektors a. D. Bail aus Anlaß der Anträge auf Erhöhung der Zölle für Baumwollgarne und und Baumwollgewebe vorgenommen worden ist, hat ergeben, daß die Angaben der deutschen Baumwollindustrie über ihre ungünstige Lage im allgemeinen zutreffend sind.

I. Die *Beschäftigung* der untersuchten Betriebe lag im Jahre 1928 rund 10—20 % unter ihrer vollen Leistungsfähigkeit. Bis Oktober 1929 haben sich die Verhältnisse noch weiter verschärft, so daß heute die Baumwollindustrie nur mit $^2/_3$ bis $^3/_4$ dieser Leistungsfähigkeit arbeitet. Der Absatz im Inlande hatte schon im Jahre 1928 erheblich nachgelassen: er ist dann seit Anfang 1929 noch mehr zurückgegangen und zeigt auch zur Zeit nur vereinzelt eine leichte Besserung. Dem entspricht, daß die *Einfuhr* an Baumwollgarnen und noch mehr an Baumwollgeweben nach der ungewöhnlichen Höhe des Hochkonjunkturjahres 1927 fortlaufend zurückgegangen ist.

Zwischen den *Selbstkosten* der Herstellung von Baumwollgarnen, soweit sie Gegenstand der Untersuchung gewesen sind (Garne, Nessel, Kattun), und ihren Absatzpreisen besteht ein Mißverhältnis. Bei den untersuchten Betrieben liegen die Absatzpreise fast durchweg erheblich, vielleicht bis zu 10 % und mehr, unter den rechnerisch ermittelten Selbstkosten, wenn man die Verzinsung für das Umlaufskapital in diese einbezieht; sie liegen teilweise unter den Preisen, die sich aus Auslandspreisen zuzüglich Zoll ergeben. Die Angabe der Spitzenverbände der Baumwollspinnerei und der Baumwollweberei, daß die Selbstkosten seit etwa Jahresfrist durchschnittlich rd. 10 % über den Verkaufspreisen liegen, erscheint nach dem Gang der Ermittlungen glaubhaft.

II. Die ungünstige Lage der Baumwollindustrie ist in erster Linie in den Verhältnissen des Absatzes und der Produktion begründet. Das Hochkonjunkturjahr 1927 hatte eine übersteigerte Bedarfsdeckung und eine über den vermehrten Absatz noch hinausgehende Steigerung der Inlandsproduktion und der Einfuhr gebracht. Diese *Über- und Voreindeckung* mußte in der Folgezeit einen Rückgang des Absatzes herbeiführen. Dazu trat die schlechte Lage des *Arbeitsmarktes* und der Rückgang der *allgemeinen Konjunktur*. Da die Erzeugnisse der Baumwollindustrie im wesentlichen von der breiten Masse gekauft werden, hat sich der Verbrauch entsprechend weiter verringert.

Den Bedarf im Inlande beeinflußte ferner die Mode durch die *Einschränkung des Wäschebedarfs* der Frau und den teilweisen Ersatz von Waren aus Baumwolle durch solche aus *Kunstseide*. Die Wirkung dieser Bedarfsverschiebung läßt sich allerdings ebensowenig genügend übersehen, wie die der anscheinend eingetretenen Steigerung des technischen Bedarfs.

Seit Anfang des Jahres 1927 zeigt sich demgegenüber auf seiten der Produktion eine *erhebliche Verstärkung der Produktionsmittel* der deutschen Baumwollindustrie. Die Spindelzahl stieg vom 1. Januar 1927 bis 31. Juli 1929 um etwa 8 %. Die Leistungsfähigkeit der Spinnereien hat sich außerdem noch dadurch vergrößert, daß die Zahl der Ringspindeln gegenüber der Zahl der Selfaktorspindeln gestiegen ist. Die Baumwollweberei ist in starkem Umfange zur Automatisierung der Webstühle geschritten.

Nicht ohne Einfluß auf die Produktion sind auch die *strukturellen Verschiebungen im Absatz* geblieben, die durch unmittelbaren Bezug von Einkaufskonzernen und

Warenhäusern zu einer teilweisen Ausschaltung des Großhandels geführt haben. Dadurch wird die Baumwollindustrie mehr als früher von den Schwankungen des Absatzes und der Mode unmittelbar getroffen.

Im Zusammenhang mit dem Wandel des Absatzes zeigt sich eine Verkleinerung der einzelnen herzustellenden Posten und eine Vermehrung der Nachfrage nach ausgerüsteter Ware anstatt nach roher Ware. Dadurch sind *Versandspesen und Umlaufzeit* in der Fabrikation größer geworden.

Trotz der schlechten Absatzverhältnisse ist offenbar noch lange Zeit *über die Absatzmöglichkeiten hinaus produziert* worden. Dem entspricht auch, daß die Untersuchungen noch im Sommer 1929 erhebliche Lagerbestände bei der Industrie ergaben, die sich allerdings seitdem verringert haben werden.

Von der Preisseite her steht die deutsche Baumwollindustrie unter einem *scharfen Wettbewerb des Auslandes,* das trotz der Verminderung der Einfuhr die Preise dauernd unter starkem Druck hält. Ein Hauptgrund hierfür liegt in der *steigenden Industrialisierung der überseeischen Absatzländer,* die infolgedessen ihre frühere Aufnahmefähigkeit für europäische Baumwollwaren in zunehmendem Maße verlieren und so die bisherigen Ausfuhrländer (in erster Linie England) zwingen, andere Absatzmöglichkeiten zu suchen; von der hieraus sich ergebenden internationalen Absatzverschiebung wird der deutsche Markt nach Lage der Verhältnisse erheblich betroffen. Außerdem fällt stark ins Gewicht die wesentlich *billigere Produktionsmöglichkeit* in einzelnen Überschußländern, vor allem in Frankreich (Elsaß-Lothringen) und der Tschechoslowakei, daneben aber auch in Belgien und Italien.

Der *Unterschied in den Produktionskosten* liegt hauptsächlich auf dem Gebiete der Löhne und sozialen Lasten sowie der Steuern und der Zinssätze; er hat sich in den letzten Jahren durch weitere Steigerung der deutschen Produktionskosten noch verschärft. So war nach den Feststellungen des Statistischen Reichsamts der Stand der tarifmäßigen Stundenlöhne in der deutschen Baumwollindustrie am 1. September 1929 über 40 % höher als im Januar 1925 und fast 20 % höher als im Januar 1927. Dagegen sind z. B. für das Elsaß im Sommer 1929 nach Angaben, an deren Richtigkeit zu zweifeln kein Anlaß vorliegt, die Steuern auf etwa 40 %, die Zinsen auf etwa 33 % und die Löhne in der Spinnerei auf 60—65 %, in der Weberei auf 55—60 % der entsprechenden deutschen Sätze geschätzt worden.

Dazu treten noch andere ungünstige Umstände, insbesondere die *Kapitalnot,* der *Gegensatz zwischen einzelnen großen Konzernen* und das *Bestreben vieler Betriebe, ihre Erzeugungsmöglichkeit voll auszunutzen,* um die Generalunkosten im Verhältnis zum Wert der erzeugten Ware zu senken, und die Liquidität durch Abstoßung von Lagerbeständen, wenn auch zu Verlustpreisen, zu erhöhen. So erklärt sich der außergewöhnlich scharfe Konkurrenzkampf innerhalb der deutschen Baumwollindustrie, der *weitgehende gegenseitige Unterbietungen* zur Folge hatte und allmählich einen *vollständigen Niederbruch des Preisniveaus* hierbeiführte. Denn wenn auch zwecks Erzielung einer besseren Beschäftigung im Hinblick auf die auch bei geringerer Beschäftigung fortlaufenden Generalunkosten im Einzelfalle die Hereinnahme von Aufträgen zu Preisen, die unter den durchschnittlichen Produktionskosten liegen, wirtschaftlich richtig sein kann, so müssen sich doch schwere Nachteile ergeben, wenn zu dieser Maßnahme alle oder die Mehrzahl der Betriebe in einer für den Inlandsmarkt arbeitenden Industriegruppe schreiten.

III. Der Rückgang des Verbrauchs an Baumwollerzeugnissen infolge Verringerung der Kaufkraft der Konsumenten kann nur durch eine Besserung der allgemeinen Wirtschaftslage behoben werden. Der Bedarfsrückgang durch die *Mode* und den Wettbewerb der *Kunstseide* wird sich durch die in die Wege geleitete Propaganda für Baumwollerzeugnisse und durch Erweckung neuer Bedürfnisse in bestem Fall nur teilweise ausgleichen lassen.

Mit einer Steigerung des Inlandsbedarfs kann nach Lage der Verhältnisse für die nächste Zeit nicht ohne weiteres gerechnet werden. Die Baumwollindustrie wird daher den *veränderten Absatzverhältnissen* in verstärktem Maße Rechnung tragen und die *Produktionsmittel* sowie die *Warenerzeugung* mehr als bisher dem *Bedarf anpassen* müssen. Dieses Ziel und damit der Schutz des Marktes vor schweren Erschütterungen, insbesondere in Zeiten rückläufiger Konjunktur, kann nur aus der Industrie selbst durch entsprechende eigene Maßnahmen erreicht werden.

Es bleibt zu erörtern, ob und inwieweit darüber hinaus ein Spielraum für Maßnahmen gegeben ist, um durch *Verminderung der Produktionskosten* die Gestehungskosten den Marktverhältnissen anzupassen und die Wettbewerbsfähigkeit gegenüber dem Auslande wieder herzustellen.

Nach den Durchschnittszahlen, die bei den untersuchten Betrieben ermittelt worden sind, beträgt von den gesamten Produktionskosten ohne Rohstoffkosten und ohne Umsatzsteuer der Anteil:

der Löhne und Soziallasten für die Arbeiter	40—50 % bei den Spinnereien
	und 40—60 % bei den Webereien
der Steuern (deren Höhe stark durch Betriebsverluste beeinflußt ist) ohne Umsatzsteuer	3—12 % bei den Spinnereien
	und 4— 5 % bei den Webereien
der Zinsen	3—12 % bei den Spinnereien
	und etwa 5 % bei den Webereien.

Der Rest von etwa 30 bis 50 % entfällt auf Handlungsunkosten, Gehälter und Provisionen, Betriebsmaterialien, Reparaturen und Abschreibungen.

Eine unmittelbare Einwirkung auf Herabsetzung der Löhne, der sozialen Lasten, der Steuern und der Zinssätze kommt für die Industrie nicht in Betracht. *Steuermilderungen durch den* Gesetzgeber können, auch wenn sie in einem an sich erheblichen Ausmaß erreichbar sein sollten, die Spanne zwischen den Gestehungskosten der deutschen Baumwollindustrie und denen des Auslandes sowie die Verlustspanne zwischen den deutschen Selbstkosten und den Marktpreisen keineswegs überwinden. Immerhin würden sie die Lage erleichtern können. Nach dieser Richtung würde auch eine *Umgestaltung der Umsatzsteuer*, insbesondere die Freilassung der Umsätze von den Spinnern zu den Webern, günstig wirken können; damit könnten immerhin 3/4 des Garnpreises oder etwa 2 % der Fabrikations- und Vertriebskosten in der Spinnerei erspart werden.

Weiterhin drängt sich die Frage auf, ob nicht wie in anderen Industrien auf dem Wege einer stärkeren *Zusammenfassung der Produktion* mittelbar nennenswerte Ersparnisse an den Produktionskosten zu erzielen sind. Die schon jetzt bestehenden Konzerne und Vereinigungen umfassen zwar einen nicht unerheblichen Teil der Produktion, es ist aber für Rationalisierungsmaßnahmen durch Zusammenfassung und größere Spezialisierung der Produktion zweifellos noch Spielraum gegeben. Daß sich den weiteren organisatorischen Maßnahmen nach dieser Richtung erhebliche Schwierigkeiten, insbesondere infolge der Vielheit der Betriebe und der Mannigfaltigkeit der Erzeugnisse entgegenstellen, soll keineswegs verkannt werden. Sie werden sich aber in vielen Fällen überwinden lassen, wenn der Zwang der Lage genügend erkannt und Sonderinteressen zurückgestellt werden.

Durch solche Maßnahmen sowie durch *Organisatorische und technische Verbesserungen* innerhalb der Betriebe selbst eine gewisse Verminderung der Produktionskosten zu erzielen, wird nicht außerhalb des Rahmens der Möglichkeit liegen. Die Spanne, welche für die Einwirkung dieser Maßnahmen gegeben ist, dürfte jedoch keinen genügenden Spielraum bieten, um die Überhöhung der Produktionskosten soweit auszugleichen, daß die Wettbewerbsfähigkeit der deutschen Baumwollindustrie gegenüber den konkurrierenden fremden Überschußländern für die üblichen Stapelartikel wiederhergestellt werden kann. Eine *Konkurrenz auf dem Weltmarkt* wird nur dort möglich bleiben, wo Geschmack und Qualität bei der Bemessung der Absatzpreise eine besondere Rolle spielen.

Die deutsche Baumwollindustrie wird deshalb auch in Zukunft im wesentlichen *auf den Inlandsmarkt angewiesen* sein; auf diesem liegen die Preise, wie oben ausgeführt, zur Zeit unter den sogenannten Weltmarktpreisen, d. h. Auslandspreisen, zuzüglich Zoll. Die Inlandspreise liegen dabei unter den Selbstkosten. Auch wenn sich ein *Ausgleich der jetzigen Inlandspreise* bis zur Höhe der Weltmarktpreise vollziehen sollte, wird das Ausland infolge seiner niedrigeren Gestehungskosten in der Lage bleiben, die Inlandspreise dauernd unter Druck zu halten und die Bildung eines den deutschen Produktionskosten entsprechenden Preisniveaus, von dem die Existenzfähigkeit der deutschen Baumwollindustrie abhängt, in erheblichem Umfange zu gefährden.

Wenn somit der Erfolg der sonstigen Maßnahmen zur Herabsetzung der deutschen Produktionskosten aller Voraussicht nach nicht ausreichen kann, um die ungünstige Lage der Baumwollindustrie zu beheben, so bleibt als letztes Hilfsmittel nur die *Verstärkung des Zollschutzes* durch Erhöhung der Zölle auf Baumwollgarne und Baumwollgewebe übrig. Ob die handels- und zollpolitischen Schwierigkeiten überwunden werden können, die sich dieser Hilfsmaßnahme für die Erhaltung einer volkswirtschaftlich so wichtigen Industrie entgegenstellen, kann im Rahmen dieser Untersuchung nicht erörtert werden. Es muß aber darauf hingewiesen werden, daß auch ein ausreichender Zollschutz seine Wirkung auf längere Zeit nur üben kann, wenn einerseits die Belastung der inländischen Produktion im Verhältnis zum Ausland nicht weiter gesteigert wird, andererseits aber auch die Industrie selbst die Hindernisse überwindet, die den zu ihrer Festigung möglichen Maßnahmen zur Zeit noch im Wege stehen.

PERSONENREGISTER

Die Namen-Schreibweise, besonders der maschinenschriftlichen Vorlagen aus den Jahren 1919—1924, ist vielfach sehr nachlässig gehandhabt worden. Sie ist, sofern nachprüfbar, hier berichtigt worden.